O assunto do *Céu*

Edição:
Walter Hooper

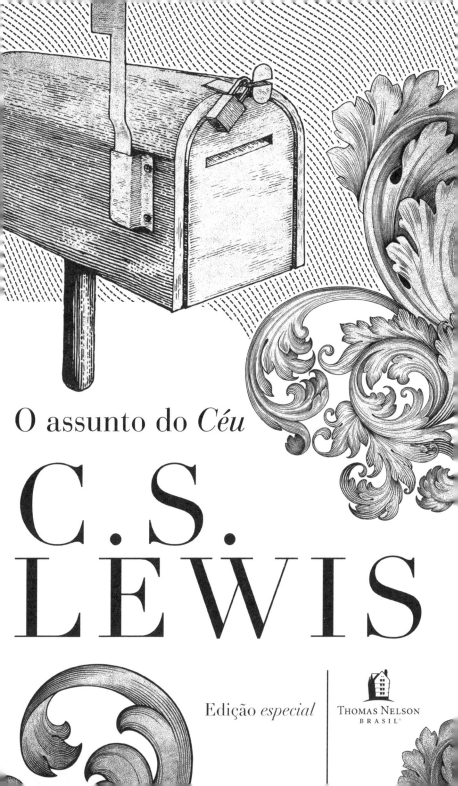

O assunto do *Céu*

C.S. LEWIS

Edição *especial* | Thomas Nelson BRASIL

Título original: *The Business of Heaven*

Copyright © 1984 by C. S. Lewis Pte. Ltd. Todos os direitos reservados.
Edição original por HarperCollins *Publishers*. Todos os direitos reservados.
Copyright de tradução © Vida Melhor Editora LTDA., 2019.

Os pontos de vista desta obra são de responsabilidade de seus autores e colaboradores diretos, não refletindo necessariamente a posição da Thomas Nelson Brasil, da HarperCollins Christian Publishing ou de sua equipe editorial.

Gerente editorial	*Samuel Coto*
Editor	*André Lodos Tangerino*
Assistente editorial	*Bruna Gomes*
Tradutores	*Giuliana Niedhardt, Francisco Nunes, Gabriele Greggersen, Estevan Kirschner, Carlos Caldas*
Preparação e revisão	*Francine de Souza*
Diagramação	*Sonia Peticov*
Capa	*Rafael Brum*

CIP—BRASIL. CATALOGAÇÃO NA FONTE
SINDICATO NACIONAL DOS EDITORES DE LIVROS, RJ

L652a
    Lewis, C. S. (Clive Staples), 1898-1963
    O assunto do Céu / C. S. Lewis; tradução de Giuliana Niedhardt...[et al]. — Rio de Janeiro: Thomas Nelson Brasil, 2019.
    432 p.

Tradução de: *The business of heaven*
ISBN 978-85-7167-064-8

1. Devoções diárias 2. Devocional — Calendários I. Título II. Niedhardt, Giuliana

19-1810   CDD: 242.2
                                                   CDU: 248.159

Thomas Nelson Brasil é uma marca licenciada à Vida Melhor Editora LTDA.
Todos os direitos reservados à Vida Melhor Editora LTDA.
Rua da Quitanda, 86, sala 601A — Centro
Rio de Janeiro — RJ — CEP 20091-005
Tel.: (21) 3175-1030
www.thomasnelson.com.br

O assunto do *Céu*

Clive Staples Lewis (1898-1963) foi um dos gigantes intelectuais do século XX e provavelmente o escritor mais influente de seu tempo. Era professor e tutor de literatura inglesa na Universidade de Oxford até 1954, quando foi unanimemente eleito para a cadeira de Inglês Medieval e Renascentista na Universidade de Cambridge, posição que manteve até a aposentadoria. Lewis escreveu mais de 30 livros que lhe permitiram alcançar um vasto público, e suas obras continuam a atrair milhares de novos leitores a cada ano.

SUMÁRIO

Prefácio — 9

Janeiro — 17

Fevereiro — 47

Março — 77

Abril — 113

Maio — 147

Junho — 181

Julho — 215

Agosto — 251

Setembro — 287

Outubro — 319

Novembro — 353

Dezembro — 387

Datas móveis de jejum e celebração — 417

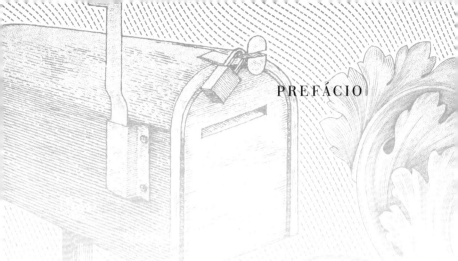

PREFÁCIO

"A humanidade não passa por fases como um trem passa por estações. Estar vivo tem o privilégio de se estar sempre em movimento sem jamais deixar algo para trás. O que quer que tenhamos sido, de alguma maneira, ainda somos." Isso está no parágrafo inicial de *The Allegory of Love* [Alegoria do amor], de C. S. Lewis. Eu havia pensado tanto sobre essa observação, que, assim que fui convidado para compilar uma antologia de escritos teológicos de Lewis para leitura diária, duas coisas surgiram em minha mente de modo quase instantâneo. A ideia do trem sugeria uma viagem. Mas uma viagem para onde? Enquanto refletia sobre a ideia, lembrei-me do seguinte trecho de *Reflections on the Psalms* [Reflexões sobre Salmos], de Lewis:

> Quando realizamos nossos "deveres religiosos", somos semelhantes a pessoas cavando canais em terra árida a fim de que, quando a água finalmente vier, ela os encontre prontos [...]. Há momentos felizes, já agora, em que gotas escorrem pelo leito seco; e almas felizes às quais isso acontece com frequência.

A combinação foi irresistível, e eu comecei a imaginar como seria prazeroso verter os escritos de C. S. Lewis para o "canal" a que chamamos de ano litúrgico. O ano litúrgico é como um trem que, de fato, *tem* o "privilégio de estar sempre em movimento sem jamais deixar algo para trás", pois se baseia em dois grandes acontecimentos históricos: o nascimento e a ressurreição de nosso Senhor. A rigor, o ano litúrgico começa com o primeiro domingo do Advento, cujo significado é a "vinda" de Cristo. A época de Natal atinge seu ápice no dia 6 de janeiro, no Dia de Reis, que é a celebração da "manifestação" de Cristo aos gentios na pessoa dos magos. A grande data festiva seguinte da Igreja é a Páscoa, que dura quarenta dias e é seguida pelas festas da Ascensão, do Pentecostes e da Santíssima Trindade. É costume referir-se às semanas entre o Pentecostes e o Advento como tal e tal semana "depois do Pentecostes" ou "depois da Trindade". E assim vai até o Advento seguinte, quando tudo recomeça. Aqueles que trilham essa jornada circular anual do ano litúrgico consideram-na atemporal, mas sempre nova e revigorante.

Talvez alguém aqui ou ali questione: "Nova? O que há de novo em uma viagem de trem que sempre retorna ao ponto de partida?" Duvido, porém, que tal objeção seja feita por quem vive na esfera cristã. Estou ciente de que há muitos cristãos em igrejas menos litúrgicas, mas não menos devotas, que consideram o antigo formato do ano litúrgico um pouco confuso. Contudo, se seguirem a ordem na qual estas leituras estão organizadas, duvido que permanecerão confusos por muito tempo. Até onde sei, o ano litúrgico nada elimina daquilo em que eles já acreditam. Além disso, tais cristãos descobrirão que aquilo que mais estimam e valorizam a respeito dos acontecimentos da vida terrena de nosso Senhor será fortalecido. Lembrar a ressurreição de Jesus durante quarenta dias *fortalece* nossa crença e gratidão muito mais, sem dúvida, do que limitar este grande acontecimento a um único dia.

Nunca ouvi um cristão reclamar: "Natal de novo! Páscoa de novo!" Sabemos que nem mesmo a vida humana mais

Prefácio

longa é suficiente para fazer um cristão zeloso achar que a festa da ressurreição "se desgastou". Foi em seu livro *Cartas a Malcolm* que C. S. Lewis disse: "É bom ter lugares, coisas e dias santos específicos, pois, sem esses pontos de convergência ou lembretes, a crença de que tudo é santo e 'grande com Deus' logo minguará em mero sentimento". Isto foi dito em resposta ao panteísmo, que é possivelmente a heresia mais atraente de todas. Pelo menos era isso que Lewis achava, uma vez que ela foi a responsável por adiar sua conversão ao cristianismo por algum tempo.

E Lewis, que tanto alimento extraiu do ano litúrgico, enaltece-o no livro onde menos pensaríamos em procurá-lo: *Cartas de um diabo a seu aprendiz*. Àqueles que estão tendo contato com esse livro pela primeira vez nesta antologia, devo explicar que as cartas são de Maldanado, um demônio experiente. As "cartas" são dirigidas a um jovem demônio, Vermelindo, cuja função é garantir que a alma de um rapaz vá para o Inferno. É preciso lembrar que, quando Maldanado menciona "Nosso Pai nas Profundezas", ele se refere a Satanás. Quando se refere a "ele" ou "o Inimigo", Maldanado se refere a Deus. Na leitura de 17 de janeiro deste livro, Maldanado encoraja Vermelindo a incutir em nós um horror às "mesmas coisas de sempre", juntamente com um insaciável desejo por novidade. Tudo isso, admite Maldanado, seria mais fácil se o Inimigo não tivesse compensado nosso "desejo por mudança" com um "amor pela permanência". "Ele lhes dá", reclama Maldanado:

> as estações do ano, cada estação sendo diferente da outra e, ainda assim, sendo a mesma todos os anos, de modo que a primavera sempre é percebida como uma novidade e, ainda assim, como a recorrência de um tema imemorial. Ele dá à sua Igreja o ano litúrgico; eles alternam os jejuns

e os banquetes, mas se trata sempre do mesmo banquete que o anterior.

Pareceu-me, então, que o tema do ano litúrgico serviria muito bem àqueles que apreciam leituras diárias. E, quando comecei a selecionar trechos, passei a crer que, se adequadamente seguido, o tema poderia constituir um uso bastante interessante e diversificado dos escritos de C. S. Lewis. Minha esperança também era que isso contribuísse de forma significativa para derrotar os planos de Maldanado de destruir o "ano litúrgico" de Deus e inflamar nosso horror às "coisas de sempre". "O Inimigo", prossegue Maldanado,

> ama obviedades. De acordo com o seu plano de ação, ele quer que as pessoas, até onde vejo, façam perguntas bem simples: "É justo? É prudente? É possível?" Agora, se pudermos fazer com que persistam perguntando: "Isso está de acordo com a tendência geral do nosso tempo? É progressista ou é reacionário? É para essa direção que a história caminha?", eles vão negligenciar as questões relevantes. E as perguntas que eles *realmente* fazem obviamente não são respondíveis, pois eles não conhecem o futuro, e o que o futuro lhes reserva depende, em grande medida, precisamente dessas escolhas que os homens querem fazer com a ajuda das previsões futurísticas. A consequência disso é que, enquanto as suas mentes estão vagando nesse vácuo, temos melhores chances de entrar e amarrá-las à ação que *nós* decidimos que realizem.

É preciso ser cego para não enxergar quantas conquistas Maldanado já obteve. De modo especial, penso agora na apostasia generalizada em meio ao clero. Nunca me esquecerei do meu espanto quando ouvi um bispo dedicar todo o seu sermão de Páscoa à pesquisa psíquica. Ele estava feliz em

Prefácio

relatar que, talvez — apenas talvez —, algum resíduo daquilo que agora nos constitui haverá de "sobreviver". Lewis não conhecia esse bispo, mas há um retrato incrivelmente preciso dele nas leituras do dia 22 a 25 de maio. Você é sortudo caso elas também não descrevam alguém que você conhece.

No fim, porém, o "bispo da pesquisa psíquica" acabou me fazendo um favor. Ele me lembrou de algo muito importante. Se você conhece a história da Igreja, deve saber que, todas as vezes em que uma heresia surgiu e tentou se passar pela opinião das pessoas sensatas, o resultado foi uma estimulação da doutrina cristã ortodoxa. Você já percebeu que acontecimentos como guerras, doenças e fome costumam tirar o melhor das pessoas boas, as quais fazem todo o possível para encontrar soluções para esses terríveis problemas? Desde o início da Igreja, Deus suscitou grandes cristãos para derrotar as heresias e fortalecer a fé transmitida. Essa é uma das razões por que eu incluí trechos sobre vários daqueles aos quais Lewis se referia com tanta frequência como "os grandes santos".

Não pude incluir passagens sobre todos os santos por uma razão feliz: eles são muitos. E Lewis não escreveu sobre todos eles. Contudo, há duas razões para eu ter incluído aqueles que estão aqui. Primeiro, eles precisam estar presentes porque estimularam a fé ou nela se apegaram quando o mundo (tal como agora) parecia estar prestes a afundar no paganismo. Segundo, eles são um lembrete muito necessário de que a Igreja não começou comigo ou com você, mas é uma grande herança que poderia não existir hoje na forma planejada por Cristo não fosse por esses grandes homens. Os nomes dos dias dos santos, bem como das datas festivas da Igreja — que Lewis chamava de "dias santos" — foram impressos em negrito para distingui-los dos títulos que dei aos demais textos.

O assunto do Céu

Quais são as datas de jejum e celebração? Com relação às duas principais datas de jejum do ano litúrgico — a Quarta-feira de Cinzas, que é o primeiro dia da Quaresma, e a Sexta-feira Santa, que é o aniversário da crucificação — as diferentes comunidades eclesiásticas diferem quanto ao tipo de abstinência a ser observada: ora de todos os alimentos, ora só de carne. Não obstante, quase todos creem que determinados atos de abnegação devem ser praticados durante toda a Quaresma. Quando os apóstolos testemunharam nosso Senhor expulsando do garoto o espírito maligno, conforme registrado em Marcos 9:17-29, eles perguntaram por que não foram capazes de fazer aquilo. "Essa espécie", respondeu Jesus, "só sai pela oração e pelo jejum". Na vida dos santos, a oração e o jejum quase sempre caminham juntos. O jejum é uma prática penitencial destinada a fortalecer a vida espiritual ao enfraquecer os atrativos dos prazeres sensuais. Os quarenta dias da Quaresma celebram os quarenta dias de tentação no deserto vividos por nosso Senhor. Para nós, o principal objetivo da Quaresma é identificar-nos com nosso Senhor enquanto ele estava a caminho da cruz.

As datas de celebração são os aniversários dos grandes acontecimentos da vida de nosso Senhor e as ocasiões em que prestamos homenagem aos santos. A ressurreição é a principal festa do ano litúrgico. E suspeito que seja uma boa ideia esclarecer aqui um possível equívoco. Quando os escritores do Novo Testamento mencionam o sábado, eles se referem tanto ao dia em que Deus descansou do seu trabalho de criação quanto ao livramento de Israel da terra do Egito. É isso o que o povo judeu ainda tem em mente quando fala sobre o sábado. Na época do Novo Testamento, os domingos substituíram os sábados. Inclusive para os apóstolos, os domingos passaram a significar uma comemoração semanal da ressurreição. Isso explica por que o jejum nunca é exigido aos domingos, nem

Prefácio

mesmo durante a Quaresma, uma vez que todos os domingos do ano são uma comemoração da ressurreição.

Creio que você já identificou a dificuldade de se organizar uma antologia com base no ano litúrgico. Tudo é muito fácil quando lidamos com aquilo que chamamos de "datas fixas", como o Natal, porque tais dias não mudam. No entanto, uma vez que a Páscoa é determinada pela lua cheia pascal, ela muda conforme o ano, sendo seus limites extremos 21 de março e 25 de abril. Isso faz com que ela seja uma "data móvel". Não havia como a Páscoa e as datas de jejum e celebração a ela relacionadas terem uma data fixa neste livro. A solução foi colocar as leituras para o que chamei de "datas móveis de jejum e celebração" em uma seção separada no final da obra. Você deve consultar essa seção a fim de encontrar os escritos apropriados de Lewis para a Quarta-feira de Cinzas, a Quinta-feira Santa, a Sexta-feira Santa, o Sábado de Aleluia, a Páscoa, a Ascensão, o Pentecostes, a Santíssima Trindade e o Corpus Christi.

Nos últimos anos, observou-se a tendência de atenuar o pecado e valorizar o amor, a alegria e a paz. Pelo que vejo o resultado desse atalho tem sido desastroso. Aqueles que são realmente culpados de algo não entendem por que, além de não conseguirem se livrar do sentimento constante de culpa, o amor, a alegria e a paz nunca abundam. O esforço para ficar bem sem que se tome o remédio necessário (arrependimento) soa mais como uma *busca* pela felicidade — como se a felicidade fosse algo que pudéssemos simplesmente pegar se soubéssemos onde ela se esconde. Com isso, ora ficamos desiludidos, ora finalmente acordamos para o fato de que a felicidade sempre foi o *resultado* de algo mais importante do que ela mesma.

Creio que quem acompanhar estas leituras diárias na ordem em que foram organizadas descobrirá o que é esse "algo" além da felicidade. Você perceberá que eu insisto bastante em textos sobre moral. Porém, verá que eu insisto igualmente em trechos que se destinam a mostrar-nos — conforme Lewis disse — que "alegria é o assunto sério do Céu". Lewis obriga-nos a olhar para a totalidade daquilo que somos. O motivo disso é que ele foi um dos cristãos mais realistas que poderíamos conhecer. Ele nunca faz tempestade em copo d'água; mas, por outro lado, não fecha os olhos para o fato de que o copo existe. Em momento nenhum ele nos permite fingir que o cristianismo é menos, ou diferente, daquilo que realmente é. Por que deveria? Ao escrever a respeito de John Bunyan, ele disse:

> Nascer é ser exposto a deleites e pesares maiores do que a imaginação poderia conceber. A escolha de caminhos em cada encruzilhada pode ser mais importante do que pensamos, e os atalhos podem levar-nos a lugares muito desagradáveis.

Mas aqui está a surpresa. Conforme Lewis deixa muito claro neste livro, a moral, por mais importante que seja, nunca teve o propósito de ser um fim em si mesma. Ela constitui "as cordas e os machados" necessários para escalar as grandes altitudes a partir das quais uma jornada ainda maior que o ano litúrgico se inicia. Tal jornada maior conduz à "feliz terra da Trindade". É ali que começam as alegrias quase inimagináveis neste mundo. Começam, não *terminam*. Naquela "feliz terra", não será preciso que nos expliquem o "assunto sério do Céu". Nós nos esqueceremos de que qualquer outra coisa já existiu algum dia.

A jornada de C. S. Lewis pelo ano litúrgico, porém, vem antes.

WALTER HOOPER
Dia de Santa Maria Madalena, 1983
Oxford

Janeiro

Início do ano novo

1º DE JANEIRO

Entendo bem o sentimento de desesperança ao se tentar superar tentações crônicas. Isso não é grave, contanto que a petulância, o aborrecimento quando se quebra um recorde, a impaciência, dentre outros, não obtenham vantagem sobre nós. *Nenhuma quantidade* de quedas nos destruirá se nos reerguermos em cada uma das vezes que cairmos. Evidentemente, seremos filhos enlameados e com as roupas esfarrapadas quando voltarmos para casa. Porém, o banheiro estará preparado, as toalhas estarão penduradas, e as roupas limpas estarão no armário. A única coisa fatal seria perder a cabeça e desistir. É quando notamos a sujeira que Deus se mostra mais presente em nós: esse é precisamente o sinal de sua presença.

Letters [Cartas] (20 de janeiro de 1942)

O primeiro trabalho de cada manhã

2 DE JANEIRO

O problema real da vida cristã aparece onde as pessoas normalmente não procuram por ele. Ele surge no exato momento em que você acorda todas as manhãs. Todos os seus desejos e as suas esperanças para o dia tomam a sua mente de assalto, como animais selvagens. E a sua primeira tarefa cotidiana consiste em simplesmente empurrá-los todos de lado, dando ouvidos àquela outra voz, pressupondo aquele outro ponto de vista e deixando aquela outra vida mais ampla, forte e calma fluir. E a vida segue, dia após dia, com a gente se distanciando de todas as gritarias e aflições que nos invadem com a força de um vendaval.

Janeiro

No começo, só conseguimos fazer isso por alguns instantes, mas, a partir desses momentos, o novo tipo de vida estará se alastrando por todo o nosso corpo: porque agora estamos deixando que ele trabalhe em nós nas áreas certas. Trata-se da diferença entre uma pintura que é simplesmente passada sobre a superfície e a tintura ou borrão que impregna em profundidade. Cristo nunca adota uma conversa fiada vaga ou idealista. Quando ele disse: "Sede perfeitos", ele estava falando sério. Ele quis dizer que devemos nos submeter ao tratamento completo. É difícil, mas o meio-termo a que todos aspiramos é mais difícil — na verdade, é impossível. Pode ser difícil para um ovo transformar-se num pássaro: seria engraçado de ver e ainda mais difícil para ele aprender a voar enquanto ainda estiver dentro da casca do ovo. Somos parecidos com esses ovos. E você não pode seguir sendo apenas um ovo comum, digno, indefinidamente. Ou rompemos a casca, ou goramos.

Cristianismo puro e simples, livro 4, cap. 8

Refrigérios na jornada

3 DE JANEIRO

Pela própria natureza do mundo, Deus retém de nós a felicidade e a segurança estáveis que todos desejamos; já a alegria, o prazer e a diversão, ele os espalha por toda parte. Nunca estamos seguros, mas desfrutamos de bastante diversão e até de certo êxtase. Não é difícil entender o motivo. A segurança pela qual ansiamos nos ensinaria a depositar o coração neste mundo e constituiria um obstáculo ao nosso retorno para Deus. Em contrapartida, alguns momentos felizes de amor, uma paisagem, uma sinfonia, um encontro animado com amigos, um mergulho ou um jogo de futebol não apresentam tal tendência. Nosso Pai nos revigora ao longo da jornada oferecendo alguns lugares agradáveis para repousar, mas não nos incentiva a confundi-los com o lar.

The Problem of Pain [O problema do sofrimento], cap. 7

Um mundo de cabeça para baixo

4 DE JANEIRO

Enquanto estivermos nesse "vale de lágrimas", amaldiçoados com trabalho, cercados de necessidades, sendo derrubados por frustrações, condenados a planejamentos, enigmas e ansiedades perpétuos, certas qualidades que devem pertencer à condição celestial não têm chance de chegar a nós, não podem projetar nenhuma imagem delas mesmas, exceto em atividades que, para nós aqui e agora, são frívolas. Pois certamente devemos supor que a vida do bem-aventurado seja um fim em si mesma; na verdade, O Fim: ser totalmente espontânea; ser a completa reconciliação da liberdade ilimitada com a ordem — com a mais delicadamente ajustada, flexível, intrincada e bela ordem? Como você consegue encontrar qualquer imagem disso nas atividades "sérias", quer de nossa vida natural, quer de nossa (presente) vida espiritual — seja em nossas afeições precárias e infelizes ou no Caminho que é sempre, em algum grau, uma *via crucis*? Não... É apenas em nossas "horas de folga", apenas em nossos momentos de permitida festividade, que encontramos uma analogia. Dança e jogo *são* frívolos, sem importância por aqui; pois "aqui embaixo" não é o lugar natural deles. Aqui, eles são um momento de descanso da vida em que fomos colocados aqui para viver. Mas, neste mundo, tudo está de cabeça para baixo. Aquilo que, se pudesse ser prolongado aqui, seria uma ociosidade, é, mais provavelmente, em um país melhor, o Fim dos fins. Alegria é o assunto sério do Céu.

Cartas a Malcolm, cap. 17

A estrada

5 DE JANEIRO

Quando estamos perdidos na floresta, avistar uma placa é uma grande coisa. Quem a vê primeiro grita: "Olhem!" Então, todo o grupo se aglomera ao redor para lê-la. Mas, quando finalmente encontramos a estrada e nos deparamos com placas a cada poucos quilômetros, não mais paramos para lê-las. Elas nos encorajam, e somos gratos às autoridades que as colocaram ali. Contudo, não paramos para olhá-las com muita atenção; não nesta estrada, embora seus suportes sejam de prata, e suas inscrições, de ouro. "Nós seguimos para Jerusalém."

Surprised by Joy [Surpreendido pela alegria], cap. 15

Epifania do Senhor

6 DE JANEIRO

Nós, com nossas modernas pressuposições democráticas e aritméticas, gostaríamos e esperávamos que todos os homens partissem do mesmo ponto em sua busca por Deus. Tem-se a imagem de grandes estradas centrípetas provenientes de todas as direções, com pessoas bem-dispostas, todas com a mesma coisa em vista, aproximando-se cada vez mais. A história cristã é surpreendentemente oposta a isso! Um povo é escolhido dentre toda a terra e é purificado e provado várias vezes. Alguns perdem-se no deserto antes de alcançar a Palestina; outros permanecem na Babilônia; e outros, ainda, tornam-se indiferentes. Tudo se afunila até, por fim, chegar a um pequeno ponto, tão diminuto quanto a ponta de uma lança: uma garota judia orando. Foi a este ponto que toda a natureza humana se reduziu antes de a encarnação acontecer. Muito diferente do que esperávamos, mas, sem dúvida, nem um pouco diferente do que parece em geral, conforme mostrado pela natureza, ser a maneira de Deus operar. [...] As pessoas selecionadas são, em certo sentido, injustamente selecionadas para uma honra suprema, mas também para um fardo supremo. O povo de Israel passa a perceber que suas desgraças é que salvam o mundo.

"O milagre grandioso", *Deus no banco dos réus*

Esperando ser chamados

7 DE JANEIRO

No presente, estamos no lado de fora do mundo, do lado errado da porta. Discernimos o frescor e a pureza da manhã, mas ambos não nos tornam novos e puros. Não conseguimos nos envolver no esplendor que vemos, mas todas as páginas do Novo Testamento sussurram umas às outras o rumor de que as coisas não serão sempre assim. Um dia, permitindo Deus, nós *entraremos*. Quando as almas humanas se tornarem tão perfeitas em obediência voluntária, como é a criação inanimada em sua obediência sem vida, então essas almas vestirão sua glória, ou melhor, a glória maior da qual a natureza é somente um primeiro esboço, pois não estou propondo nenhuma fantasia pagã de ser absorvido na natureza. A natureza é mortal; iremos viver mais do que ela. Quando todos os sóis e nebulosas tiverem morrido, cada um de vocês ainda estará vivo. A natureza é apenas a imagem, o símbolo; mas é o símbolo que as

Escrituras me convidam a usar. Somos convidados para transpor a natureza, para irmos além do esplendor que ela refletiu.

O peso da glória

Entrando na presença de Deus
8 DE JANEIRO

É a religião em si — a oração, o sacramento, o arrependimento e a adoração — o que permanece no longo prazo como o único caminho para o real. Tal como a matemática, a religião pode crescer a partir de dentro ou decair. O judeu sabe mais do que o pagão; o cristão, mais do que o judeu; o homem moderno, vagamente religioso, menos do que qualquer um dos três. Contudo, assim como a matemática, a religião permanece simplesmente sendo ela mesma, capaz de ser aplicada a qualquer nova teoria do universo material sem se tornar obsoleta por nenhuma.

Quando um indivíduo entra na presença de Deus, ele descobre — querendo ou não — que todas as coisas que tanto pareciam diferenciá-lo dos homens de outros tempos, ou mesmo de seu eu anterior, abandonaram-no. Ele voltou para aquele lugar onde sempre esteve, onde todo homem sempre está. [...] Nenhuma complexidade que venhamos a conferir à imagem do universo pode nos esconder de Deus: não há corpo, floresta nem selva densos o suficiente para dar-nos cobertura. [...] Em um piscar de olhos, em um tempo ínfimo demais para ser medido, e em qualquer lugar, tudo o que parece nos separar de Deus pode fugir, desaparecer, deixando-nos nus diante dele tal como o primeiro homem — tal como o único homem, como se nada existisse além de nós mesmos e ele. E, uma vez que esse contato não pode ser evitado por muito tempo e que ele significa bênção ou terror, o objetivo da vida é aprender a apreciá-lo. Esse é o grande e primeiro.

"O dogma e o universo", *Deus no banco dos réus*

Criaturas irresolutas

9 DE JANEIRO

Se você perguntar hoje a vinte pessoas boas qual seria para elas a maior das virtudes, dezenove delas responderiam: "Abnegação". Mas se você tivesse perguntado isso a quase qualquer um dos grandes cristãos do passado, ele responderia: "Amor". Você entende o que aconteceu? Um termo de conotação negativa foi substituído por outro positivo, e a importância disso é mais do que filológica. A ideia negativa da Abnegação não carrega consigo a sugestão primordial de assegurar coisas para os outros, mas, em vez disso, a de nós mesmos nos privarmos dessas coisas, como se a nossa abstinência, e não a felicidade dos outros, fosse a mais importante questão. Não acredito que essa seja a virtude cristã do Amor. O Novo Testamento tem muito a dizer a respeito da autonegação, mas nada sobre a autonegação como um fim em si mesmo. Somos exortados a negar a nós mesmos e a tomar a nossa cruz para que possamos seguir a Cristo; e quase toda a descrição daquilo que finalmente encontraremos, se o fizermos, contém um apelo ao desejo. Se a noção de que o desejo pelo nosso próprio bem, bem como a intensa esperança de experimentá-lo, é uma coisa má que se esconde na maior parte das mentes modernas, proponho que essa noção se insinuou a partir de Kant e dos estoicos e não tem parte na fé cristã. De fato, ao levar em consideração as desavergonhadas promessas de recompensa e a surpreendente natureza das recompensas prometidas nos Evangelhos, parece-nos que o Senhor considera que nossos desejos não são muito fortes, e sim muito fracos. Somos criaturas medíocres, brincando com bebida, sexo e ambição, quando a alegria infinita nos é oferecida, como uma criança ignorante que prefere fazer castelos na lama em meio à insalubridade por não imaginar o que significa o convite de passar um feriado na praia. Nos contentamos com muito pouco.

O peso da glória

Diferença entre amor e bondade
10 DE JANEIRO

Quando falamos sobre a bondade de Deus hoje, nos referimos quase exclusivamente a sua amorosidade; e, nisto, talvez estejamos certos. E, nesse contexto, quando nos referimos ao amor, a maioria de nós quer dizer bondade — o desejo de ver outros felizes, acima de nós mesmos. E não felizes desta ou daquela maneira; apenas felizes. O que realmente nos satisfaria seria um deus que, a respeito de qualquer coisa que gostássemos de fazer, dissesse: "Que importa, se isso os deixa contentes?" Queremos, na verdade, não tanto um Pai celestial, mas um avô celestial — uma benevolência senil que, conforme dizem, "goste de ver os jovens se divertindo" e cujo plano para o universo seja simplesmente que, ao final de cada dia, se possa afirmar: "todos aproveitaram bastante". Devo admitir, não são muitos os que formulariam uma teologia exatamente nesses termos; porém, um conceito não muito diferente está à espreita em muitas mentes. Eu não me considero uma exceção: gostaria muito de viver em um universo governado por essas regras. Porém, uma vez que está mais do que claro que este não é o caso, e uma vez que tenho razões para crer, mesmo assim, que Deus é amor, concluo que meu conceito de amor precisa de correção.

The Problem of Pain [O problema do sofrimento], cap. 3

O intolerável cumprimento

11 DE JANEIRO

Existe bondade no amor, mas amor e bondade não são confinantes. E, quando a bondade [...] é separada dos demais elementos do amor, ela apresenta certa indiferença fundamental em relação a seu objeto, inclusive algo semelhante ao desprezo. A bondade consente, com muita prontidão, à remoção de seu próprio objeto — todos nós conhecemos pessoas cuja bondade para com os animais as leva a matá-los a fim de que não sofram. Para a bondade em si, tanto faz se seu objeto é bom ou mau, contanto que esteja evitando o sofrimento. Conforme indicam as Escrituras, os bastardos é que são mimados: os filhos legítimos, que devem levar adiante a tradição da família, são disciplinados. É às pessoas com as quais não nos importamos que desejamos felicidade a qualquer preço; no que diz respeito a nossos amigos, entes queridos e filhos, somos exigentes e preferimos vê-los sofrer do que sendo felizes em estilos de vida desprezíveis e desviados. Se Deus é amor, ele é, por definição, algo mais do que simples bondade. E, segundo todos os registros, ainda que tenha nos repreendido e condenado com frequência, ele nunca nos tratou com desprezo. Ele prestou o intolerável cumprimento de nos amar — no sentido mais profundo, mais trágico e mais inexorável de todos.

The Problem of Pain [O problema do sofrimento], cap. 3

Janeiro

Objetos do amor divino

12 DE JANEIRO

Quando o cristianismo diz que Deus ama o homem, isso significa que Deus *ama* o homem; não que ele tem uma preocupação "desinteressada", indiferente, com nosso bem-estar, mas que, segundo uma verdade tremenda e surpreendente, nós somos os objetos de seu amor. Você pediu um Deus amoroso; pois já o tem. O grande espírito que invocou tão levianamente o "senhor de terrível aspecto" está presente: não uma benevolência senil que, com apatia, deseja que você seja feliz a sua própria maneira; não a filantropia fria de um magistrado consciencioso; não o cuidado de um hospedeiro que se sente responsável pelo conforto dos hóspedes. Não, mas o próprio fogo consumidor, o amor que fez os mundos — tão persistente quanto o amor do artesão por sua obra e tão despótico quanto o amor de um homem por seu cão, tão providente e venerável quanto o amor do pai pelo filho e tão zeloso, inexorável e exigente quanto o amor entre os sexos. Como isso pode ser, eu não sei. [...] Nós não fomos feitos sobretudo para que amássemos Deus (embora tenhamos sido feitos para isso também), mas para que Deus nos amasse, para que nos tornássemos objetos nos quais o amor divino pudesse se "comprazer". Pedir que o amor de Deus se contente conosco como somos é pedir que Deus deixe de ser Deus: porque ele é o que é, seu amor deve, segundo a natureza das coisas, ser impedido e repelido por certas máculas em nosso caráter atual; e, porque já nos ama, ele precisa se esforçar para nos tornar dignos de amor. Não podemos sequer desejar, em nossos melhores momentos, que ele se conforme com nossas impurezas presentes.

The Problem of Pain [O problema do sofrimento], cap. 3

Igreja visível

13 DE JANEIRO

Se ele pode ser conhecido, será por revelação própria de sua parte, não por especulação nossa. Nós, portanto, o procuramos onde se alega que ele se revelou por milagre, por mestres inspirados, por rituais prescritos. As tradições conflitam, mas, quanto mais as estudamos com bons olhos, mais nos tornamos cientes de um elemento comum em muitas delas: o tema de sacrifício, de comunhão mística mediante derramamento de sangue, de morte e renascimento, de redenção — é claro demais para que não percebamos. Temos total direito de fazer uso de crítica moral e intelectual. O que não temos direito de fazer, em minha opinião, é simplesmente remover o elemento ético e defini-lo como uma religião própria. Em vez disso, é nessa tradição, ao mesmo tempo completamente ética e transcendental à ética [...], que ainda podemos acreditar, de modo bastante razoável, que temos a consumação de toda a religião, a mensagem mais completa do outro absoluto, o criador vivo. E este, se é que é Deus, deve ser o Deus não só dos filósofos, mas dos místicos e dos selvagens, não só da cabeça e do coração, mas também das emoções primitivas e das eminências espirituais além de toda a emoção. Ainda podemos nos associar à Igreja com sensatez, à única organização concreta que preservou até o presente momento o cerne de todas as mensagens que já vieram de fora do mundo, pagãs e talvez pré-pagãs, e começar a praticar a única religião que se baseia não só na seleção de certos elementos supostamente "superiores" em nossa natureza, mas no quebrantamento e na reconstrução, bem como na morte e no renascimento, desta natureza em todas as suas partes: nem grego nem judeu nem bárbaro, mas uma nova criação.

"Religião sem dogma?", *Deus no banco dos réus*

Janeiro

Divisões da cristandade

14 DE JANEIRO

Se alguém for tentado a pensar — como aquele que lê apenas autores contemporâneos — que o *cristianismo* tem tantos significados que nada significa, basta sair de seu próprio século para descobrir que isso não é verdade. Considerado ao longo dos séculos, o *cristianismo puro e simples* não é uma transparência interdenominacional insípida, mas algo positivo, consistente e inesgotável. Descobri isso, aliás, à minha própria custa. Na época em que eu ainda odiava o cristianismo, aprendi a reconhecer, como um aroma muito familiar, aquele *algo* quase invariável que me defrontava ora no Bunyan puritano, ora no Hooker anglicano, ora no Dante tomista. [...]

Todos estamos, com razão, angustiados e envergonhados com as divisões da cristandade. Todavia, é possível àqueles que sempre viveram no redil cristão ficar desalentados com muita facilidade por conta disso. As divisões são ruins, mas estes indivíduos não sabem como a situação é vista de fora. De lá, o que permanece intacto, apesar de todas as divisões, ainda aparenta ser (como de fato é) uma unidade muito formidável. Eu sei porque vi; e nossos inimigos também sabem. Esta unidade pode ser encontrada por qualquer um saindo-se da própria época. Ela não é uma unidade suficiente, mas é mais do que se pensava até então. Imersos nela, temos uma experiência interessante quando nos aventuramos a falar alguma coisa. Somos considerados papistas quando reproduzimos Bunyan, panteístas quando citamos Aquino e assim por diante. Afinal, agora subimos àquele elevado viaduto que cruza os séculos e que parece ser tão alto visto dos vales, tão baixo visto das montanhas, tão estreito comparado aos pântanos e tão amplo comparado às trilhas das ovelhas.

"Sobre a leitura de livros antigos", *Deus no banco dos réus*

Reunião da Igreja de Cristo

15 DE JANEIRO

Isto nunca foi tão necessário antes. Uma cristandade unida seria a resposta para o novo paganismo. Porém, confesso que não consigo imaginar como a reconciliação das igrejas, em oposição à conversão de indivíduos de uma igreja para outra, poderia acontecer. Estou inclinado a pensar que a tarefa imediata seria uma cooperação vigorosa com base naquilo que é comum hoje — aliada, é claro, a um reconhecimento completo das diferenças. Uma unidade *experimentada* em algumas coisas poderia ser o prelúdio de uma unidade confessional em todas as coisas. Nada daria tanto apoio às reivindicações papais quanto o espetáculo de um papa realmente atuando como cabeça da cristandade.

Letters [Cartas] (8 de maio de 1939)

Cristianismo v. cristianismo enfraquecido

16 DE JANEIRO

O tempo é sempre oportuno para reunificação. As divisões entre os cristãos são pecado e escândalo, e eles devem, a todo momento, contribuir para sua reunificação, mesmo que seja apenas por meio de oração. Sou só um leigo, um cristão novo, e não sei muito sobre essas coisas; porém, em tudo aquilo que escrevi e pensei, sempre assumi posições tradicionais, dogmáticas.

Janeiro

Como consequência, chegam até mim cartas de apoio enviadas por tipos de cristãos considerados muito diferentes; por exemplo, recebo cartas de jesuítas, monges, freiras e também de *quakers*, dissidentes galeses e outros. Assim, parece-me que os elementos "extremistas" de cada igreja estão mais próximos uns dos outros e que as pessoas liberais e "tolerantes" de cada corpo nunca poderiam se unir. O mundo do cristianismo dogmático é um lugar em que milhares de pessoas dos mais variados tipos afirmam sempre a mesma coisa, e o mundo da "tolerância" e da "religião" enfraquecida é um mundo em que um pequeno número de pessoas (todas do mesmo tipo) dizem coisas totalmente diferentes e mudam de opinião a cada minuto. Nunca chegaremos à reunificação no que depender delas.

"Respostas a perguntas sobre o cristianismo",
Deus no banco dos réus

Maldanado e o plano do Inferno para os cristãos

17 DE JANEIRO

Meu querido Vermelindo,

O verdadeiro problema dessas companhias com as quais o seu paciente convive é que são *simplesmente* cristãs. Todos eles têm interesses individuais, é claro, mas o laço que os une continua sendo o cristianismo puro e simples. O que desejamos, se os seres humanos tiverem que se tornar cristãos, é mantê-los no estado mental que eu chamei de "cristianismo e...". Você me entendeu — o cristianismo e a crise, o cristianismo e a nova psicologia, o cristianismo e a nova ordem mundial, o cristianismo e a cura pela fé, o cristianismo e a pesquisa psíquica, o cristianismo e o vegetarianismo, o cristianismo e a reforma ortográfica. Se não houver como evitar que eles se tornem cristãos, ao menos faça com que sejam cristãos com um desses diferenciais. Substitua a própria fé por alguma moda com colorido cristão. Trabalhe em cima do horror que eles sentem à "mesma coisa de sempre".

O horror à "mesma coisa de sempre" é uma das paixões mais valiosas que produzimos no coração humano — uma fonte infindável de heresias na religião, de desatino no aconselhamento, de infidelidade no casamento e de inconstância na amizade. Os seres humanos vivem no tempo e experimentam a realidade de forma sequencial. Para vivenciar essa realidade de forma intensiva, portanto, eles devem experimentar muitas coisas diferentes. Em outras palavras, eles devem experimentar a mudança. E como eles têm necessidade de mudar, o Inimigo (sendo, no fundo, um hedonista) tornou a mudança algo prazeroso para eles, da mesma forma que tornou o ato de comer prazeroso. Mas já que ele não deseja que eles façam das mudanças ou do ato de comer um fim em si, contrabalançou o desejo pela mudança neles com o amor pela permanência. Ele idealizou satisfazer ambos os gostos no mundo que criou por meio dessa união entre mudança e permanência que ele chamou de ritmo. Ele lhes dá as estações do ano, cada estação sendo diferente da outra e, ainda assim, sendo a mesma todos os anos, de modo que a primavera sempre é percebida como uma novidade e, ainda assim, como a recorrência de um tema imemorial. Ele dá à sua Igreja o ano litúrgico; eles alternam os jejuns e os banquetes, mas se trata sempre do mesmo banquete que o anterior. [...] Destacamos esse prazer natural pela mudança e o distorcemos para transformá-lo em uma demanda absoluta pela novidade.

Cartas de um diabo a seu aprendiz, cap. 25

O perigo do teólogo

18 DE JANEIRO

Houve homens [...] que tanto se interessaram por provar a existência de Deus, que deixaram de se importar com Deus em si [...] como se o bom Senhor nada tivesse a fazer, exceto *existir*! Alguns se ocuparam tanto com a difusão do cristianismo, que nunca dedicaram um único pensamento a Cristo. O homem! Podemos ver isso em questões menores. Você, por acaso, nunca conheceu um amante de livros que, mesmo tendo todas as primeiras edições e cópias autografadas, perdeu a motivação para lê-los? Ou um organizador de ações de caridade que perdeu todo o amor pelos pobres? Essa é a armadilha mais sutil de todas.

The Great Divorce [O grande divórcio], cap. 9

Conselho para o clero

19 DE JANEIRO

Existe o perigo de o clero desenvolver uma consciência profissional especial que obscureça a simples questão moral. Os homens que ultrapassam as fronteiras, em qualquer uma das duas direções, podem alegar que chegaram às novas opiniões não ortodoxas com honestidade. Em defesa destas opiniões, eles estão prontos para sofrer opróbrio e ser privados de avanço profissional, considerando-se mártires. Com isso, entretanto, perde-se de vista aquilo que tão gravemente escandaliza o leigo.

Nós nunca duvidamos de que as opiniões não ortodoxas fossem sinceras; o motivo de nossa queixa é que esses homens continuam seu ministério mesmo após adotá-las. Sempre soubemos que uma pessoa que ganha a vida como agente do partido conservador pode, com sinceridade, mudar de ideia e tornar-se comunista. O que negamos é que possa sinceramente continuar trabalhando como agente do partido conservador e, ao mesmo tempo, defender a política de outro partido.

"Apologética cristã", *Deus no banco dos réus*

Verdadeiro ou falso?

20 DE JANEIRO

Uma das grandes dificuldades é manter a questão da veracidade na mente do público. As pessoas sempre acham que estamos recomendando o cristianismo não porque ele é *verdadeiro*, mas porque é *bom*. E, em discussões, elas sempre tentam fugir da questão do "verdadeiro ou falso" para assuntos como a boa sociedade, a moral, o salário dos bispos, a Inquisição espanhola, a França, a Polônia ou qualquer coisa que seja. É preciso trazê-las constantemente de volta para o ponto principal. Somente assim seremos capazes de minar sua crença de que determinada medida de "religião" é desejável, mas que isso não se deve ir longe demais. É preciso salientar a todo tempo que o cristianismo é uma declaração — se falsa, de *nenhuma* importância, e, se verdadeira, de infinita importância.

"Apologética cristã", *Deus no banco dos réus*

Defesa da fé

21 DE JANEIRO

Devemos defender o cristianismo em si — a fé pregada pelos apóstolos, confirmada pelos mártires, expressa nos credos e exposta pelos pais. Ela deve ser claramente distinguida daquilo que qualquer um de nós talvez pense sobre Deus e o homem de maneira geral. Cada um de nós tem suas ênfases individuais: cada um nutre, além da fé, muitas opiniões que lhe parecem coerentes com ela, verdadeiras e importantes. E talvez sejam. Mas, como apologistas, não é nosso dever defender *tais ênfases*. Nós defendemos o cristianismo, não "minha religião". Quando mencionamos nossas opiniões pessoais, devemos sempre deixar muito clara a diferença entre elas e a fé em si. [...]

Esta distinção, exigida pela honestidade, também oferece ao apologista uma grande vantagem tática. A grande dificuldade é fazer com que o público moderno perceba que estamos pregando o cristianismo única e simplesmente porque o consideramos *verdadeiro*; os homens sempre supõem que o estamos pregando porque gostamos dele, porque julgamos ser bom para a sociedade ou algo do tipo. [...] Isso imediatamente o ajuda a perceber que o que está sendo discutido é um fato objetivo, que não se trata de um discurso vazio sobre ideais e pontos de vista. [...] Não procure atenuar o cristianismo. Não deve haver a ilusão de que ele pode existir sem o aspecto sobrenatural. A meu ver, o cristianismo é justamente a única religião da qual o elemento milagroso não pode ser separado da vida religiosa. Devemos defender com sinceridade o sobrenaturalismo desde o início.

"Apologética cristã", *Deus no banco dos réus*

Quando a temperatura despenca
22 DE JANEIRO

Nós, que defendemos o cristianismo, nos vemos constantemente confrontados não pela irreligião de nossos ouvintes, mas por sua verdadeira religião. Se falarmos de beleza, verdade e bondade, ou de um Deus que é meramente o princípio essencial dessas três virtudes, se falarmos de uma grande força espiritual que permeia todas as coisas, de uma mente comum da qual todos somos parte, de um reservatório de espiritualidade generalizada para o qual todos podemos fluir, receberemos, em troca, uma reação amigável de interesse. Porém, a temperatura despenca no instante em que mencionamos um Deus que têm propósitos e realiza determinadas ações, que faz uma coisa e não outra; um Deus concreto, dominante e proibidor com um caráter definido. As pessoas ficam constrangidas ou aborrecidas. Tal conceito lhes parece primitivo, rústico e até mesmo desrespeitoso. A "religião" popular exclui milagres porque exclui o "Deus vivo" do cristianismo e crê, em vez disso, em um tipo de Deus que evidentemente não opera milagres — nem, na verdade, coisa alguma.

Miracles [Milagres], cap. 11

Educação cristã nas escolas

23 DE JANEIRO

Se, por exemplo, percebêssemos que os jovens de hoje estão enfrentando cada vez mais dificuldade para chegar ao resultado correto em seus cálculos, o fato estaria devidamente explicado no momento em que descobríssemos que as escolas haviam deixado de ensinar aritmética alguns anos atrás. Após esta descoberta, ignoraríamos as pessoas que oferecessem explicações mais amplas e vagas — aquelas que dissessem que a influência de Einstein havia minado a crença ancestral em relações numéricas fixas, ou que os filmes de gângster haviam enfraquecido o desejo de obter respostas certas, ou que a evolução da consciência estava entrando em sua fase pós-aritmética. Quando uma explicação clara e simples abarca completamente os fatos, nenhuma outra é levada em consideração. Se ninguém contou à geração mais jovem o que os cristãos professam e se eles tampouco conhecem quaisquer argumentos em defesa do cristianismo, então seu agnosticismo ou sua indiferença tornam-se totalmente explicados. Não há necessidade de procurar a causa em outros lugares; não é preciso falar sobre o clima intelectual geral da época ou a influência da civilização mecanicista no caráter da vida urbana. E, ao descobrir que a causa de sua ignorância é a falta de instrução, também descobrimos o remédio. Nada há na natureza da geração mais nova que a incapacite de receber o cristianismo. Se alguém estiver preparado para transmiti-lo, ela parece estar pronta para ouvir. [...] Os jovens de hoje são anticristãos porque seus professores ou não querem, ou não sabem transmitir o cristianismo. [...] Ninguém pode transmitir a alguém aquilo que não possui.

"Sobre a transmissão do cristianismo", *Deus no banco dos réus*

São Francisco de Sales

24 DE JANEIRO

O quadro grosseiro da penitência como algo parecido com apologia, ou até mesmo apaziguamento, tem, para mim, o valor de fazer da penitência um ato. Os pontos de vista mais nobres envolvem algum perigo de considerá-la apenas um estado de sentimento. A questão está em minha mente nesse momento porque tenho lido Alexander Whyte. [...] Para ele, um sintoma essencial da vida regenerada é uma percepção permanente, e permanentemente horrorizada, da própria corrupção natural e (ao que parece) inalterável. A narina do verdadeiro cristão tem de estar continuamente atenta ao esgoto interior. [...] Outro autor, citado em *Rise of Puritanism* [Surgimento do puritanismo], de Haller, diz que, quando olhava para o próprio coração, era "como se eu tivesse, no calor do verão, olhado para a Sujeira de uma Masmorra, onde eu discernia Milhões de coisas vivas rastejando no meio daquela Corrupção Vil e Líquida".

Não vou dar ouvidos àqueles que descrevem essa visão como algo meramente patológico. Tenho visto as "coisas viscosas e [que] com pernas rastejavam" em minha particular masmorra. Pensei que o vislumbre me houvesse ensinado sabedoria. Mas Whyte parece pensar que isso não deveria ser um vislumbre, mas um escrutínio diário e duradouro. Ele pode estar certo? Soa muito diferente dos frutos do Espírito do Novo Testamento — amor, alegria, paz. E muito diferente do projeto paulino: "Esquecendo-me das coisas que ficaram para trás e avançando para as que estão diante". E muito diferente do capítulo inocente e refrescante de Francisco de Sales sobre *la douceur* com respeito ao próprio ego. De qualquer forma, qual é a utilidade de estabelecer um projeto de emoções permanentes? Elas só podem ser permanentes se forem factícias.

Sei que um emético espiritual, no momento certo, pode ser necessário. Mas não uma dieta regular de eméticos! Se a pessoa sobrevivesse, desenvolveria uma "tolerância" a eles. Esse concentrar-se no "vil" pode produzir seu próprio orgulho perverso.

Cartas a Malcolm, cap. 18

Janeiro

Conversão de São Paulo

25 DE JANEIRO

Em certo sentido, a estrada de volta para Deus é a estrada do esforço moral, de empenhar-se cada vez mais; mas, em outro sentido, não é o esforço que nos levará de volta para casa. Todos esses esforços estão nos levando ao momento vital em que dizemos a Deus: "O Senhor é que terá de fazer isso, pois eu não consigo". Eu lhe imploro, por favor, que não comece a se perguntar: "Será que eu já cheguei a esse ponto?" Não fique aí sentado, divagando para ver se já está chegando lá, pois isso o levará na direção errada. Quando acontecem as coisas mais importantes da nossa vida, muitas vezes, naquele momento, nem nos damos conta do que está acontecendo. Uma pessoa nem sempre está em condições de constatar: "Opa! Estou amadurecendo". Muitas vezes é só quando olhamos para trás que nos damos conta do que aconteceu e, então, reconhecemos aquilo que as pessoas chamam de "amadurecimento".

Você pode perceber esse fenômeno até em coisas mais simples. Uma pessoa que começa a especular, ansiosa, se vai conseguir dormir, tem grande probabilidade de ficar horas acordada. Da mesma forma, o fenômeno ao qual estamos nos referindo agora pode não acontecer com todo mundo em um passe de mágica — como aconteceu com o apóstolo Paulo e Bunyan — mas, pode se dar de forma tão gradativa que ninguém seja capaz de apontar uma hora ou ano particular em que tenha acontecido. E o que importa é a natureza da mudança em si, e não como nos sentimos enquanto está acontecendo. É a mudança da confiança em nossos próprios esforços para o estado em que desistimos de fazer qualquer coisa por esforço próprio e deixamos tudo por conta de Deus.

Cristianismo puro e simples, livro 3, cap. 12

O assunto do Céu

São Timóteo e São Tito

26 DE JANEIRO

Um equívoco espantoso acerca de Paulo dominou a mente moderna por muito tempo, a saber: que Jesus pregou uma religião afável e simples (encontrada nos Evangelhos) e que Paulo, depois, a corrompeu, transformando-a em uma religião cruel e complicada (encontrada nas epístolas). Ora, isso é realmente insustentável. Os textos mais aterrorizantes de todos saíram da boca de nosso Senhor; de Paulo, por sua vez, vieram todos os textos em que podemos basear a esperança de que os homens serão salvos. Se é que fosse possível provar que Paulo alterou o ensinamento do Mestre de alguma forma, ele o teria feito de uma maneira totalmente oposta do que se supõe popularmente. No entanto, não há evidência alguma a favor de uma doutrina pré-paulina diferente da doutrina de Paulo. As epístolas são, em sua maior parte, os documentos cristãos mais antigos de que dispomos. Os Evangelhos vêm depois. Os Evangelhos, entretanto, não são "o evangelho", a declaração da fé cristã; eles foram escritos para os que já haviam sido convertidos, que já haviam aceitado "o evangelho". Eles deixam de fora muitas das "complicações" (isto é, a teologia), pois são destinados aos leitores que já foram instruídos. Nesse sentido, as epístolas são mais primitivas e mais centrais do que os Evangelhos — embora não mais, é claro, do que os acontecimentos grandiosos narrados pelos Evangelhos. O ato de Deus (a encarnação, a crucificação e a ressurreição) vem em primeiro lugar; depois, a primeira análise teológica do ato, que se encontra nas epístolas; por fim, os Evangelhos, os quais foram redigidos conforme a geração que havia conhecido o Senhor perecia, a fim de fornecer aos cristãos um registro do grande ato e de alguns dizeres de Jesus.

"Traduções modernas da Bíblia", *Deus no banco dos réus*

Janeiro

Revolta contra Cristo

27 DE JANEIRO

No início de toda rebelião, há uma fase em que o rei em si ainda não é atacado. O povo diz: "O rei é bom. Os ministros dele é que estão errados. Eles o representam mal e corrompem todos os seus planos — os quais, temos certeza, seriam bons se tão somente os ministros permitissem que gerassem resultados". E a primeira vitória consiste em decapitar alguns ministros; só mais tarde é que se dá um passo adiante e se decapita o próprio rei. Da mesma forma, o ataque do século 19 contra Paulo foi, na realidade, apenas uma etapa na revolta contra Cristo. Os homens não estavam prontos em grande número para atacar o próprio Cristo. Eles deram o primeiro passo normal: atacaram um de seus principais ministros. Tudo aquilo de que não gostavam no cristianismo foi, portanto, atribuído a Paulo. Infelizmente, o argumento não impressionou aqueles que haviam realmente lido os Evangelhos e as epístolas com atenção. No entanto, ao que tudo indica, poucas pessoas o haviam feito; logo, a primeira vitória foi obtida. Paulo foi culpado e banido, e o mundo deu o próximo passo: atacou o próprio Rei.

"Traduções modernas da Bíblia", *Deus no banco dos réus*

São Tomás de Aquino

28 DE JANEIRO

Podemos esperar um retorno do sentido alegórico na crítica bíblica. Isso, porém, provavelmente será perigoso — como acredito ter sido na Idade Média — para a apreciação dos livros históricos como mera narrativa heroica.

São Tomás de Aquino esclarece um pouco mais a [...] "singeleza" ou "simplicidade" da Bíblia. Ele explica por que as Escrituras expressam verdades divinas não só por meio de imagens corpóreas, mas por meio de imagens de corpos vis em oposição a corpos nobres. Segundo ele, isso é feito para liberar a mente do erro, para reduzir o perigo de confusões entre símbolo e realidade. É uma resposta digna de um teólogo profundo. Ao mesmo tempo, a passagem onde ela aparece revela posturas extremamente hostis à apreciação estética do texto sagrado. Ao que parece, diz ele, as Escrituras não deveriam usar metáforas. Afinal, aquilo que é apropriado para tipos mais inferiores de aprendizado (*infimae doctrinae*) não parece ser adequado para a rainha das ciências. Todavia, a metáfora é própria da poesia, e a poesia é a forma de aprendizado mais inferior de todas. [...] A resposta, naquilo que nos diz respeito aqui, é que a poesia e as Escrituras utilizam metáforas por razões bastante diferentes; a poesia, para o deleite, e as Escrituras, *propter necessitatem et utilitatem*. Ao passo que um crítico do século 19 poderia dizer que as Escrituras são a poesia mais elevada de todas, São Tomás diria que, na verdade, tanto as *doctrinae* mais elevadas quanto as mais inferiores têm, paradoxalmente, um aspecto em comum, mas, é claro, por razões diferentes.

"The Literary Impact of the Authorised Version"
[O impacto literário da Versão Autorizada],
Selected Literary Essays [Ensaios literários selecionados]

Restauração da Bíblia segundo seus próprios termos

29 DE JANEIRO

A menos que as pretensões religiosas da Bíblia sejam mais uma vez reconhecidas, suas pretensões literárias, penso eu, receberão apenas "honras da boca para fora" — e cada vez menos. Afinal ela é, do início ao fim, um livro sagrado. A maioria das partes que a compõem foi escrita, e todas elas foram reunidas, para uma finalidade puramente religiosa. Ela contém boa literatura e má literatura. Mas até mesmo a boa literatura é escrita de tal maneira que raramente podemos ignorar seu caráter sagrado. É muito fácil ler Homero deixando de lado nossa descrença no panteão grego; a *Ilíada*, afinal, não foi composta principalmente — se é que o foi — para impor obediência a Zeus, Atena e Poseidon. Os escritores gregos de tragédia são mais religiosos do que Homero, mas, mesmo em seus textos, temos apenas especulação religiosa ou ideias religiosas pessoais do poeta, não dogma. É por isso que conseguimos nos envolver. Nem Ésquilo nem Virgílio introduzem, sequer tacitamente, seus poemas com a fórmula "Assim dizem os deuses". Contudo, na maior parte da Bíblia, tudo é implicitamente ou explicitamente introduzido pela expressão "Assim diz o Senhor". Ela é, se assim preferirmos, não um simples livro sagrado, mas um livro tão contínua e implacavelmente sagrado, que não convida a abordagem meramente estética: ela a exclui e repele. Só é possível lê-la como literatura por um *tour de force*. Estaríamos cortando a madeira no sentido contrário às fibras, usando a ferramenta para um propósito a que ela não pretendia servir. A Bíblia exige incessantemente que a abordagem seja segundo seus próprios termos; ela não proporcionará prazer literário por muito tempo salvo àqueles que a consultam para algo completamente diferente. Prevejo que, no futuro, ela será lida como sempre foi: quase exclusivamente por cristãos.

"The Literary Impact of the Authorised Version"
[O impacto literário da Versão Autorizada],
Selected Literary Essays [Ensaios literários selecionados]

O assunto do Céu

Outras religiões

30 DE JANEIRO

Se você for cristão, não precisa acreditar que todas as outras religiões sejam simplesmente de todo erradas. Se for ateu, terá de acreditar que o ponto central de todas as religiões do mundo é simplesmente um grande erro. Se você for cristão, tem a liberdade de pensar que todas aquelas religiões, mesmo as mais exóticas, contêm pelo menos uma parcela da verdade. Quando eu era ateu, tinha de tentar convencer a mim mesmo de que a maioria das pessoas da humanidade sempre esteve errada sobre a questão que lhe interessava mais; quando me tornei cristão, passei a assumir uma visão mais liberal. Mas, é claro, ser cristão quer dizer pensar que onde o cristianismo difere de outras religiões, aí o cristianismo está certo e elas estão erradas. É como na aritmética — há somente um resultado certo para a conta, e todos os outros estão errados; mas alguns dos resultados errados estão mais perto do acerto que outros.

Cristianismo puro e simples, livro 2, cap. 1

Sem meio-termo

31 DE JANEIRO

Não há meio-termo nem paralelo em outras religiões. Se você perguntasse a Buda: "Você é filho de Brama?", ele responderia: "Filho meu, você ainda está no vale da ilusão." Se perguntasse a Sócrates: "Você é Zeus?", ele daria risada. Se perguntasse a Maomé: "Você é Alá?", ele primeiro rasgaria as próprias vestes, depois decapitaria você. Se perguntasse a Confúcio: "Você é o céu?", acho que ele provavelmente responderia: "Comentários em desacordo com a natureza são de mau gosto."

"O que devemos pensar a respeito de Jesus Cristo?",
Deus no banco dos réus

Fevereiro

O assunto do Céu

O que devemos pensar a respeito de Cristo?

1º DE FEVEREIRO

"O que devemos pensar a respeito de Cristo?" Não há a menor dúvida do que devemos pensar a respeito dele; trata-se antes e inteiramente do que ele deve pensar a nosso respeito. Temos de aceitar ou rejeitar a história.

As coisas que ele diz são muito diferentes daquilo que qualquer outro mestre já disse. Alguns declaram: "Esta é a verdade acerca do universo. Este é o caminho que você deve seguir", mas ele afirma: "*Eu* sou o caminho, a verdade e a vida." Ele diz: "Ninguém pode alcançar a realidade absoluta exceto por meu intermédio. Se retiver a própria vida, você será inevitavelmente arruinado. Se abrir mão dela, será salvo." Ele diz também: "Se você se envergonhar de mim — isto é, se, ao ouvir este chamado, virar o rosto, eu também virarei meu rosto quando retornar como Deus, sem disfarce algum desta vez. Se algo o estiver separando de Deus e de mim, seja o que for, livre-se disso. Se for o olho, arranque-o. Se for a mão, corte-a fora. Se você tomar o primeiro lugar para si, você será o último. Venham a mim todos os que carregam um fardo pesado, e eu resolverei sua situação. Seus pecados, todos eles, serão apagados. Eu tenho capacidade para fazer isso. Eu sou o renascimento, eu sou a vida. Comam-me, bebam-me, eu sou seu alimento. E, por último, não temam, pois eu conquistei o universo inteiro." Essa é a questão.

"O que devemos pensar a respeito de Jesus Cristo?",
Deus no banco dos réus

Fevereiro

A apresentação do Senhor

2 DE FEVEREIRO

Quando olhamos para a seletividade que os cristãos atribuem a Deus, não encontramos aquele "favoritismo" que tanto temíamos. O povo "escolhido" não foi escolhido por sua própria causa (tampouco, sem dúvida, para seu próprio prazer ou honra), mas por causa dos não escolhidos. Foi dito a Abraão que, por meio de sua "descendência" (a nação escolhida), "todos os povos da terra serão abençoados". Essa nação foi escolhida para carregar um fardo pesado. Seus sofrimentos são grandes; mas, como reconheceu Isaías, eles curam outros. Sobre a mulher finalmente escolhida recaem as profundezas extremas da angústia maternal. Seu Filho, o Deus encarnado, é um "homem de dores"; o único Homem sobre o qual a divindade desceu, o único Homem que tem o direito de ser adorado, esse Homem destaca-se pelo sofrimento.

Miracles [Milagres], cap. 14

Questão de justiça

3 DE FEVEREIRO

Não é terrivelmente injusto que essa nova vida seja confinada a pessoas que ouviram falar de Cristo e foram capazes de crer nele? Mas a verdade é que Deus não nos disse quais são os seus planos sobre as outras pessoas. O que sabemos é que nenhuma pessoa pode ser salva senão por intermédio de Cristo; não sabemos se somente aquelas pessoas que o conhecem podem ser salvas por ele. Mas, nesse meio-tempo, se você está preocupado com as pessoas de fora, a atitude mais insensata que você pode ter é também ficar de fora.

O assunto do Céu

Os cristãos são o corpo de Cristo, o organismo por meio do qual ele trabalha. Todo acréscimo a esse corpo permite que ele trabalhe mais. Se você quiser ajudar aqueles que estão do lado de fora, terá de acrescentar sua própria pequena célula ao corpo de Cristo, que é o único que pode ajudá-los. Decepar os dedos de uma pessoa seria uma forma estranha de fazer com que trabalhe mais.

Cristianismo puro e simples, livro 2, cap. 5

O dogma e o universo

4 DE FEVEREIRO

É uma crítica comum ao cristianismo afirmar que seus dogmas são imutáveis, ao passo que o conhecimento humano está em contínuo crescimento. Assim, para os incrédulos, nós parecemos estar sempre envolvidos na inútil tarefa de tentar forçar o novo conhecimento em moldes já ultrapassados. Acredito que este sentimento afaste o observador externo muito mais do que quaisquer discrepâncias específicas entre esta ou aquela doutrina e entre esta ou aquela teoria científica. Podemos, como costumamos dizer, "superar" dezenas de "dificuldades" isoladas, mas isso não altera a sensação desse observador de que o esforço como um todo está condenado ao fracasso e à distorção — de fato, quanto mais engenhoso, mais distorcido. Para ele, parece estar claro que, se nossos antepassados possuíssem o conhecimento que hoje temos sobre o universo, o cristianismo nunca teria existido; e, não importa o quanto tapemos os buracos, nenhum sistema de pensamento que alegue ser imutável pode, no longo prazo, ajustar-se ao conhecimento crescente.

"O dogma e o universo", *Deus no banco dos réus*

Fevereiro

A ciência e o dogma da criação

5 DE FEVEREIRO

Em um aspecto, como muitos cristãos observaram, a ciência contemporânea recentemente se alinhou com a doutrina cristã e se afastou das formas clássicas do materialismo. Algo que emerge com clareza da física moderna é que a natureza não é eterna. O universo teve um começo e terá um fim. Contudo, todos os grandes sistemas materialistas do passado acreditavam na eternidade e, por conseguinte, na autoexistência da matéria. Conforme disse o professor Whittaker na série de palestras Riddell em 1942, "Nunca foi possível opor-se com seriedade ao dogma da Criação exceto pela afirmação de que o mundo existe desde toda a eternidade mais ou menos em seu estado atual". Essa base fundamental do materialismo foi agora removida. Mesmo assim, não devemos nos apoiar muito nisso, pois as teorias científicas mudam. Porém, no momento atual, parece que o ônus da prova recai não sobre nós, mas sobre aqueles que negam à natureza uma causa além de si mesma.

No pensamento popular, entretanto, a origem do universo recebe menos importância (entendo) do que seu caráter — sua imensidão e aparente indiferença, se não hostilidade, à vida humana. E, muitas vezes, isso impressiona as pessoas ainda mais porque se trata supostamente de uma descoberta moderna — um exemplo excelente daquelas coisas que nossos antepassados desconheciam e que, se conhecidas, teriam impedido o início do cristianismo. Aqui, porém, existe uma inverdade histórica muito simples. Ptolomeu sabia tanto quanto Eddington que a Terra era infinitesimal em comparação a todo o conteúdo do espaço. Ou seja, não é o caso de o conhecimento ter crescido ao ponto de a estrutura do pensamento arcaico não mais ser capaz de contê-lo. A verdadeira questão é por que a insignificância espacial da Terra, tendo sido conhecida há tantos anos, de repente se tornou um argumento contra o cristianismo no último século.

"O dogma e o universo", *Deus no banco dos réus*

Argumento do espaço

6 DE FEVEREIRO

Quando, durante a autópsia, um médico diagnostica envenenamento com base no estado dos órgãos do falecido, seu argumento é racional porque ele tem uma ideia clara do estado oposto em que os órgãos teriam sido encontrados se não houvesse a presença de veneno. Da mesma forma, se optarmos por usar a vastidão do espaço e a pequenez da Terra para refutar a existência de Deus, precisamos ter uma ideia clara do tipo de universo que existiria caso não houvesse Deus. Mas nós, por acaso, temos essa ideia? Independentemente do que o espaço seja — e, é claro, alguns modernos o consideram finito — nós o percebemos como tridimensional, e a um espaço tridimensional não se pode atribuir fronteiras. Pela própria forma de nossas percepções, portanto, devemos sentir como se vivêssemos em algum lugar do espaço infinito. Se não encontrássemos objeto algum neste espaço infinito além daqueles que servem ao homem (nosso próprio Sol e nossa própria Lua), este amplo vazio certamente seria usado como um forte argumento contra a existência de Deus. Se descobríssemos outros corpos, eles seriam ora habitáveis, ora inabitáveis; e o estranho é que ambas as hipóteses seriam utilizadas para rejeitar o cristianismo. Se, por um lado, o universo transborda de vida, dizem-nos que isto reduz ao absurdo a alegação cristã — ou aquilo que se entende por alegação cristã — de que o homem é único, bem como a doutrina cristã de que Deus desceu a este único planeta e foi encarnado em favor de nós, homens, e para nossa salvação. Se, por outro lado, a Terra é realmente única, isto prova que a vida é apenas um subproduto acidental no universo, mais uma vez contestando nossa religião. Realmente, somos difíceis de agradar. Nós tratamos Deus como a polícia aborda o suspeito: tudo o que for dito é usado contra ele. Eu não penso que isto seja consequência de nossa maldade. Suspeito que haja algo em nosso próprio modo de raciocinar que nos deixa inevitavelmente perplexos diante da existência real, *seja qual for* o caráter que ela tenha.

"O dogma e o universo", *Deus no banco dos réus*

Tamanho e valor

7 DE FEVEREIRO

Seja como for, é certo que todo argumento fundamentado no tamanho jaz no pressuposto de que as diferenças de tamanho devem coincidir com as diferenças de valor; pois, a menos que coincidam, não há, evidentemente, motivo algum para que a minúscula Terra e as ainda menores criaturas humanas que nela habitam não sejam as coisas mais importantes em um universo que contém as nebulosas espirais. Ora, esse pressuposto é racional ou emocional? Como qualquer outra pessoa, eu vejo o absurdo em supor que a galáxia teria menos importância aos olhos de Deus do que um átomo tal como o ser humano. No entanto, eu não vejo um absurdo semelhante ao supor que alguém com um metro e meio de altura poderia ser mais importante do que alguém com um metro e sessenta centímetros — nem que um homem poderia ter mais valor do que uma árvore ou que um cérebro poderia ter mais importância do que uma perna. Em outras palavras, a sensação de absurdo surge apenas se as diferenças de tamanho são muito grandes. Porém, quando se percebe uma relação pela razão, ela é válida universalmente. Se o tamanho e o valor tivessem qualquer conexão verdadeira entre si, pequenas diferenças de tamanho acompanhariam pequenas diferenças de valor tão certamente quanto grandes diferenças de tamanho acompanham grandes diferenças de valor. Porém, ninguém em sã consciência entende que isso funciona assim. Eu não considero o homem mais alto *minimamente* mais valioso do que o homem mais baixo. Eu não reconheço uma tênue superioridade das árvores com relação aos homens e, em seguida, eu a negligencio por ser mínima demais para receber atenção. O que eu percebo, quando estou lidando com pequenas diferenças de tamanho, é que elas não têm ligação alguma com valor. Desse modo, concluo que a importância associada às grandes diferenças de tamanho é uma questão não da razão, mas da emoção — daquela emoção específica gerada por superioridades em tamanho apenas depois que se atinge determinado tamanho absoluto.

"O dogma e o universo", *Deus no banco dos réus*

Somos poetas inveterados

8 DE FEVEREIRO

Somos poetas inveterados. Nossa imaginação desperta. Em vez de mera quantidade, temos agora uma qualidade: o sublime. Se não fosse assim, a grandeza puramente aritmética da galáxia não seria mais impressionante do que os números em uma lista telefônica. Logo, em certo sentido, é a partir de nós mesmos que o universo material deriva seu poder de nos intimidar. Para uma mente que não compartilha de nossas emoções e carece de nossos poderes imaginativos, o argumento fundamentado no tamanho é completamente desprovido de sentido. Os homens contemplam o céu estrelado com reverência; os macacos, não. O silêncio do espaço eterno aterrorizou Pascal, mas foi a grandeza de Pascal que o colocou em posição de ser aterrorizado. Quando nos espantamos diante da grandiosidade do universo, na verdade nos espantamos (quase literalmente) com nossa própria sombra. Afinal, esses anos-luz e bilhões de séculos são meramente aritméticos até que a sombra do homem, o poeta, o criador de mitos, caia sobre eles. Não digo que estamos errados em tremer à vista dessa sombra; trata-se da sombra de uma imagem divina. Porém, se a vastidão da matéria ameaçar subjugar nosso espírito, devemos lembrar que é a matéria espiritualizada que faz essa ameaça. A grande nebulosa de Andrômeda deve ao homem insignificante, em certo sentido, sua grandeza.

"O dogma e o universo", *Deus no banco dos réus*

Que tipo de universo nós exigimos?
9 DE FEVEREIRO

Somos difíceis de agradar. Se o mundo em que nos encontramos não fosse vasto e estranho o suficiente para causar terror em Pascal, que pobres criaturas seríamos! Sendo o que somos — anfíbios racionais, mas também animados, que passam do mundo sensorial ao espiritual por meio de mitos e metáforas —, eu não vejo como poderíamos ter chegado ao conhecimento da grandeza de Deus sem o indício oferecido pela grandiosidade do universo material. Mais uma

O assunto do Céu

vez, que tipo de universo nós exigimos? Se fosse pequeno o suficiente para ser aconchegante, não seria grande o suficiente para ser sublime. Agora, se ele é grande o suficiente para que estiquemos nossos membros espirituais, então deve ser grande o suficiente para nos deixar perplexos. Limitados ou aterrorizados, nós devemos, em qualquer mundo concebível, assumir uma dessas duas condições. Pessoalmente, prefiro o terror. Eu ficaria sufocado em um universo cujo fim fosse visível. Por acaso, ao caminhar em um bosque, você nunca deu meia-volta de propósito a fim de que, ao atravessá-lo, ele não ficasse eternizado em sua imaginação como um simples e desprezível corredor de árvores?

"O dogma e o universo", *Deus no banco dos réus*

O homem não é a medida de todas as coisas

10 DE FEVEREIRO

Não pense que estou sugerindo que Deus criou as nebulosas espirais única ou exclusivamente para nos proporcionar a experiência de assombro e perplexidade. Eu não tenho a menor ideia do motivo de ele as ter criado; e de modo geral, acho que seria bastante surpreendente se eu tivesse. Até onde entendo a questão, o cristianismo não está preso a uma visão antropocêntrica do universo como um todo. Os primeiros capítulos de Gênesis, sem dúvida, narram a história da Criação sob a forma de um conto popular — um fato reconhecido desde a época de Jerônimo de Estridão — e, se forem considerados de maneira isolada, esta é a impressão que de fato se tem. Contudo, isto não é confirmado pela Bíblia como um todo. Há poucos textos na literatura que nos alertam com mais severidade do que o livro de Jó contra o uso do homem como medida de todas as coisas: "Você consegue pescar com anzol o Leviatã? Acha que ele vai fazer acordo com você, para que o tenha como escravo pelo resto da vida? Apenas vê-lo já é assustador". Nos textos de Paulo, os poderes do Céu parecem ser hostis ao homem de modo geral. É, naturalmente, a essência do cristianismo o fato de que Deus ama o homem e por ele assumiu forma física e morreu. Isso, entretanto, não prova que o homem é o único fim da natureza. Na parábola, o pastor foi buscar a única ovelha perdida, não a única ovelha do rebanho; e não somos informados de que ela era a mais valiosa — salvo na medida em que a ovelha com necessidade mais desesperadora tem, enquanto durar a necessidade, valor peculiar aos olhos do Amor.

"O dogma e o universo", *Deus no banco dos réus*

O amor de Deus não tem limites

11 DE FEVEREIRO

A doutrina da encarnação só estaria em contradição com o que sabemos a respeito deste vasto universo se soubéssemos da existência de outras espécies racionais que, como nós, tivessem caído e precisassem de igual redenção, mas que não a houvessem recebido. No entanto, desconhecemos tais circunstâncias. O universo pode estar repleto de vida que não carece de redenção. Ele pode estar repleto de vida que já foi redimida. Pode estar repleto de coisas bem diferentes de vida, as quais, não obstante, satisfazem a sabedoria divina de formas inconcebíveis. Não estamos em posição de elaborar mapas da psicologia de Deus nem de estipular limites aos seus interesses. Não faríamos isso nem mesmo com outro ser humano mais importante do que nós. As doutrinas de que Deus é amor e de que ele se deleita nos homens são positivas, não limitadoras. Ele não é menos do que isso, mas não sabemos o que mais pode ser; sabemos apenas que ele deve ser mais do que podemos conceber. É de se esperar que sua criação seja, no geral, incompreensível para nós.

"O dogma e o universo", *Deus no banco dos réus*

Revelação divina e curiosidade humana

12 DE FEVEREIRO

Os próprios cristãos são, muitas vezes, responsáveis pelos mal-entendidos a esse respeito. Eles têm o mau hábito de falar como se a revelação existisse para satisfazer nossa curiosidade, esclarecendo toda a criação de modo a torná-la autoexplicativa e a responder todas as perguntas. Todavia, a revelação parece-me puramente prática, dirigida ao animal específico — o homem caído — para o alívio de suas necessidades urgentes, e não ao espírito de investigação que nele há para gratificar sua curiosidade abundante. Sabemos que Deus visitou e redimiu seu povo, mas isto nos diz tanto sobre o caráter geral da criação quanto uma dose de remédio administrada a uma galinha doente em uma grande fazenda nos diz sobre o caráter geral da criação de animais na Inglaterra. O que devemos fazer, qual caminho devemos trilhar para chegar à fonte da vida, isto nós sabemos — e ninguém que tenha seguido com seriedade as instruções queixa-se de ter sido enganado. Porém, se existem outras criaturas como nós e como elas são tratadas; se a matéria inanimada existe apenas para servir às criaturas vivas ou para algum outro propósito; se a imensidão do espaço é um meio para um fim, uma ilusão ou simplesmente o modo natural em que se espera que a energia infinita exerça atividade criativa — acerca de todos estes pontos, creio que somos deixados às nossas próprias especulações.

Não. Não é o cristianismo que precisa temer o imenso universo. Quem deve temê-lo são os sistemas que colocam todo o significado de existir na evolução social ou biológica de nosso próprio planeta. O evolucionista criativo, bergsoniano ou *shaviano*, ou o evolucionista comunista é quem deve tremer ao contemplar o céu à noite. Ele está, na realidade, comprometido com um navio naufragante. Ele está tentando ignorar a natureza descoberta das coisas, como se, ao se concentrar na tendência possivelmente ascendente de um único planeta, ele conseguisse se esquecer da tendência descendente inevitável do universo como um todo, da tendência a baixas temperaturas e da desorganização irrevogável.

"O dogma e o universo", *Deus no banco dos réus*

O cristianismo e o avanço do conhecimento

13 DE FEVEREIRO

Como um sistema imutável pode sobreviver ao aumento contínuo de conhecimento? Ora, em determinados casos, sabemos muito bem como isso pode acontecer. Um acadêmico maduro que lê um trecho importante de Platão, absorvendo de relance a metafísica, a beleza literária e o lugar de ambas na história da Europa, ocupa uma posição muito diferente de um garoto que ainda está aprendendo o alfabeto grego. Não obstante, é por intermédio desse sistema imutável do alfabeto que toda aquela vasta atividade mental e emocional acontece.

Esse sistema não foi destruído pelo novo conhecimento. Não se tornou antiquado. Caso fosse alterado, tudo seria o caos. Um grande estadista cristão ponderando sobre a moralidade de uma medida que afetará milhões de vidas e que envolve considerações econômicas, geográficas e políticas de extrema complexidade ocupa uma posição diferente de um garoto que está aprendendo pela primeira vez que não se deve enganar, mentir ou machucar pessoas inocentes. Contudo, somente à medida que esse primeiro conhecimento dos grandes fundamentos morais sobrevive intacto no estadista é que sua deliberação pode ser moral. Se isso se esvai, não há progresso, mas mera mudança. Afinal de contas, mudança não é progresso a menos que a essência permaneça inalterada. Um pequeno carvalho torna-se um grande carvalho; caso se tornasse uma faia, não seria crescimento, apenas mudança. Há uma grande diferença entre contar maças e deduzir as fórmulas matemáticas da física moderna. Todavia, a tabela de multiplicação é utilizada em ambas as situações e não se torna obsoleta. [...]

A própria possibilidade de progresso requer que haja um elemento imutável. Garrafa nova para vinho novo, tudo bem; mas paladar novo, garganta nova e estômago novo, não — ou o vinho nem sequer seria "vinho" para nós. Em minha opinião, todos poderíamos encontrar esse tipo de elemento imutável nas regras simples da matemática. A estas, eu acrescentaria os princípios básicos da moralidade. E também adicionaria as doutrinas fundamentais do cristianismo. A fim de empregar uma linguagem mais técnica, digo que as declarações históricas positivas feitas pelo cristianismo têm o poder — encontrado em outros lugares, sobretudo, em princípios formais — de receber, sem alteração intrínseca, a crescente complexidade de sentido que o aumento de conhecimento traz.

"O dogma e o universo", *Deus no banco dos réus*

Fevereiro

Deus está no espaço sideral?

14 DE FEVEREIRO

Os russos, disseram-me, relataram que não encontraram Deus no espaço exterior. Por outro lado, muitas pessoas em muitas épocas e em países diferentes afirmam ter encontrado Deus, ou terem sido encontradas por Deus, aqui na Terra. A conclusão que alguns querem que extraiamos desses dados é que Deus não existe. Como corolário, aqueles que pensam que o encontraram na Terra estão sofrendo de uma ilusão.

Mas outras conclusões podem ser tiradas:

1. Ainda não fomos longe o suficiente no espaço. Havia navios no Atlântico por bastante tempo antes da descoberta da América.
2. Deus existe, mas está localmente confinado a este planeta.
3. Os russos encontraram Deus no espaço sem se dar conta disso, porque careciam do aparato necessário para detectá-lo.
4. Deus existe, mas não é um objeto nem localizado em uma parte específica do espaço nem espalhado, como outrora pensávamos que o "éter" fosse, no espaço.

As duas primeiras conclusões não me interessam. O tipo de religião para a qual eles poderiam ser uma defesa seria uma religião para selvagens: a crença em uma divindade local que pode estar contida em um templo, uma ilha ou um bosque particular. Isso, de fato, parece ser o tipo de religião a respeito da qual os russos — ou alguns russos, e muitas pessoas no Ocidente — estão sendo irreligiosos. Não é de todo inquietante que nenhum astronauta tenha descoberto um deus desse tipo. Seria realmente inquietante se eles tivessem.

"O olho que vê", *Reflexões cristãs*

O assunto do Céu

O autor de todo o espaço e tempo

15 DE FEVEREIRO

Buscar por Deus — ou pelo Céu — explorando o espaço é como ler ou pesquisar todas as peças de Shakespeare na esperança de encontrar Shakespeare como um dos personagens ou Stratford como um dos lugares. Shakespeare está, em certo sentido, presente em cada momento de cada peça. Mas ele nunca está presente da mesma maneira que Falstaff ou Lady Macbeth. Nem está espalhado pela peça como um gás. [...] Meu argumento é que, se Deus existe, ele está relacionado ao universo mais como um autor está relacionado a uma peça do que como um objeto no universo está relacionado a outro. Se Deus criou o universo, ele criou o espaço-tempo, que é para o universo como a métrica é para um poema ou a clave é para a música. Procurar por Deus como um item dentro da estrutura que ele mesmo inventou não faz sentido. Se Deus — como o Deus crido por qualquer religião adulta — existe, o mero mover-se no espaço nunca aproximará você mais dele nem o colocará mais longe dele do que você está nesse exato momento. Você não pode alcançá-lo nem evitá-lo viajando para Alfa Centauri ou mesmo para outras galáxias. Um peixe não existe mais, nem menos, no mar depois de nadar por mil milhas do que existia quando partiu. [...] As viagens espaciais realmente não têm nada a ver com o assunto. Para alguns, Deus é detectável em toda parte; para os outros, em parte alguma. Aqueles que não o encontram na Terra dificilmente o encontrarão no espaço. (Ouça: já estamos no espaço! Todos os anos fazemos um grande passeio circular no espaço.) Mas, mande um santo numa nave espacial, e ele encontrará Deus no espaço como encontrou Deus na Terra. Depende em grande parte do olho que vê.

"O olho que vê", *Reflexões cristãs*

Fevereiro

Vida em outros planetas

<u>16 DE FEVEREIRO</u>

Se existem espécies, e espécies racionais, além do homem, alguma ou todas elas, como nós, caíram? Esse é o ponto que os não cristãos sempre parecem esquecer. Eles parecem pensar que a Encarnação implica algum mérito ou excelência particular na humanidade. Mas é claro que ela implica apenas o contrário: demérito e depravação próprios. Nenhuma criatura que merecesse a Redenção precisaria ser redimida. Aqueles que estão sãos não precisam de médico. Cristo morreu pelos homens precisamente porque os homens *não* eram dignos de que morresse por eles — para torná-los dignos.

[...] Se soubéssemos que a Redenção por uma Encarnação e uma Paixão foi negada a criaturas necessitadas —, é certo que esse é o único modo de Redenção que é possível? Aqui, é claro, perguntamos pelo que não é apenas desconhecido, mas, a menos que Deus o revele, totalmente incognoscível. Pode ser que, quanto mais nos fosse permitido olhar para dentro do conselho divino, mais claramente deveríamos entender que é assim e não de outra forma — pelo nascimento em Belém, a cruz no Calvário e o túmulo vazio — que uma raça caída poderia ser resgatada. Pode haver uma necessidade, intransponível, enraizada na própria natureza de Deus e na própria natureza do pecado. Mas nós não sabemos. De qualquer forma, eu não sei. As condições espirituais e físicas podem diferir amplamente em diferentes mundos. Pode haver diferentes tipos e diferentes graus de queda. Nós devemos certamente crer que o amor divino é tão fértil em recursos quanto é incomensurável em condescendência. Para diferentes doenças, ou mesmo para diferentes pacientes doentes com a mesma doença, o grande Médico pode ter aplicado diferentes medicamentos, medicamentos que provavelmente não reconheceríamos como tais, mesmo que tivéssemos ouvido falar deles.

"Religião e foguetes", *A última noite do mundo*

Missionários no espaço sideral

17 DE FEVEREIRO

Mas mesmo os missionários podem ser confiáveis? "Arma e evangelho" foram horrivelmente combinados no passado. O sacro desejo do missionário de salvar almas nem sempre foi mantido bem distinto do desejo arrogante, da ânsia dos intrometidos de (como ele chama) "civilizar" os (como ele os chama) "nativos". Todos os nossos missionários reconheceriam uma raça não caída se a encontrassem? Eles poderiam? Eles continuariam a impor a criaturas que não precisavam ser salvas aquele plano de Salvação que Deus designou para o Homem? Eles denunciariam como pecados meras diferenças de comportamento que a história espiritual e biológica dessas estranhas criaturas justificou plenamente e que o próprio Deus havia abençoado? Eles tentariam ensinar àqueles de quem eles fariam melhor se aprendessem? Eu não sei.

O que eu sei é que, hoje, como nossa única preparação prática possível para tal encontro, você e eu devemos resolver ficar firmes contra toda a exploração e todo o imperialismo teológico. Não será divertido. Nós seremos chamados de traidores de nossa própria espécie. Nós seremos odiados por quase todos os homens, até mesmo por alguns religiosos. E não devemos voltar atrás um único centímetro. Nós provavelmente falharemos, mas vamos seguir lutando pelo lado certo. Nossa lealdade não se deve a nossa espécie, mas a Deus.

Fevereiro

Aqueles que são, ou podem se tornar, seus filhos são nossos verdadeiros irmãos, mesmo que tenham conchas ou presas. É o parentesco espiritual, não o biológico, que conta. [...]

Se bem me lembro, Agostinho levantou uma questão sobre a posição teológica de sátiros, monópodes e outras criaturas semi-humanas. Ele decidiu que poderia esperar até descobrirmos se havia alguma. Então, isso também pode.

"Religião e foguetes", *A última noite do mundo*

Esnobismo cronológico

18 DE FEVEREIRO

"Mas que coisa mais *medieval!*", exclamei, pois eu ainda demonstrava todo o esnobismo cronológico de minha época e usava os nomes de períodos anteriores como insulto [...]. Barfield eliminou rapidamente de mim aquilo que chamo de "esnobismo cronológico": a aceitação acrítica da atmosfera intelectual comum à nossa época e a suposição de que tudo aquilo que se tornou obsoleto deve ser agora, por essa razão, desacreditado. É preciso descobrir por que algo se tornou obsoleto. Será que foi refutado (e, nesse caso, por quem, onde e até que ponto?) ou simplesmente desvaneceu, como acontece com as modas? Se tiver simplesmente desvanecido, isso nada nos diz sobre sua veracidade ou falsidade. Após constatar esse fato, passamos a perceber que nossa própria época também é "um período" e certamente tem, como todos os períodos, suas próprias ilusões características. Muito provavelmente, elas se escondem por trás de suposições amplamente difundidas que, de tão arraigadas na época, ninguém ousa atacá-las nem sente necessidade de defendê-las [...]. No sentido técnico do termo, éramos "realistas"; ou seja, aceitávamos como realidade básica o universo revelado pelos sentidos [...]. Defendíamos que o pensamento abstrato (desde que obediente a regras lógicas) proporciona verdades incontestáveis.

Surprised by Joy [Surpreendido pela alegria], cap. 13

Aproximação do Deus vivo

19 DE FEVEREIRO

Os homens relutam em trocar a noção de uma divindade abstrata e passiva pelo Deus vivo. Não me surpreendo. [...] O deus do panteísta nada faz, nada exige. Ele está ali quando precisam dele, como um livro na prateleira. Ele não vem atrás de nós. Não existe o perigo de o Céu e a Terra fugirem diante de um simples olhar seu. Se ele fosse a verdade, poderíamos então realmente dizer que todas as imagens cristãs de realeza não passam de um acidente histórico do qual nossa religião deveria ser purificada. Porém, descobrimos que elas são indispensáveis, e isso acontece como um choque. Já tivemos choques assim antes, mas com coisas menores: quando a vara de pescar repuxa em nossa mão ou quando no escuro sentimos ao nosso lado a respiração de alguém, por exemplo. O mesmo acontece aqui; o choque se dá no exato momento em que a sensação de *vida* nos é comunicada paralelamente à pista que estamos seguindo. E é sempre chocante encontrar vida onde julgávamos estar sós. "Vejam!", gritamos. "Está *vivo*." E, portanto, esse é o ponto onde muitos recuam — eu mesmo o teria feito se pudesse — e deixam de avançar no cristianismo. Um "deus impessoal" —tudo bem. Um deus subjetivo de beleza, verdade e bondade dentro da nossa cabeça — melhor ainda. Uma força vitalícia sem forma que surge por nosso intermédio, um vasto poder que podemos deixar fluir — o melhor dos mundos. Mas o próprio Deus, vivo, puxando a vara do outro lado, talvez se aproximando a uma velocidade infinita, o caçador, rei, marido — isso é outra coisa muito diferente. Chega o momento em que as crianças brincando de polícia e ladrão se aquietam de súbito: será que aquilo foi *realmente* um som de passos no corredor? Chega a hora em que as pessoas brincando de religião ("a busca do homem por Deus"!) de repente recuam. E se o tivermos o encontrado de verdade? *Essa* nunca foi nossa intenção! Ou, pior ainda: e se ele tiver nos encontrado?

Miracles [Milagres], cap. 11

Exigências da Quaresma

20 DE FEVEREIRO

Todos sabem por experiência comum que, quando uma pessoa cai num buraco, a responsabilidade de tirá-la de lá geralmente é assumida por algum bom amigo.

Agora, em que tipo de "buraco" o homem caiu? Ele tentou se içar para fora como se pertencesse a si mesmo. Em outras palavras, o homem decaído não é simplesmente uma criatura imperfeita que necessita de aperfeiçoamento, e sim um rebelde que está precisando abandonar suas armas. Baixar as armas e entregar-se; expressar seu arrependimento, dar-se conta de ter estado no rumo errado e se preparar para começar a vida do início, do primeiro degrau — eis a única maneira de sair do "buraco". Esse processo de entrega — esse movimento de marcha à ré a toda a velocidade — é o que os cristãos chamam de arrependimento. Mas, há de se convir, arrepender-se não é nada divertido. Trata-se de algo mais difícil do que simplesmente se humilhar e admitir a própria culpa. Significa desaprender toda a presunção e teimosia que nos foram incutidas por milhares de anos. Significa aniquilar parte de nós, passando por uma espécie de morte. Na verdade, é necessário que a pessoa seja boa para se arrepender. E eis aí um verdadeiro paradoxo: só uma pessoa má precisa de arrependimento, mas só uma pessoa boa consegue arrepender-se perfeitamente. Quanto pior você for, mais precisará arrepender-se e menos conseguirá fazê-lo. A única pessoa que conseguiria fazê-lo com perfeição seria alguém perfeito — e esse alguém não precisaria de modo nenhum fazê-lo.

Cristianismo puro e simples, livro 2, cap. 4

Ajuda do penitente perfeito

21 DE FEVEREIRO

Lembre-se de que esse arrependimento, essa submissão voluntária à humilhação e uma espécie de morte não é algo que Deus exija de você para o aceitar de volta e do qual ele poderia eximi-lo se assim quisesse; trata-se simplesmente de uma descrição do que é a volta para Deus. Se você pedir para Deus aceitá-lo de volta sem isso, você estará lhe pedindo para voltar sem, de fato, voltar, e isso é impossível. Muito bem, então, temos de nos arrepender, não tem outro jeito. Entretanto, a maldade que nos leva a precisar disso nos torna incapazes de tomar essa atitude. Será que podemos fazer isso se Deus nos ajudar? Sim, mas o que a ideia de sermos ajudados por Deus significa? Queremos dizer, em outras palavras, que Deus coloca um pouco dele em nós. Ele nos empresta um pouco dos poderes de sua razão e, assim, conseguimos raciocinar: ele coloca um pouco do seu amor em nós e, assim, amamos uns aos outros. Quando você ensina uma criança a escrever, segura na mão dela para ela formar as letras: isto é, ela forma as letras porque você as está formando. Nós amamos e raciocinamos porque Deus ama, e raciocina, e segura a nossa mão enquanto nós o estamos fazendo.

Cristianismo puro e simples, livro 2, cap. 4

Reclamação dos afrontosos

22 DE FEVEREIRO

Já ouvi certas pessoas se queixarem de que, se Jesus era Deus, assim como também era homem, então os seus sofrimentos e sua morte perdem todo o valor a seus olhos, "porque tudo isso deveria ser muito fácil para ele". Outros, por sua vez, poderiam (muito corretamente) repreender a ingratidão e a crueldade dessa objeção; o que me espanta é a ignorância que ela revela. Em certo sentido, é claro que os que a fazem estão certos. Eles poderiam até ter levado o caso mais longe. A perfeita submissão, o perfeito sofrimento e a morte perfeita não apenas foram mais fáceis para Jesus porque ele era Deus, mas também só foram possíveis porque ele era Deus. Mas certamente esse é um motivo muito estranho para não aceitar esses feitos, não é? Um professor está em condições de formar as letras para a criança porque ele é adulto e sabe escrever. Isso, é claro, facilita as coisas para ele; e é apenas porque é mais fácil para ele que ele pode ajudar a criança. Se ela rejeitasse a ajuda porque "é muito fácil para os adultos" e esperasse aprender a escrever com outra criança que tampouco soubesse escrever (e, assim, não tivesse vantagem "injusta"), ela não progrediria muito rápido. Se eu estiver me afogando em um riacho, uma pessoa que está com um pé firme num banco de areia pode me dar uma mão capaz de salvar a minha vida.

O assunto do Céu

Será que seria razoável eu gritar (entre uma tomada de ar e outra): "Não. Isso não é justo! Você está em vantagem! Está com um pé no banco de areia"? Essa vantagem — por mais "injusta" que você possa chamá-la — é a única razão por que ele pode me ser útil, pois de quem buscamos ajuda se não daqueles que vemos que são mais fortes do que nós?

Cristianismo puro e simples, livro 2, cap. 4

Contrição

23 DE FEVEREIRO

Na época da Quaresma é dedicada especialmente ao que os teólogos chamam de contrição. [...] Contrito, como vocês sabem, é uma palavra traduzida do latim que significa triturado ou pulverizado. Pois bem, os homens modernos queixam-se de que há menção demais a este assunto em nosso *Livro de oração comum*. Eles não querem que seu coração seja pulverizado e não conseguem declarar com sinceridade que são "transgressores miseráveis". Certa vez, conheci uma pessoa que frequentava a igreja com regularidade, mas nunca repetia as palavras "seu fardo (ou seja, dos pecados) é intolerável" em uníssono com a congregação porque não sentia que ele era intolerável. O que acontecia, na verdade, é que ela não entendia as palavras. Creio que o *Livro de oração comum* quase nunca está falando primordialmente sobre nossos sentimentos; este é (acho) o primeiro erro que podemos cometer com relação às palavras "somos transgressores miseráveis". Eu não acho que o fato de nos sentirmos miseráveis ou não tenha qualquer importância aqui. Entendo que o texto emprega a palavra miserável no sentido antigo, isto é, de objeto de pena.

"Transgressores miseráveis", *Deus no banco dos réus*

Confissão

24 DE FEVEREIRO

Muitos, sem dúvida, estão muito à frente de mim na caminhada cristã. Não me compete determinar se vocês devem confessar seus pecados a um pastor ou não. [...] Mas, caso não o façam, é preciso, pelo menos, listar os problemas e realizar um ato sincero de penitência com respeito a cada um deles. Há algo poderoso nas palavras comuns, conquanto que se evitem dois perigos: o exagero emotivo — isto é, tentar requintar as coisas e transformar pequenas questões em pecados melodramáticos — e o oposto a isso, que é a atenuação dos problemas. É essencial utilizar palavras comuns, simples e conhecidas que usaríamos com qualquer outra pessoa. Com isso, me refiro a palavras tais como roubo, fornicação e ódio em vez de imprecisões como: "Eu não tive a intenção de ser desonesto", "Eu era só um rapaz" ou "Perdi a cabeça". Acredito que esta atitude — de enfrentar com sobriedade aquilo de que já temos consciência e colocá-lo diante de Deus sem desculpas, de pedir com sinceridade seu perdão e graça, e de decidir fazer todo o possível para melhorar — seja a única maneira.

"Transgressores miseráveis", *Deus no banco dos réus*

O encanto fatal do arrependimento nacional

25 DE FEVEREIRO

É com tão pouca frequência que os homens se arrependem de pecados reais, que o arrependimento ocasional de um pecado imaginário poderia parecer quase desejável. No entanto, o que realmente acontece (e já vi acontecer) com os jovens penitentes nacionais é um pouco mais complicado. A Inglaterra não é um agente natural, mas uma sociedade civil. Quando falamos das ações da Inglaterra, queremos dizer as ações do governo britânico. O jovem chamado a arrepender-se da política externa da Inglaterra está, na verdade, sendo chamado a arrepender-se dos atos de seu próximo; afinal, um diplomata ou um ministro de relações exteriores é, sem dúvida, um próximo. E o arrependimento pressupõe condenação. O primeiro encanto fatal do arrependimento nacional é, portanto, o incentivo que ele nos dá para nos afastarmos da amarga tarefa de arrepender-nos de nossos próprios pecados e, em vez disso, voltarmo-nos ao dever mais agradável de lamentar — mas, primeiro, de criticar — a conduta dos outros. Se isso estivesse claro para o jovem, ele, sem dúvida, iria se lembrar da lei da caridade. Infelizmente os próprios termos nos quais o arrependimento nacional lhe é recomendado escondem sua verdadeira natureza. Fazendo uso de uma perigosa figura de linguagem, ele chama o governo não de "eles", mas de "nós". E, uma vez que, como penitentes, não somos encorajados a ser benevolentes com nossos próprios pecados nem a nos dar o benefício da dúvida, um governo chamado de "nós" é *ipso facto* colocado além da esfera da caridade ou mesmo da justiça. Podemos dizer o que quisermos a seu respeito. Podemos nos entregar ao vício popular da maledicência sem restrições, sentindo, o tempo todo, que estamos praticando a contrição.

"Perigos do arrependimento nacional", *Deus no banco dos réus*

Perdão dos pecados

26 DE FEVEREIRO

Dizemos muitas coisas na igreja (e fora da igreja também) sem pensar adequadamente. Por exemplo, declamamos o

Fevereiro

credo "Eu creio no perdão dos pecados". Recitei isso por muitos anos antes de me perguntar por que estava no credo. À primeira vista, parece não ser muito importante que esteja. "Se alguém é cristão", pensei, "claro que crê no perdão dos pecados. Nem é necessário dizer isso". Mas as pessoas que compilaram o credo pensaram, aparentemente, que isso era uma parte de nossa crença, que dela precisávamos nos lembrar, todas as vezes que íamos à igreja. Comecei então a ver, naquilo que me diz respeito, que eles estavam certos. Crer no perdão dos pecados não é tão fácil assim como eu pensava. Tal crença é o tipo de coisa que muito facilmente sai de cena, se não o mantivermos como algo a ser polido.

Cremos que Deus perdoa os nossos pecados, mas também que ele não o fará a não ser que nós perdoemos os pecados de outras pessoas contra nós. Não existe nenhuma dúvida sobre a segunda parte dessa declaração. É a oração do Senhor (o Pai Nosso); e foi enfaticamente afirmado por Nosso Senhor. Se você não perdoar não será perdoado. Nenhuma parte de seu ensino é mais clara e não há exceções. Não faz parte desta ordem que devemos perdoar os pecados de outras pessoas desde que não sejam muito assustadores, ou desde que não haja circunstâncias atenuantes ou algo desse tipo. A ordem é perdoar a todos, mesmo que sejam maldosos, que sejam perversos, não importa quão frequentes sejam os erros que cometem. Se não, não seremos perdoados de nenhum de nossos pecados.

"Sobre o perdão", *O peso da glória*

Perdão e desculpas

27 DE FEVEREIRO

Agora, parece-me que frequentemente cometemos um erro, tanto sobre o ato de Deus perdoar os pecados que cometemos, quanto sobre o perdão que dizem que devemos oferecer pelos pecados de outras pessoas. Pense primeiro sobre o perdão de Deus. Percebo que quando penso que estou pedindo que Deus me perdoe, estou, na realidade (a não ser que eu esteja me vigiando cuidadosamente), pedindo a ele que faça algo completamente diferente. Não estou pedindo que ele me perdoe, mas que ele aceite minha justificativa. Há, porém, toda a diferença do mundo entre perdoar e dar uma justificativa. O perdão diz: "Sim, você fez isso, mas eu aceito suas desculpas; eu nunca usarei isso contra você, e tudo entre nós dois será exatamente como era antes". Mas a justificativa diz: "Vejo que você não conseguiu evitar ou que não tinha a intenção; você não é o culpado". Se a pessoa não era culpada, então não há nada para ser perdoado. Nesse sentido, o perdão e a justificativa são quase opostos. É claro, em dúzias de casos, seja entre Deus e o ser humano, ou entre um ser humano e outro, pode haver uma mistura dos dois. Parte daquilo que, à primeira vista, pareciam ser os pecados acaba não sendo realmente falha de ninguém e a desculpa é oferecida; a parte que resta é perdoada. Se você tiver uma desculpa perfeita, não precisaria de perdão; se toda a sua ação precisa de perdão, então não havia desculpa para ela, mas o problema é que aquilo que chamamos de "pedir o perdão de Deus" consiste, muito frequentemente, em pedir que Deus aceite nossas desculpas. O que nos leva a cometer esse erro é o fato de que normalmente existe certa parcela de desculpa, algumas "circunstâncias atenuantes". Estamos tão ansiosos em apontar essas coisas a Deus (e a nós mesmos) que seremos capazes de esquecer a coisa realmente importante; isto é, aquilo que restou, a parte que as desculpas não podem cobrir, a parte que é indesculpável, mas, graças a Deus, não é imperdoável. Se esquecermos isso, poderemos sair imaginando que nos arrependemos e fomos perdoados, quando o que na realidade aconteceu é que satisfizemos a nós mesmos com nossas próprias desculpas. Podem ser desculpas muito ruins; ficamos muito facilmente satisfeitos conosco mesmos.

"Sobre o perdão", *O peso da glória*

Nossos erros e o remédio de Deus
28 DE FEVEREIRO

Existem dois remédios para esse perigo. Um deles é que Deus conhece todas as desculpas reais muito melhor do que nós. Se existirem realmente "circunstâncias atenuantes", não há o temor de que ele deixará de notá-las. Frequentemente, Deus conhece muitas desculpas nas quais nunca havíamos pensado e, assim, almas humildes terão depois da morte a agradável surpresa de descobrir que, em certas ocasiões, pecaram muito menos do que pensavam. Ele terá todas as desculpas reais. Aquilo que nós temos de levar a ele é a parte indesculpável, o pecado. Estamos unicamente desperdiçando o nosso tempo ao falar sobre todas as partes que podem (pensamos) ser desculpadas. Quando vai ao médico, você mostra a ele a parte que está errada — por exemplo, um braço quebrado. Seria unicamente um desperdício de tempo ficar explicando para ele que suas pernas, olhos e garganta estão todos bem. Você poderá estar errado ao pensar desse jeito e, de qualquer forma, se de fato eles estiverem bem, o médico saberá.

O segundo remédio é real e verdadeiramente crer no perdão dos pecados. Grande parcela de nossa ansiedade ao buscar desculpas vem de não crermos realmente, de pensar que Deus não vai nos tomar de volta para ele, a não ser que fique provado para ele que algum tipo de caso pode ser apresentado a nosso favor, mas isso jamais seria perdão. O verdadeiro perdão significa olhar firmemente para o pecado, para o pecado que ficou sobrando sem nenhuma desculpa, depois que todas as concessões foram feitas, e vendo isso em toda sua repulsa, sujeira, maldade e malícia, ainda assim ser completamente reconciliado com a pessoa que o tiver praticado. Isso, e somente isso, é perdão, e podemos sempre ter da parte de Deus, se o pedirmos.

"Sobre o perdão", *O peso da glória*

Março

Caridade e justiça

1º DE MARÇO

Quando chegamos à questão de perdoarmos outras pessoas, será algo parcialmente parecido e parcialmente diferente. É a mesma coisa porque, também neste caso, perdoar não significa desculpar. Muitas pessoas parecem pensar que sim. Pensam que, se você pedir que elas perdoem alguém que os tenha traído ou intimidado, você está tentando sugerir que não aconteceu realmente nenhuma traição ou intimidação. Contudo, se isso fosse assim, não haveria nada para perdoar, e elas continuam respondendo: "Mas eu digo que esse homem quebrou uma promessa muito solene". E é isso mesmo o que você precisa perdoar. (Isso não implica que você tenha de crer necessariamente em sua próxima promessa. Não significa que você deva fazer todos os esforços para mortificar cada gostinho de ressentimento em seu coração — cada desejo seu de humilhar, de machucar ou de se vingar dele.) A diferença entre essa situação e aquela em que você está pedindo pelo perdão de Deus é essa. Quando somos nós os ofensores, aceitamos desculpas muito facilmente; no caso de outras pessoas, não as aceitamos com a mesma facilidade. Quanto a meus próprios pecados, seria seguro apostar (ainda que não uma certeza) que as desculpas não são realmente tão boas quanto eu penso; no que diz respeito a outras pessoas, já que contra mim é uma aposta segura (ainda que não uma certeza), que as desculpas são melhores do que eu penso. É preciso começar, portanto, por dar atenção a tudo que possa mostrar que o outro homem não era tão culpável assim como pensávamos, mas mesmo que ele for absolutamente cheio de culpa, ainda temos de perdoá-lo; e mesmo se noventa e nove por cento de sua culpa aparente puder ser justificada com realmente

Março

boas desculpas, o problema do perdão começa com o um por cento de culpa que restou. Ser um cristão significa perdoar o indesculpável, porque Deus perdoou o indesculpável em você. Isso é difícil. Talvez não seja difícil perdoar uma única e grande ofensa, mas como perdoar — e continuar perdoando, a sogra mandona, o marido intimidador, a esposa irritante, a filha egoísta, o filho enganador — as provocações incessantes da vida diária? A única possibilidade, em minha opinião, é lembrar a nossa posição, ao manter o significado das palavras que pronunciamos quando dizemos em nossas orações todas as noites: "Perdoa as nossas dívidas, assim como perdoamos aos nossos devedores". Não há outros termos em que Deus nos oferece o perdão. Recusá-lo seria o mesmo que recusar a misericórdia de Deus para nós mesmos. Não há nenhuma indicação de exceções e Deus mantém sua palavra.

"Sobre o perdão", *O peso da glória*

As três partes da moral

2 DE MARÇO

Conta-se a história de um garoto em idade escolar a quem perguntaram sua opinião sobre quem era Deus. Ele respondeu que, até onde podia imaginar, Deus era o "tipo de pessoa que está sempre bisbilhotando a vida de alguém que está se divertindo, para então tentar ser um estraga-prazeres". E receio que esse seja o tipo de ideia que a palavra "moralidade" desperta na mente de boa parte das pessoas: algo que interfere, algo que as impede de se divertir. Na verdade, as regras morais são instruções de uso da máquina humana. Toda regra moral existe para evitar um colapso, ou um superaquecimento, ou um atrito, no funcionamento dessa máquina.

Eis por que essas regras, num primeiro momento, parecem estar constantemente interferindo nas nossas inclinações naturais. Quando lhe ensina como usar a máquina, o instrutor fica dizendo: "Não, não faça desse jeito", porque é claro que há todo tipo de coisa que lhe parece correta e natural na maneira de lidar com a máquina, mas que, no fundo, não funciona. [...]

Há duas formas pelas quais a máquina humana pode emperrar. Uma delas é quando os indivíduos humanos se afastam uns dos outros ou, então, chocam-se uns com os outros, prejudicando-se mutuamente pela trapaça ou pela provocação. A outra é quando as coisas vão mal dentro do indivíduo — quando as diferentes partes dele (suas diferentes faculdades e desejos, e assim por diante) se dissociam, ou, então, interferem uma na outra.

Cristianismo puro e simples, livro 3, cap. 1

Relacionamentos sociais

3 DE MARÇO

Quando as pessoas dizem nos jornais que estamos aspirando a padrões morais cristãos, normalmente querem dizer que estamos aspirando à gentileza e ao jogo limpo entre nações, classes e indivíduos. [...] Se uma pessoa fala o seguinte sobre algum projeto que ela deseja realizar: "Isto não pode estar errado, porque não prejudica ninguém", ela só está pensando [...] [que] não importa o estado em que o seu navio esteja por dentro, desde que ele não colida com o navio ao lado. E é bem natural, quando passamos a pensar sobre a moralidade, começarmos pelo seu primeiro elemento, as relações sociais. Até porque os resultados da má moralidade nessa esfera são tão óbvios e nos pressionam todos os dias: guerra, pobreza, corrupção, mentiras e serviços de má qualidade. [...] Quase todas as pessoas de todos os tempos concordaram (em tese) que os seres humanos devem ser honestos, gentis e ajudar uns aos outros; mas, embora fosse natural começar por aí, se o nosso pensamento sobre moralidade parar nesse ponto, seria o mesmo que não pensar em nada. Se não entrarmos no segundo aspecto — a ordem do lado de dentro de cada ser humano —, estaremos apenas nos enganando.

Cristianismo puro e simples, livro 3, cap. 1

A imortalidade faz uma grande diferença

4 DE MARÇO

A religião compreende uma série de declarações sobre os fatos que têm de ser necessariamente verdadeiras ou falsas. Se forem verdadeiras, então será possível inferir certo conjunto de conclusões sobre a navegação correta da frota humana; se elas forem falsas, as inferências serão bem diferentes. Por exemplo, vamos retomar o caso daquele homem que diz que uma coisa não pode ser errada desde que não prejudique nenhum outro ser humano. Ele sabe muito bem que não deve danificar os outros navios do comboio, mas pensa sinceramente que tudo que fizer com o seu próprio navio é exclusivamente da sua própria conta. Mas será que não faz toda a diferença o caso de o navio ser ou não sua propriedade pessoal? Será que não faz toda a diferença se eu sou, por assim dizer, o senhor da minha própria mente e do meu corpo, ou apenas um inquilino, que presta contas ao verdadeiro senhor? Se alguém me fez para seus próprios propósitos, então devo ter uma série de deveres que não teria se simplesmente fosse meu próprio dono.

[...] O cristianismo afirma que todo ser humano viverá para sempre, e isso só pode ser verdadeiro ou falso. Agora, há muitas coisas que não seriam dignas de preocupação se fosse para eu viver apenas setenta anos, mas com as quais é bom eu me preocupar seriamente se tenho a perspectiva de viver eternamente. Talvez o meu mau humor ou minha inveja estejam só piorando gradativamente — tanto que o aumento em setenta anos não será muito perceptível. Mas poderia ser um absoluto inferno em um milhão de anos: na verdade, se o cristianismo for verdadeiro, o Inferno é precisamente o termo técnico correto para o que isso seria.

Cristianismo puro e simples, livro 3, cap. 1

Moralidade social

5 DE MARÇO

O passo inicial para uma visão clara do exercício da moralidade cristã entre os homens é reconhecer que, nesse departamento, Cristo não veio para pregar nenhuma novidade do ponto de vista moral. A Regra de Ouro do Novo Testamento — *Faça com os outros o que gostaria que fizessem com você* — é o resumo do que todas as pessoas no fundo sempre souberam ser o certo. Os grandes mestres da moral nunca introduzem morais novas — são os charlatões que fazem isso. Como o Dr. Johnson disse certa vez: "Bem mais frequentemente, as pessoas precisam ser relembradas que instruídas." A verdadeira missão de todo mestre de moral é insistir em nos trazer de volta, de tempos em tempos, para os bons e velhos princípios que todos nós desejamos muito perder de vista; é como

Março

conduzir um cavalo sempre de volta à cerca que ele se recusou a pular, ou trazer a criança sempre de volta à parte da lição da qual ela desejava fugir.

O segundo ponto que precisa ficar claro é que o cristianismo não tem, e não professa ter, um programa político detalhado para aplicar o *Faça com os outros o que gostaria que fizessem com você* a uma sociedade específica em um momento particular. Nem poderia ter. Ele vale para todos os seres humanos de todos os tempos, e o programa específico que se adequasse a um lugar e tempo não se adequaria a outro. Além do mais, não é assim que o cristianismo funciona. Quando ele ordena que se alimentem os que passam fome, não ensina culinária, e, quando manda que se leiam as Escrituras, não dá aulas de grego e hebraico, tampouco de gramática. O cristianismo nunca teve a intenção de substituir ou suplantar as artes e as ciências humanas comuns; antes, assume a função de um diretor, que atribui a tarefa certa a cada um, e de uma fonte de energia que oferece vida nova a cada um, desde que este se coloque à sua disposição.

Cristianismo puro e simples, livro 3, cap. 3

Dever dos leigos

6 DE MARÇO

As pessoas dizem que é "a Igreja que deve assumir a liderança", mas isso só será verdade se for encarado da maneira certa; do contrário, não será verdade. Por Igreja, talvez queiram dizer todo o corpo de cristãos praticantes, e, quando dizem que a Igreja deve nos dar o norte, talvez queiram dizer que alguns cristãos — aqueles que por acaso têm os talentos certos para isso — devem se tornar economistas e estadistas, o que significa que todos os economistas e estadistas devem ser cristãos e que todo o seu esforço na política e na economia deve ser direcionado para colocar em prática o *Faça com os outros o que gostaria que fizessem com você*. Se isso ocorresse, e se estivéssemos realmente dispostos a assumir isso, então deveríamos achar a solução cristã para nossos problemas sociais num piscar de olhos. Mas é claro que, quando as pessoas pedem à Igreja que lhes dê um norte, a maioria delas quer dizer que deseja que o clero estabeleça um programa político, o que seria patético. Os clérigos são aquelas pessoas especiais dentro da Igreja que foram treinadas e separadas para cuidar do que nos diz respeito enquanto criaturas que viverão eternamente; contudo, estamos pedindo que eles façam um trabalho bem diferente para o qual não foram treinados. Na verdade, esse papel é nosso, dos leigos. A aplicação dos princípios cristãos, digamos, ao sindicalismo ou à educação, deve vir dos sindicalistas e educadores cristãos, da mesma maneira que a literatura cristã vem de romancistas e dramaturgos cristãos — e não da bancada de bispos que se juntam para tentar escrever peças e romances nas horas vagas.

Cristianismo puro e simples, livro 3, cap. 3

Uma sociedade completamente cristã

7 DE MARÇO

O Novo Testamento nos dá um indício bastante claro, sem entrar em detalhes, de como seria uma sociedade inteiramente cristã. Talvez ele nos dê mais do que possamos suportar. Ele nos diz que não devem existir passageiros clandestinos ou parasitas: se uma pessoa não trabalhar, não deve comer. Todos devem trabalhar com as próprias mãos e, o que é mais importante, o trabalho de todos deve produzir algo bom, isto é, não deve gerar produtos de luxo tolos e, em seguida, propagandas

Março

ainda mais tolas para nos persuadir a comprar tais produtos. Tampouco deve haver lugar para "ostentação" ou "pretensiosidade", nada de nariz empinado. Até aí, uma sociedade cristã seria o que atualmente se denomina "de esquerda". Por outro lado, o Novo Testamento estará sempre insistindo na obediência — a obediência (e marcas externas de respeito) de todos nós a magistrados nomeados de forma apropriada, das crianças aos pais e (temo que isso não será nada popular) de esposas aos maridos. Acrescente-se a isso o fato de que a sociedade deve ser alegre; uma comunidade cheia de cantoria e regozijo, e que encara a preocupação e a ansiedade como um erro. A cordialidade é uma das virtudes cristãs, e o Novo Testamento abomina o que chama de pessoas "intrometidas".

Se houvesse tal sociedade e fôssemos visitá-la, penso que voltaríamos com uma impressão curiosa. Sentiríamos que a vida econômica lá é bem socialista e, nesse sentido, "avançada", mas que, para compensar, sua vida familiar e seu código de comportamento parecem bem à moda antiga — quem sabe até a veríamos como uma sociedade cerimoniosa e aristocrática. Todos nós apreciaríamos partes dela, mas temo que bem poucos a apreciaríamos por inteiro. É exatamente isso que se esperaria se o cristianismo fosse o plano completo para a máquina humana. Todos nós nos afastamos desse plano completo de diferentes maneiras, e cada um de nós deseja substituir o plano original por seu próprio plano. Você vai deparar com isso diversas vezes com relação a qualquer coisa que seja realmente cristã: cada um é atraído por uma parte e deseja extrair só este aspecto, abandonando o resto. Eis por que nunca avançamos muito; e eis por que pessoas que estão lutando por coisas bastante opostas podem ambas dizer que estão lutando pelo cristianismo.

Cristianismo puro e simples, livro 3, cap. 3

O sistema econômico moderno

8 DE MARÇO

Há um conselho que nos foi legado pelos gregos pagãos da Antiguidade, pelos judeus do Antigo Testamento e pelos mestres cristãos da Idade Média, mas que foi inteiramente desprezado pelo sistema econômico moderno. Todos eles nos disseram para não emprestarmos dinheiro a juros; e emprestar dinheiro a juros — o que chamamos de investimento — é a base de todo o nosso sistema. Mas pode ser que isso não implique que estejamos errados. Alguns dizem que, quando Moisés, Aristóteles e os cristãos concordaram em proibir os juros (ou, como eles chamavam, a "usura"), eles não poderiam prever as Sociedades Anônimas, e que eles estavam pensando apenas naquele que empresta dinheiro de forma privada; portanto, não precisaríamos nos preocupar com o que eles disseram. Não me cabe responder a essa questão. Não sou economista e simplesmente não sei se o sistema de investimentos é responsável pelo estado em que estamos, e é aqui que um economista cristão vem bem a calhar. Mas eu não seria muito honesto se omitisse o fato de que três grandes civilizações concordaram (ou assim parece à primeira vista) em condenar precisamente aquilo em que baseamos toda a nossa vida.

Cristianismo puro e simples, livro 3, cap. 3

Dar aos pobres

9 DE MARÇO

Na passagem em que o Novo Testamento diz que todos devem trabalhar, a justificativa é "para ter algo a dar aos necessitados". Caridade — dar aos pobres — é uma parte essencial da moralidade cristã: na parábola amedrontadora das ovelhas e dos bodes, esse parece ser o ponto-chave em que tudo mais está baseado. Certas pessoas têm dito que a caridade deveria ser desnecessária e que, em vez de doar aos pobres, deveríamos estar trabalhando por uma sociedade em que não houvesse pobres a quem doar. De certa maneira, elas podem até estar certas em dizer que devemos produzir esse tipo de sociedade, mas, se alguém pensa que, nesse meio-tempo, pode parar de fazer doações, rompe, assim, com toda a moralidade cristã. Não creio que devemos definir o quanto se deve dar. Temo que a única regra segura seja dar mais do que nos sobra. Em outras palavras, se o nosso gasto com conforto, luxos, diversões etc. estiver no mesmo patamar daqueles que têm o mesmo ganho que nós, provavelmente estamos doando bem pouco. Se nossa caridade não nos pesar ao menos um pouco, então diria que está pequena demais.

Cristianismo puro e simples, livro 3, cap. 3

Moralidade e psicanálise

10 DE MARÇO

É preciso estabelecer uma distinção muito clara entre a técnica e as teorias médicas reais dos psicanalistas e a visão filosófica geral do mundo que Freud e alguns outros pensadores acrescentaram a ela. Esta última — a filosofia de Freud — é diretamente contraditória à de outro grande psicanalista, Jung. Além do mais, quando Freud fala sobre como curar neuroses, está falando como um especialista em sua própria matéria, mas, quando tenta abordar a filosofia geral, fala como um amador. Por isso, o mais sensato é dar atenção a ele em um caso e não no outro — e é isso que eu faço. Estou mais bem preparado para fazer isso porque descobri que, quando Freud discorre sobre assuntos que não são sua especialidade, e dos quais por acaso eu entendo bem (como é o caso do assunto "linguagem"), ele é bastante ignorante. Mas a psicanálise em si, tirando todos os acréscimos filosóficos que Freud e outros deram a ela, não é nem um pouco contraditória ao cristianismo. A prática da psicanálise se sobrepõe à moralidade cristã em alguns pontos, e não seria má ideia se todas as pessoas soubessem alguma coisa a esse respeito; todavia, elas não seguem o mesmo rumo o tempo todo, pois as duas práticas alcançam resultados bastante diferentes.

Quando uma pessoa toma uma decisão moral, há duas coisas envolvidas. Uma delas é a tomada de decisão; a outra, os diversos sentimentos, impulsos etc. que constituem seu estilo psicológico e que são a matéria-prima de suas escolhas. Mas essa matéria-prima pode ser de dois tipos: ela pode ser o que chamamos de normal, podendo consistir no tipo de sentimentos comuns a todas as pessoas, ou, então, pode consistir em sentimentos bem pouco naturais decorrentes de distúrbios presentes em seu subconsciente. [...] Então, o que os psicanalistas se propõem a fazer é eliminar os sentimentos anormais, isto é, dar ao homem uma matéria-prima melhor para as suas escolhas; a moralidade se ocupa da própria tomada de decisão.

Cristianismo puro e simples, livro 3, cap. 4

Livre-arbítrio

11 DE MARÇO

Imagine três homens que vão à guerra. Um tem o sentimento natural de medo perante o perigo que todo ser humano sente, e ele o vence por um esforço moral, tornando-se um homem corajoso. Vamos supor que os outros dois tenham medos exagerados, irracionais, que nenhum esforço moral é capaz de vencer em consequência do conteúdo de seu subconsciente. Suponha agora que um psicanalista apareça e cure esses dois, isto é, coloque os dois de volta na situação original do primeiro homem. Bem, neste momento, o problema psicanalítico terá terminado, mas o problema moral começa, porque, agora que estão curados, esses dois homens podem tomar rumos bem diferentes. O primeiro poderá dizer: "Graças a Deus me livrei daquelas bobagens. Enfim poderei fazer o que sempre quis fazer — servir ao meu país". Mas o outro poderá dizer: "Bem, estou feliz por me sentir relativamente tranquilo diante do perigo, mas isso não muda o fato de que esteja, como sempre, determinado a pensar primeiro em mim e, sempre que puder, a deixar os outros camaradas fazerem o trabalho arriscado por mim. Aliás, uma das coisas boas quando eu me sinto menos amedrontado é que agora eu posso cuidar de mim mesmo com muito mais eficiência e ser mais esperto para esconder esse fato dos outros". Essa diferença é puramente moral, e os psicanalistas não podem fazer nada para mudá-la. Por mais que você aperfeiçoe a matéria-prima do homem, continuará deparando com outra coisa: o livre-arbítrio real do ser humano frente à situação que lhe foi apresentada, seja para colocar a sua própria vantagem em primeiro lugar, seja para colocá-la em último. E esse livre-arbítrio é a única coisa com a qual a moral se ocupa.

Cristianismo puro e simples, livro 3, cap. 4

Conselho de Maldanado sobre a vontade e a fantasia

12 DE MARÇO

Faça você o que fizer, sempre haverá alguma benevolência, bem como alguma malícia na alma do seu paciente. O negócio

O assunto do Céu

é direcionar a malícia para os seus vizinhos, com quem ele topa todos os dias, e transferir sua benevolência a circunstâncias remotas, dirigindo-a a pessoas que ele não conhece. Assim, a malícia se torna totalmente real e a benevolência, em grande parte, imaginária. Não há nenhuma vantagem em inflamar o seu ódio contra os alemães se, ao mesmo tempo, um hábito pernicioso de caridade estiver tomando forma entre ele e sua mãe, seu chefe e o homem com quem ele topa no trem. Pense no seu homem como uma série de círculos concêntricos, sendo que a sua vontade é o mais interno, o seu intelecto vem logo depois e, finalmente, sua fantasia. Não é de se esperar que se possa excluir imediatamente de todos os círculos tudo que cheira ao Inimigo, mas você deve continuar a transferir todas as virtudes para círculos externos até que eles finalmente estejam no círculo da fantasia, e todas as qualidades desejáveis para dentro da Vontade. Somente quando alcançam a Vontade e são ali incorporadas em hábitos é que as virtudes se tornam realmente fatais para nós.

Cartas de um diabo a seu aprendiz, cap. 6

Prudência

13 DE MARÇO

A prudência significa o bom e prático bom senso, dar-se ao trabalho de pensar antes de agir e refletir sobre as prováveis consequências de nossas ações. Hoje em dia, a maioria das pessoas quase nunca pensa na prudência como uma "virtude". Na verdade, pelo fato de Cristo ter dito que só podemos entrar no mundo dele sendo como crianças, muitos cristãos têm a ideia de que você pode até ser um tolo, contanto que seja "bonzinho". Mas isso é um equívoco. Em primeiro lugar,

Março

a maioria das crianças mostra bastante "prudência" quanto a fazer as coisas que são realmente do seu interesse e conseguem pensar nelas de maneira bastante razoável. Em segundo lugar, como bem destaca o apóstolo Paulo, nunca foi a intenção de Cristo que permanecêssemos crianças na *inteligência*; pelo contrário: além de nos ter dito para sermos "sem malícia como as pombas", devemos também ser "astutos como as serpentes". Ele deseja um coração de criança, mas com intelecto de adulto. Ele quer que sejamos simples, sinceros, afetuosos e capazes de aprender, como é o caso das boas crianças; mas também quer cada partícula de inteligência que tivermos para estarmos alertas em sua obra e bem treinados para a batalha.

Cristianismo puro e simples, livro 3, cap. 2

Temperança

14 DE MARÇO

Temperança é, infelizmente, uma daquelas palavras que teve o seu sentido alterado. Atualmente, o termo também tem o significado de abstinência de bebidas alcoólicas, mas, na época em que a segunda virtude cardeal foi batizada de "temperança", ela não significava nada disso. A temperança não se referia especialmente à bebida, mas a todos os prazeres; e não queria dizer abstinência, mas sim usar de moderação, na medida certa, sem ultrapassá-la. É um equívoco acreditar que todos os cristãos devem ser abstêmios; é o islamismo, não o cristianismo, a religião que proíbe bebidas alcoólicas. É bem possível que seja dever de um cristão em particular, ou de todo cristão em determinadas ocasiões, abster-se de bebida forte, seja porque ele é o tipo de pessoa que não consegue beber sem passar do limite, seja porque ele está acompanhado de pessoas que têm tendência ao alcoolismo e não quer encorajá-las bebendo junto com elas. Mas o ponto em questão é que, por um bom motivo, ele se absterá de algo que não condena totalmente e até gosta de ver os outros apreciando.

Uma das marcas do mau-caráter é que ele não consegue abster-se de nada sem forçar todos ao seu redor a também abrirem mão daquilo, mas esse não é o modo cristão de ser. Um cristão pode se ver pronto para abrir mão de qualquer coisa por razões especiais — casamento, carne, cerveja ou cinema —, mas, no momento em que começa a dizer que essas coisas são ruins ou esnoba outras pessoas que as praticam, terá perdido o rumo.

O fato de a modernidade restringir a palavra *temperança* à questão da bebida trouxe um grande mal, uma vez que faz com que as pessoas se esqueçam de que também é possível ser intemperante com muitas outras coisas. Seja alguém que faz do golfe ou da motocicleta que possui o centro de sua vida, ou a mulher que devota seus pensamentos às roupas, ao jogo ou ao seu cachorro, essa pessoa está sendo tão "intemperante" quanto aquela que se embriaga todas as noites. É claro que isso não é tão facilmente perceptível, visto que o vício no jogo ou no esporte não faz você cair e ficar largado no meio da rua. Mas Deus não se deixa levar pela aparência.

Cristianismo puro e simples, livro 3, cap. 2

Justiça e bravura

15 DE MARÇO

Justiça significa muito mais do que o tipo de coisa que acontece nos tribunais. Trata-se do velho nome para tudo que devemos agora chamar de "jogo limpo", e isso inclui honestidade, reciprocidade, veracidade, cumprimento de promessas e

Março

todo esse lado da vida. A fortaleza, por sua vez, inclui ambos os tipos de coragem — aquela que nos leva a encarar o perigo como a do tipo que nos faz suportar a dor até o fim. *Guts* ["coragem", "bravura"] talvez seja a palavra no inglês moderno que mais se aproxime disso. Você vai notar, é claro, que não pode praticar nenhuma das demais virtudes por muito tempo sem ter de recorrer a essa. [...]

Podemos achar que as "virtudes" são necessárias apenas para a vida presente — que na vindoura poderíamos deixar de ser justos, uma vez que não há motivos para discórdias, e deixar de ser corajosos, porque já não haverá mais nenhum perigo. Mas é bem verdade que provavelmente não vai haver ocasião para ações corajosas no mundo vindouro, mas haverá toda ocasião para ser o tipo de pessoa que só podemos nos tornar praticando tais atos no presente. A questão não é que Deus vá impedir seu ingresso na eternidade se você não demonstrar certos traços de caráter; a questão é que, se as pessoas não possuírem pelo menos uma noção dessas qualidades dentro delas, então não haverá condições externas capazes de produzir um "Céu" para elas — isto é, não haverá condições que possam fazê-las felizes com o tipo de felicidade intensa, forte e inabalável que Deus deseja para nós.

Cristianismo puro e simples, livro 3, cap. 2

Fé

16 DE MARÇO

A palavra Fé parece ser usada pelos cristãos em dois sentidos. [...] No primeiro sentido, ela significa simplesmente crença — aceitar ou referir-se às doutrinas do cristianismo como verdadeiras. Isso é razoavelmente simples. Mas o que intriga as pessoas — pelo menos isso costumava me intrigar — é o fato de que os cristãos se refiram à fé, nesse sentido, como uma virtude. Eu costumava me perguntar como poderia a fé ser uma virtude — o que há de moral ou imoral em acreditar ou não em um conjunto de afirmações? [...] Mas o que eu até então não percebia — e uma boa parte das pessoas ainda não o faz — era isto: eu estava presumindo que, se a mente humana aceita uma coisa como verdadeira uma vez, ela continuará a se referir a ela automaticamente como verdadeira até que surja alguma razão real para reconsiderar o caso. Na verdade, eu estava partindo do pressuposto de que a mente humana é completamente regida pela razão, mas ela não é. Vou dar um exemplo: minha razão está perfeitamente convencida, por evidências suficientes, de que os anestésicos não vão me sufocar e que os cirurgiões adequadamente treinados não começariam a cirurgia enquanto eu estivesse consciente. Mas isso não altera o fato de que, quando eles me deitarem na maca e cobrirem o rosto com suas máscaras assustadoras, um pânico meramente infantil toma conta de mim. Começo a me imaginar sufocando de medo de que eles comecem a me cortar antes de eu estar apropriadamente sedado. Em outras palavras, eu perco a minha fé nas anestesias. Não é a razão que está tirando a minha fé: pelo contrário, minha fé está fundada na razão; o problema são minha imaginação e as minhas emoções. A batalha está sendo travada entre fé e razão, de um lado, e emoção e imaginação, de outro.

Cristianismo puro e simples, livro 3, cap. 11

Exercitando o hábito da fé

17 DE MARÇO

A palavra Fé, no sentido em que estou empregando aqui, é a arte de aderir a coisas que a sua razão já aceitou, apesar de seus estados de espírito inconstantes, pois os humores vão mudar independentemente da visão que sua razão assuma. Sei disso por experiência. Agora que sou cristão, realmente tenho um estado de espírito em que tudo na religião me parece muito improvável, mas, quando era ateu, havia momentos em que eu me sentia como se o cristianismo fosse terrivelmente provável. Essa revolução em nossos estados de espírito contra nosso ser real acontecerá de qualquer jeito, por isso a Fé é uma virtude tão necessária; pois, a menos que você ensine aos seus estados de espírito onde eles devem "repousar", nunca poderá ser nem um cristão sensato nem um ateu sensato, mas apenas uma criatura que vive se debatendo e cujas crenças realmente dependem das condições do tempo ou do estado de sua digestão. Consequentemente, é preciso desenvolver o hábito da Fé.

O primeiro passo é reconhecer o fato de que os estados de espírito mudam; em seguida, é preciso ter certeza de que, uma vez que você tenha aceitado o cristianismo, então algumas de suas doutrinas principais devem ser mantidas todos os dias de maneira deliberada em sua mente por algum tempo. É por esse motivo que as orações diárias, as leituras religiosas e a frequência aos cultos são necessárias à vida cristã, pois temos de ser continuamente lembrados daquilo em que acreditamos. Nem essa crença nem alguma outra se manterá viva em nossa mente automaticamente, logo, elas precisam ser alimentadas. E, na verdade, ao examinar uma centena de pessoas que perderam a fé no cristianismo, fico me perguntando quantas delas se revelariam pessoas que se afastaram por uma argumentação honesta. Não é verdade que a maioria simplesmente se desvia?

Cristianismo puro e simples, livro 3, cap. 11

O assunto do Céu

Cristo — o único realista verdadeiro

18 DE MARÇO

Ninguém sabe o quanto é mau enquanto não tiver se esforçado muito para ser bom. Há uma ideia tola, que por sinal é muito divulgada, a de que pessoas boas não sabem o que significa serem tentadas. Essa é uma mentira deslavada. Apenas aqueles que buscam resistir à tentação sabem o quanto ela é forte. Afinal de contas, só descobrimos a força do exército alemão lutando contra ele, e não nos rendendo à sua força. Só descobrimos a força do vento, quando tentamos andar no sentido contrário a ele, e não quando nos deitamos no chão. Uma pessoa que cede à tentação depois de cinco minutos simplesmente não sabe o que teria acontecido uma hora depois. É por isso que pessoas más, em certo sentido, sabem muito pouco a respeito da maldade, uma vez que vivem numa redoma pelo fato de sempre cederem. Só descobrimos a força do impulso maligno dentro de nós quando tentamos lutar contra ele; e Cristo, por ter sido o único homem que nunca cedeu à tentação, também é o único homem que conhece o que significa realmente ser tentado — ele é o mais realista de todos.

Cristianismo puro e simples, livro 3, cap. 11

São José, esposo da bendita virgem Maria

19 DE MARÇO

Você ouvirá pessoas dizendo: "Os cristãos primitivos acreditavam que Cristo era filho de uma virgem, mas sabemos que isso é uma impossibilidade científica." Tais pessoas parecem

Março

acreditar que a crença em milagres surgiu em um período quando os homens eram tão ignorantes acerca do curso da natureza a ponto de não perceberem que um milagre era contrário a ele. Se pararmos para pensar um segundo, veremos que isso é um absurdo: a própria história do nascimento virginal é um exemplo notável disso. Quando José descobriu que sua noiva teria um filho, sua decisão de repudiá-la não foi anormal. Por que não? Porque ele sabia, tão bem quanto qualquer ginecologista moderno, que, segundo o curso normal da natureza, as mulheres não têm filhos a menos que tenham se deitado com um homem. Sem dúvida, os ginecologistas modernos sabem muitas coisas a respeito do nascimento e da concepção que José não sabia. Essas coisas, porém, não afetam o ponto principal: o fato de que o nascimento virginal é contrário ao curso da natureza. E José com certeza sabia *disso*. Em qualquer sentido que se possa afirmar hoje: "Tal coisa é cientificamente impossível", ele teria dito o mesmo; o que ocorreu sempre foi — e sempre se soube que era — impossível *salvo se* os processos regulares da natureza estivessem, neste caso, sendo dominados ou suplementados por algo além dela. Quando José finalmente aceitou a ideia de que a gravidez da noiva não fora causada por ausência de castidade, mas por um milagre, ele aceitou esse milagre como algo contrário à ordem conhecida da natureza. Todos os registros de milagres ensinam a mesma coisa. [...] Caso não se soubesse que eram contrários às leis da natureza, como eles poderiam sugerir a presença do sobrenatural? Como poderiam surpreender se não fossem considerados exceções às regras? [...] Nada pode parecer extraordinário até que se tenha descoberto o que é ordinário.

Miracles [Milagres], cap. 7

O assunto do Céu

Esperança

20 DE MARÇO

Não deveríamos nos perturbar por causa dos descrentes, quando estes dizem que tal promessa de recompensa faz da vida cristã um caso típico de ação mercenária. Existem diferentes tipos de recompensas. Há a recompensa que não possui nenhuma conexão natural com as coisas que você faz para conquistá-la e que é bem estranha aos desejos que devem acompanhar essas coisas. O dinheiro não é a recompensa natural do amor; é por isso que chamamos de mercenário o homem que se casa com uma mulher por causa do dinheiro que ela possui. Contudo, o casamento é uma recompensa apropriada para o verdadeiro amante; logo, ele não será um mercenário por desejá-lo. Um general que luta bastante para conseguir uma condecoração é um mercenário; o general que luta pela vitória não o é, sendo que a vitória é a recompensa apropriada pela batalha, assim como o casamento é a recompensa apropriada do amor. As recompensas apropriadas não estão simplesmente relacionadas à atividade para a qual são concedidas, mas são a própria atividade em estado de consumação. Existe, ainda, um terceiro caso, muito mais complicado. Sentir prazer na poesia grega é certamente uma recompensa apropriada, e não mercenária, para o aprendizado da língua grega; mas somente aqueles que atingiram o estágio de sentir prazer na poesia grega podem testemunhar, a partir de sua própria experiência, que é assim que funciona. O jovem estudante, no início do estudo da gramática grega, não poderá ter a mesma expectativa de prazer ao ler Sófocles que um adulto conhecedor do grego, da mesma forma que quem ama anseia pelo casamento ou o general pela vitória. [...] Mas é somente à medida que se aproxima da recompensa que ele se tornará apto a desejá-la em si; de fato, o poder de assim desejá-la é em si mesmo uma recompensa.

Em relação ao Céu, o cristão está numa posição muito semelhante à desse jovem estudante. Aqueles que alcançaram a vida eterna na visão de Deus sabem muito bem, sem sombra de dúvida, que isso não é o resultado de mero suborno, mas a própria consumação de seu discipulado terreno. Todavia, nós que ainda não a alcançamos não podemos saber disso da mesma maneira, nem mesmo podemos começar a saber disso de alguma forma, exceto ao continuarmos a obedecer e ao encontrarmos a primeira recompensa de nossa obediência em nosso poder gradativo de desejar a recompensa definitiva. Na proporção em que cresce o desejo, nosso temor, a não ser que seja um desejo mercenário, vai diminuindo e se mostrará, finalmente, um absurdo. Mas, para a maioria de nós, isso provavelmente não acontecerá no espaço de um dia; a poesia substitui a gramática, o evangelho substitui a lei, o anseio transforma a obediência, de modo tão gradual quanto a maré desencalha um navio.

O peso da glória

Amar e gostar

21 DE MARÇO

Devemos tentar entender o que exatamente significa amar o próximo como a si mesmo. Devo amá-lo como amo a mim mesmo. Muito bem, como exatamente eu me amo?

Agora que começo a pensar sobre isso, não tenho exatamente predileção ou sinto afeição por mim mesmo e nem sempre gosto da minha própria companhia. Assim, aparentemente "ame o seu próximo" não quer dizer "tenha carinho por ele" ou "considere-o simpático". Eu deveria ter percebido isso antes, porque, é claro, não conseguimos gostar de alguém por força de vontade. Será que eu me sinto bem comigo mesmo e me acho um cara legal? Bem, temo que às vezes sim... mas não é por isso que eu me amo. Na verdade, é o contrário: meu amor-próprio faz com que eu me ache um cara legal, mas me achar um cara legal não é o motivo de eu me amar. Assim, amar meus inimigos também parece não significar que nós os achemos legais, e isso é um enorme alívio, pois uma boa parcela das pessoas imagina que perdoar a nossos inimigos significa supor que eles não são tão maus assim quando está mais do que claro que eles o são. Vamos dar um passo adiante. Nos meus momentos mais sóbrios, além de não me considerar um sujeito legal, sei que sou um sujeito bem perverso. Reconheço algumas das coisas que já fiz, com horror e asco. Assim, aparentemente, estou autorizado a ter asco e odiar algumas coisas que meus inimigos fazem. Agora que estou pensando sobre isso, lembro-me de alguns professores cristãos que me disseram, há muito tempo, que devo odiar as ações de uma pessoa má, mas não a pessoa má; ou, como eles diriam, odiar o pecado, mas não o pecador.

Cristianismo puro e simples, livro 3, cap. 7

Caridade

22 DE MARÇO

Contudo, por mais que a simpatia natural devesse ser encorajada normalmente, seria bem errado pensar que o caminho para se tornar caridoso é ficar acomodado, tentando produzir sentimentos afetuosos. Algumas pessoas são "frias" em seu temperamento, e isso pode ser um infortúnio para elas, mas não é um pecado, tanto quanto não é pecado ter uma má digestão; e isso não as exclui da oportunidade nem serve

Março

como desculpa para elas não terem a obrigação de aprender a serem caridosas. A regra para nós é perfeitamente simples. Não perca seu tempo se preocupando se você "ama" o seu vizinho: aja como se o amasse. Assim que fazemos isso, descobrimos um dos grandes segredos. Quando você começa a se comportar como se amasse alguém, vai acabar amando mesmo. Se você for ofender uma pessoa de quem não gosta, vai acabar desgostando dela ainda mais. Por outro lado, se fizer algo de bom a ela, em contrapartida vai acabar desgostando dela menos. É claro que há uma exceção. Se você lhe fizer esse bem não para agradar a Deus e nem para obedecer à lei da caridade, mas para lhe mostrar que camarada bacana e pronto a perdoar você é, e, assim, colocá-la em dívida com você e ficar à espera de "gratidão", provavelmente ficará desapontado. (As pessoas não são tolas: elas enxergam o exibicionismo ou a politicagem de longe.) Mas sempre que fazemos o bem ao outro só porque se trata de um ser (como nós) criado por Deus e desejamos a felicidade dele como desejamos a nossa, devemos ter aprendido a amá-lo um pouco mais ou, pelo menos, a desgostar dele um pouco menos. [...]

Alguns autores usam a palavra "caridade" para descrever não apenas o amor cristão entre seres humanos, mas também o amor de Deus pelo ser humano e deste por Deus. As pessoas muitas vezes ficam preocupadas quanto ao segundo desses dois amores. Elas ouvem que devem amar a Deus, mas não conseguem encontrar nenhum sentimento como esse dentro de si. Então, o que devem fazer? A resposta é a mesma que a anterior. Aja como se você o sentisse. Não fique aí tentando fabricar sentimentos. Pergunte-se a si mesmo: "Se eu tivesse certeza de que amo a Deus, o que eu faria?" Quando encontrar a resposta, vá e aja de acordo.

Cristianismo puro e simples, livro 3, cap. 9

O assunto do Céu

Fé ou boas obras?

23 DE MARÇO

Os cristãos sempre se envolveram em discussões em torno de saber se o que os leva de volta para casa são as boas ações ou a Fé em Cristo. Não tenho nenhum direito de falar sobre um assunto tão difícil, mas me parece que isso é como perguntar qual das lâminas de uma tesoura é a mais necessária. Só um esforço moral sério pode nos levar ao ponto de jogar a toalha, mas a Fé em Cristo é a única coisa que vai salvar-nos do desespero quando chegar a esse ponto, e é da Fé que as boas ações devem inevitavelmente surgir. Certos grupos cristãos do passado acusavam outros grupos de parodiar a verdade de duas formas. Talvez elas esclareçam melhor a verdade. Um grupo dizia: "Fazer boas ações é tudo o que interessa. A melhor boa ação que há é a caridade, e o melhor tipo de caridade é a doação em dinheiro. O melhor destino da doação de dinheiro é a igreja, logo, entregue-nos £10.000 e garantiremos sua entrada nos Céus". A resposta a essa bobagem com certeza seria que as boas ações feitas por esse motivo, com a ideia de que os Céus possam ser comprados, sequer seriam boas ações, mas apenas especulações comerciais. O outro grupo seria acusado de dizer: "A fé é tudo o que interessa. Consequentemente, se você tem fé, não importa o que faça. Peque à vontade, meu filho, e divirta-se, pois, para Cristo, isso não fará diferença no final". A resposta a essa outra bobagem é que, se o que você chama de "fé" em Cristo significa não ligar a mínima para o que ele diz, então não se trata de Fé nenhuma — nem de fé, nem de confiança nele, mas apenas de aceitação intelectual de alguma teoria sobre ele.

Cristianismo puro e simples, livro 3, cap. 12

Março

Fé e boas obras são inseparáveis

24 DE MARÇO

A Bíblia parece realmente selar a questão quando reúne as duas coisas em uma só sentença surpreendente. A primeira parte diz: "ponham em ação a salvação de vocês com temor e tremor" — que nos dá a impressão de que tudo depende de nós e de nossas boas ações. Mas a segunda parte completa: "Pois é Deus que efetua em vocês tanto o querer quanto o realizar", que dá a ideia de que Deus faz tudo, e nós, nada. Temo que esse seja o tipo de coisa que temos de confrontar no cristianismo e fico intrigado com isso, mas não surpreso. Veja que estamos tentando entender e separar em compartimentos estanques o que Deus faz e o que os seres humanos fazem, enquanto Deus e os seres humanos estão trabalhando juntos. E é claro que, de início, pensamos que é como se dois homens estivessem trabalhando juntos, de modo que você pode dizer: "Ele fez esta parte e eu fiz aquela". Mas essa forma de pensar está equivocada. Deus não é assim. Ele está dentro de você tanto quanto fora, e, mesmo se você conseguisse entender quem fez o quê, não acho que a linguagem humana poderia expressar tal entendimento adequadamente. Na tentativa de expressá-lo, diferentes igrejas dizem coisas diferentes, mas você descobrirá que, mesmo aqueles que insistem mais fortemente na importância das boas ações lhe dizem que você precisa de Fé; e, mesmo aqueles que insistem mais fortemente na Fé, lhe recomendam praticar boas ações. Em todos os casos, não posso levá-lo mais longe.

Cristianismo puro e simples, livro 3, cap. 12

O assunto do Céu

Anunciação do Senhor

25 DE MARÇO

A semelhança entre o *Magnificat* e a poesia tradicional hebraica que indiquei acima não é mera curiosidade literária. Há, claro, uma diferença. Não há maldições aqui, nem ódio, nem justiça própria. Em vez disso, há uma clara afirmação. Ele dispersou os soberbos, derrubou governantes, despediu de mãos vazias os ricos. Falei agora mesmo do contraste irônico entre os ferozes salmistas e o soprano do menino do coro. O contraste e aqui levado para um nível superior. Mais uma vez temos a voz de soprano, a voz de uma menina, anunciando sem pecado que as orações pecaminosas de seus antepassados não permanecem totalmente sem serem ouvidas; e faz isso, não com exultação feroz, mas — quem pode confundir o tom? — em uma alegria calma e severa. [...]

Os cristãos estão lastimavelmente divididos sobre o tipo de honra que a mãe do Senhor deve receber, mas há uma verdade sobre a qual nenhuma dúvida parece ser admissível. Caso creiamos no nascimento virginal e na natureza humana de nosso Senhor, tanto psicológica quanto física (pois é herético pensar nele como um corpo humano que tivesse a Segunda Pessoa da Trindade *em lugar de* uma alma humana), também devemos crer em uma hereditariedade humana quanto a essa natureza humana. Há apenas uma fonte para ela (embora nessa fonte todo o verdadeiro Israel esteja sintetizado). Se há um elemento de firmeza em Jesus, não podemos, sem irreverência, intuir de onde, humanamente falando, ele veio? Os vizinhos disseram, quando ele era criança: "ele é filho de sua mãe"? Isso pode colocar sob uma nova e menos dolorosa luz a severidade de algumas coisas que ele disse a, ou sobre, sua mãe. Podemos supor que ela as entendeu muito bem.

"Os salmos", *Reflexões cristãs*

Março

O salto de fé e a Mãe Kirk

26 DE MARÇO

— Vim me entregar — disse ele.
— Tudo bem — respondeu a Mãe Kirk. — Você deu uma volta muito grande para chegar a este lugar, sendo que eu o teria trazido em alguns instantes. Mas está tudo bem.
— O que devo fazer? — perguntou João.
— Você precisa remover seus trapos — respondeu ela — como seu amigo fez e, depois, mergulhar nesta água.
— Ah, — exclamou ele — eu não sei mergulhar.
— Nada há o que aprender — replicou ela. — A arte de mergulhar consiste não em fazer algo novo, mas simplesmente em deixar de fazer algo. Você só precisa se entregar.

The Pilgrim's Regress [O regresso do peregrino], livro 9, cap. 4

Castidade

27 DE MARÇO

A castidade é a virtude cristã mais impopular, mas não há como escapar dela; a regra cristã é: "Ou o casamento, com fidelidade completa ao parceiro, ou a total abstinência". Mas isso é tão difícil e contrário aos nossos instintos que, obviamente, ou o cristianismo está errado, ou nosso instinto sexual como se manifesta hoje se corrompeu. Uma coisa ou outra. É claro que, sendo cristão, tenho de supor que foi o instinto que se corrompeu.

Mas tenho outros motivos para pensar assim. O propósito biológico do sexo são os filhos, da mesma forma que o propósito biológico de comer é alimentar o corpo. Contudo, se comemos todas as vezes em que nos sentirmos propensos a isso e o quanto quisermos, é bem verdade que a maioria de

O assunto do Céu

nós acabará comendo demais; mas não extraordinariamente mais. Uma pessoa pode comer por duas, mas não por dez. O apetite pode ir um pouco além do seu propósito biológico, mas não de forma excessiva. Se um jovem sadio se entregasse ao seu apetite sexual sempre que se sentisse propenso a isso, e se cada ato gerasse um bebê, então em dez anos ele poderia facilmente povoar um pequeno vilarejo, uma vez que tal disposição excederia seu limite de forma ridícula e estapafúrdia.

Vamos explicar o assunto a partir de outra analogia. É possível reunir uma grande plateia para assistir a um *strip-tease* — isto é, para ver uma mulher despir-se no palco. Mas suponha que você chegue a um país em que fosse possível lotar um teatro, por exemplo, na apresentação de um prato coberto no palco, cuja tampa fosse levantada lentamente, e que todos vissem, pouco antes do apagar das luzes, que no prato havia um belo filé ou uma fatia de bacon; será que você não acharia que naquele país algo deu errado no que se refere ao apetite por comida? Do mesmo modo, uma pessoa que tenha sido criada em outro ambiente não pensaria o mesmo sobre o estado do instinto sexual entre nós?

Cristianismo puro e simples, livro 3, cap. 5

Moralidade sexual

28 DE MARÇO

Dizem que o sexo se tornou um problema grave porque o assunto foi considerado tabu, mas nos últimos vinte anos isso deixou de ser verdade. Falou-se sobre ele o tempo todo, entretanto, o caos continua imperando. Se o silêncio fosse a causa do problema, discutir o assunto seria a solução; mas não foi o que aconteceu. Penso que o que acontece é o contrário.

Março

Acredito que a humanidade o tenha abafado originalmente porque ele já tinha se tornado um problema. Os modernos estão sempre falando que "o sexo não é algo de que se deva ter vergonha", estar querendo dizer duas coisas: "Não há motivos para se envergonhar do fato de que a humanidade se reproduz dessa forma nem do fato de que isso proporciona prazer". Se eles querem dizer isso, estão certos. É isso mesmo que o cristianismo diz. O problema não é o ato em si nem o prazer. Os velhos mestres cristãos diziam que, se o homem nunca tivesse caído, o prazer sexual não seria menor do que é agora; na verdade seria maior. Sei que alguns cristãos meio confusos falam como se o cristianismo achasse que o sexo, o corpo ou o prazer são coisas ruins, mas eles estão errados. O cristianismo é praticamente a única das grandes religiões que aprova completamente o corpo — que crê que a matéria é boa, que Deus mesmo tenha assumido um corpo humano, que algum tipo de corpo nos será dado até mesmo no Céu e que essa será uma parte essencial da nossa felicidade, beleza ou energia. O cristianismo glorificou o casamento mais do que qualquer outra religião, e quase todos os poemas de amor mais arrebatadores do mundo foram produzidos por cristãos. Se alguém disser que o sexo em si é algo ruim, o cristianismo irá contradizê-lo imediatamente. Mas é claro que, quando as pessoas dizem que o "sexo não é nada de que se deva ter vergonha", também podem estar querendo dizer que "o estado em que o instinto sexual se encontra atualmente não é nada do que se tenha de ter vergonha". [...]

Acredito que temos todos os motivos para nos sentir envergonhados. Não há nada de vergonhoso em apreciar a comida, mas seria vergonhoso se as pessoas fizessem da comida o interesse central de suas vidas. [...] Há pessoas que querem manter nosso instinto sexual inflamado para ganhar

O assunto do Céu

dinheiro à nossa custa, porque, é claro, uma pessoa obcecada nunca resiste a um bom marketing.

Cristianismo puro e simples, livro 3, cap. 5

Maldanado explica a opinião do Inferno sobre os prazeres

29 DE MARÇO

[Nunca se esqueça de que] quando lidamos com o prazer em sua forma saudável, normal e satisfatória, estamos, por assim dizer, no campo de Inimigo. Eu sei que ganhamos muitas almas por meio do prazer. Ainda assim, trata-se de uma invenção dele, não nossa. Ele criou os prazeres: todas as nossas pesquisas até aqui não nos permitiram produzir sequer um deles. Tudo o que podemos fazer é encorajar os humanos a desfrutarem dos prazeres que nosso Inimigo produziu, mas o utilizando de algum modo ou em níveis proibidos por ele. Logo, sempre tentamos trabalhar à parte da condição natural de qualquer prazer, ou seja, naquilo que é menos natural, com uma menor porção do perfume do seu Criador e menos prazeroso. A fórmula, portanto, é um anseio cada vez maior por uma satisfação cada vez menor. É mais certeiro e tem mais *requinte*. Capturar a alma do homem e não dar *nada* em troca — é isso que realmente agrada o coração do Nosso Pai.

Cartas de um diabo a seu aprendiz, cap. 9

A grande mentira sobre o sexo

30 DE MARÇO

Nossa natureza corrompida, os demônios que nos tentam e toda essa propaganda contemporânea em prol da luxúria

Março

aliam-se para nos dar a impressão de que os desejos aos quais estamos resistindo são tão "naturais", tão "saudáveis" e tão razoáveis que é quase perverso e anormal resistir a eles. Todo cartaz, todo filme, todo romance nos faz associar a ideia da emancipação sexual a ideias de saúde, normalidade, juventude, franqueza e bom humor. Contudo, essa associação é uma mentira. À semelhança de todas as mentiras poderosas, essa é baseada em uma verdade — a verdade de que o sexo em si (à parte dos excessos e obsessões que germinaram ao nosso redor) é "normal" e "saudável", e tudo o mais. A mentira consiste na sugestão de que qualquer ato sexual ao qual somos tentados naquele momento também é saudável e normal. Mas isso é pura bobagem sob qualquer ponto de vista saudável, mesmo fora do cristianismo. A entrega a todos os nossos desejos obviamente leva à impotência, à doença, à inveja, à mentira, à dissimulação e a tudo o que é contrário à saúde, ao bom humor e à franqueza. Se quisermos alcançar qualquer felicidade, mesmo neste mundo, será necessário muito comedimento; assim sendo, a alegação de que todo e qualquer desejo é saudável e razoável se for forte o bastante não tem nenhum valor. Toda pessoa civilizada e saudável deve seguir um conjunto de princípios segundo os quais escolhe rejeitar alguns desejos e admitir outros. Uns tomam por base princípios cristãos; outros, princípios de higiene; outros, ainda, princípios sociológicos. O conflito real não é o que se dá entre o cristianismo e a "natureza", mas entre os princípios cristãos e os outros princípios de controle da "natureza", pois a "natureza" (no sentido de desejo natural) precisa ser controlada de qualquer maneira, a menos que você queira arruinar toda a sua vida.

Cristianismo puro e simples, livro 3, cap. 5

O assunto do Céu

O eu animal e o eu diabólico

31 DE MARÇO

As pessoas muitas vezes compreendem mal o que a psicologia quer ensinar quando fala de "repressões". Ela ensina que o sexo "reprimido" é perigoso, mas, nesse caso, "reprimido" é um termo técnico que não significa "suprimido" no sentido de "negado" ou "recusado". Um desejo ou pensamento reprimido é aquele que foi lançado no subconsciente (normalmente em idade muito tenra) e agora só pode se apresentar à memória de uma forma disfarçada e irreconhecível. A sexualidade reprimida nem sequer é vista assim pelo paciente. Quando um adolescente ou adulto se engaja em resistir a um desejo consciente, ele não estará lidando com a repressão e também não estará correndo o risco de criá-la. Pelo contrário, aqueles que estão tentando ser castos são mais conscientes e em pouco tempo saberão mais a respeito de sua própria sexualidade do que qualquer outra pessoa. Eles conhecem seus desejos no mesmo nível em que Wellington conhecia Napoleão ou Sherlock Holmes conhecia Moriarty; como um caçador de ratos conhece esses bichinhos e um encanador conhece os canos com vazamento. A virtude — mesmo aquela apenas esboçada — traz luz; a permissividade, só bruma e escuridão.

Por fim, embora eu tenha falado bastante de sexo, gostaria de deixar o mais claro possível que ele não é o centro da moralidade cristã. Está redondamente enganado quem pensa que os cristãos veem a falta de castidade como o vício supremo. Os pecados da carne são maus, mas são os menos graves de todos. Os piores prazeres são os de ordem puramente espiritual, como o prazer de provar que o outro está errado, de tiranizar os outros, de tratar os demais com desdém e superioridade, de ser um estraga-prazeres, de difamar.

Março

São os prazeres do poder e do ódio. Isso porque existem dois seres dentro de mim que competem com o ser humano que devo tentar me tornar: o ser Animal e o ser Diabólico, sendo este último o pior dos dois. É por isso que um moralista frio e pretensamente virtuoso que vai regularmente à igreja pode estar bem mais perto do Inferno que uma prostituta. Mas é claro que é melhor não ser nenhum dos dois.

Cristianismo puro e simples, livro 3, cap. 5

Abril

Orgulho

1º DE ABRIL

De acordo com os mestres cristãos, o pecado capital, o mal supremo, é o Orgulho.

A falta de castidade, a raiva, a avareza, a bebedice e tudo o mais são meras fichinhas em comparação: foi pelo Orgulho que o diabo se tornou o diabo; o Orgulho leva a todos os outros vícios — trata-se do estado de mente completamente contrário a Deus.

Parece que estou exagerando? Se você acha isso, sugiro que pense melhor. Destaquei há pouco tempo que, quanto mais orgulhosa for uma pessoa, mais ela detesta o orgulho nas outras. Na verdade, se você quiser descobrir o quanto é orgulhoso, a forma mais fácil de fazê-lo é perguntar-se: "Quanto eu detesto quando outras pessoas me inferiorizam ou se recusam a me dar atenção, ou dão palpite, ou são condescendentes comigo, ou são exibidas"? A questão é que o orgulho de cada pessoa está concorrendo com o orgulho de todos os demais. É porque eu quis ser o destaque da festa que estou tão chateado que outra pessoa o tenha sido. Dois bicudos não se bicam. O que essa frase evidencia é que o Orgulho é *essencialmente* competitivo — e o é por sua própria natureza —, enquanto os demais vícios são competitivos apenas, por assim dizer, por acidente. O Orgulho não tem prazer em ter algo, mas apenas em ter mais do que o próximo. Dizemos que as pessoas são orgulhosas por serem ricas, ou inteligentes, ou belas, mas elas não são. Elas se orgulham por serem mais ricas, mais inteligentes e mais bonitas do que os outros. Se todo mundo se tornasse igualmente rico, inteligente e bonito não haveria do que se orgulhar. É a comparação que faz uma pessoa orgulhosa: o prazer de estar acima dos demais. Uma vez que o elemento da competição tenha sido eliminado, o Orgulho também o será; por essa razão que sustento que o Orgulho é essencialmente competitivo, mas de uma forma que os outros vícios não são.

Cristianismo puro e simples, livro 3, cap. 8

A principal causa do sofrimento

2 DE ABRIL

Orgulho tem sido a causa principal da desgraça em todas as nações e todas as famílias desde a criação do mundo. Outros vícios podem, às vezes, reunir pessoas; por exemplo, você pode encontrar camaradagem e risos e gentileza em meio a pessoas bêbadas ou devassas, mas o Orgulho sempre significa inimizade — ele é a inimizade em pessoa. E não apenas inimizade entre pessoas, mas inimizade para com Deus.

Em Deus, você depara contra algo que é incomensuravelmente superior. A menos que você conheça bem a Deus — e, por isso, saiba que não é nada em comparação com ele — não o conhece de jeito nenhum. Enquanto você for orgulhoso, não poderá conhecer a Deus. Uma pessoa orgulhosa sempre está desdenhando coisas e pessoas, e, é claro, se você fica olhando de cima para baixo, não poderá olhar para nada que esteja acima de você.

Isso levanta uma questão terrível. Como as pessoas que estão obviamente corroídas pelo Orgulho podem dizer, ao mesmo tempo, que acreditam em Deus e que se consideram tão religiosas? Receio que isso signifique que elas estejam adorando a um Deus imaginário. Na teoria, elas admitem que não são nada na presença do seu "Deus-fantasma", mas, na verdade, estão o tempo todo imaginando o quanto ele as aprova e as considera bem melhores do que as pessoas comuns; ou seja, pagam alguns tostões de humildade imaginária para ele e, em troca, obtêm milhões em termos de Orgulho diante dos seus companheiros. Suponho que tenha sido nesse tipo de pessoa que Cristo estava pensando quando disse que alguns pregam sobre ele e expulsam demônios em seu nome apenas para ouvirem, no juízo final, que ele nunca os conheceu. E qualquer um de nós pode, em qualquer momento, cair nessa cilada de morte. Felizmente, temos como provar se caímos nela. Sempre que nossa vida religiosa está nos fazendo pensar que somos bons — acima de tudo, que somos melhores do que os outros —, certamente estamos sendo influenciados não por Deus, mas pelo diabo. A prova real de que você está na presença de Deus é que você ou esquece completamente de si ou se vê como um objeto pequeno e sujo. O melhor é esquecer-se completamente de si.

Cristianismo puro e simples, livro 3, cap. 8

Diretamente do Inferno

3 DE ABRIL

É uma realidade terrível que o pior de todos os vícios pode se infiltrar no próprio centro da vida religiosa, mas podemos entender o porquê disso. Os outros vícios, menos ruins, vêm da obra que o diabo realiza em nós, em cima de nossa natureza animal, mas aquele não vem, absolutamente, de nossa natureza animal. Ele vem diretamente do Inferno. É puramente espiritual e, consequentemente, é bem mais sutil e mortal. Pela mesma razão, o Orgulho pode muitas vezes ser usado para derrotar os vícios mais simples. Os professores, na verdade, muitas vezes apelam ao Orgulho do aluno, ou, como eles preferem dizer, à autoestima, a fim de fazê-lo assumir um bom comportamento; muita gente já venceu a covardia ou o desejo, ou ainda o mau humor aprendendo a pensar que essas coisas estão aquém de sua dignidade — isto é, pelo Orgulho. O diabo cai na gargalhada e fica muito contente em vê-lo tornando-se casto, cheio de coragem e autocontrole desde que, nesse tempo, ele esteja instaurando em nós a Ditadura do Orgulho — da mesma forma que ele ficaria bem contente de ver as suas freiras curadas se lhe fosse permitido, em troca, enviar-lhe câncer. Pois o Orgulho é um câncer espiritual, tendo em vista que corrói a própria possibilidade de amor, ou de contentamento, ou mesmo de bom senso.

Cristianismo puro e simples, livro 3, cap. 8

Diferença entre orgulho e vaidade

4 DE ABRIL

O prazer em ser elogiado não é Orgulho. A criança que recebe um tapinha nas costas por ter feito bem a lição, a mulher cuja beleza é elogiada pelo seu amor, a alma salva para a qual Cristo diz: "Muito bem", todos ficam felizes e devem mesmo ficar, pois, nesses casos, o prazer não está no que você é, mas no fato de que você agradou a alguém a quem queria (e queria com toda a razão). O problema começa quando você passa do pensamento: "Eu lhe agradei, tudo está bem" ao pensamento "Que pessoa legal que eu devo ser por ter feito isso". Quanto mais você se agrada de si mesmo e menos se agrada do elogio, pior estará se tornando; se você só se compraz de você mesmo e não liga a mínima para o elogio, terá chegado ao fundo do poço. É por isso que a vaidade, apesar de ser o tipo de Orgulho que aparece mais, é, na verdade, o tipo menos ruim e mais perdoável. A pessoa vaidosa deseja demais elogio, aplauso e admiração, e está sempre os buscando. Trata-se de um defeito, mas um defeito infantil e (por incrível que pareça) que envolve humildade, pois mostra que você ainda não está completamente satisfeito com sua admiração própria. Você valoriza as outras pessoas o suficiente para querer que elas olhem para você. Na verdade, você ainda está sendo humano. O Orgulho realmente obscuro e diabólico vem quando você está tão acostumado a olhar para os outros de cima para baixo que não liga para o que eles pensam de você.

Cristianismo puro e simples, livro 3, cap. 8

Nossa parcela na paixão de Cristo

5 DE ABRIL

Algumas pessoas se sentem culpadas por suas ansiedades e as consideram um defeito da fé. Não concordo com isso de jeito nenhum. Elas são aflições, não pecados. Como todas as aflições, elas são, se assim podemos considerá-las, nossa participação na Paixão de Cristo. Pois o começo da Paixão — o primeiro movimento, por assim dizer — é no Getsêmani. No Getsêmani, algo muito estranho e significativo parece ter acontecido.

Está claro, a partir de muitos de seus ditos, que Nosso Senhor há muito tempo previra sua morte. Ele sabia que condutas como a dele, em um mundo como o tornamos, inevitavelmente levariam a isso. Mas está claro que esse conhecimento deve, de alguma forma, ter sido retirado dele antes que Ele orasse no Getsêmani. Ele não poderia, tendo qualquer reserva quanto à vontade do Pai, ter orado para que o cálice passasse e, ao mesmo tempo, saber que isso não aconteceria. Isso é uma impossibilidade lógica e psicológica. Você vê o que isso envolve? A fim de que não faltasse nenhum incidente de provação para a humanidade, os tormentos da esperança — de suspense, ansiedade — foram, no último momento, despejados sobre Ele: a suposta possibilidade de que, ao final, Ele pudesse, Ele apenas concebivelmente pudesse, ser poupado do horror supremo. Havia precedentes. Isaque tinha sido poupado: ele também no último momento, ele também contra todas as probabilidades aparentes. Não era totalmente impossível... e, sem dúvida, Ele tinha visto outros homens crucificados... uma visão muito diferente da maioria de nossas imagens e retratos religiosos.

Mas, para essa última (e errônea) esperança contra a esperança, e o consequente tumulto da alma, o suor de sangue, talvez Ele não fosse o Homem em sua totalidade. Viver em um mundo totalmente previsível não é ser homem.

Por fim, eu sei, é dito que apareceu um anjo que o "confortava". [...] "Fortalecia" é a melhor palavra. Não pode o fortalecimento ter consistido na certeza renovada — o que seria um conforto frio — de que a coisa deveria ser suportada e, portanto, poderia ser?

Cartas a Malcolm, cap. 8

Sofrimento de Cristo pelo mundo

6 DE ABRIL

Os movimentos da Paixão não comunicam, todos eles, de modo abrangente, algum elemento comum nos sofrimentos de nossa raça? Primeiro, a oração de angústia — não aceita. Então, Ele se volta para Seus amigos. Eles estão adormecidos — como os nossos, ou nós, estão tão frequentemente, ou ocupados, ou ausentes ou preocupados. Então, Ele enfrenta a

O assunto do Céu

Igreja; a própria Igreja que Ele trouxe à existência. Ela o condena. Isso também é característico. Em cada Igreja, em cada instituição, há algo que, mais cedo ou mais tarde, atua contra o próprio propósito para o qual surgiu. Mas parece haver outra chance. Existe o Estado; neste caso, o Estado romano. Suas pretensões são muito inferiores às da igreja judaica, mas, precisamente por essa razão, ele pode estar livre de fanatismos locais. O Estado alega ser justo, em um nível rude e mundano. Sim, mas apenas na medida em que seja consistente com a conveniência política e *raison d'état*. O homem se torna uma ficha em um jogo complicado. Mas, mesmo nesse momento, nem tudo está perdido. É possível ainda um apelo ao povo — os pobres e simples a quem Ele abençoou, a quem Ele curou e alimentou e ensinou, a quem Ele pertence. Mas eles se tornaram uma multidão assassina noturna (não é nada incomum) gritando por Seu sangue. Não há, então, nada além de Deus. E, com respeito a Deus, as últimas palavras de Deus foram: "Por que me abandonaste?".

Você percebe quão característico, quão representativo, tudo é. A situação humana escrita em letras grandes. Essas são algumas das coisas que significam ser um homem. Cada corda se rompe quando você a pega. Cada porta é fechada quando você a alcança. É ser como a raposa no final da corrida; as terras estão todas delimitadas.

Cartas a Malcolm, cap. 8

A "ocultação" de Deus

7 DE ABRIL

Quanto ao último abandono de todos, como podemos entendê-lo ou suportá-lo? É que o próprio Deus não pode ser Homem a menos que Deus pareça desvanecer-se em sua maior necessidade? E se é assim, por quê? Às vezes me pergunto se sequer começamos a entender o que está envolvido no próprio conceito de criação. Se Deus criar, ele fará algo ser e, ainda assim, isso não será ele mesmo. Ser criado é, em certo sentido, ser ejetado ou separado. Será que, quanto mais perfeita a criatura é, mais essa separação deve, em algum momento, ocorrer? São santos, não pessoas comuns, que experimentam a "noite escura". São homens e anjos, não animais, que se rebelam. A matéria inanimada dorme no seio do Pai. A característica de Deus de ser "oculto" talvez pressione mais dolorosamente aqueles que estão, de outro modo, mais próximos dele, e, portanto, o próprio Deus, feito homem, será, entre todos os homens, o mais abandonado por Deus? Um dos teólogos do século 17 disse: "Ao fingir ser visível, Deus pode somente enganar o mundo". Talvez ele finja, apenas um pouquinho, para almas simples que precisam de uma medida plena de "consolo palpável". Não os enganando, mas ajustando o vento ao cordeiro tosquiado. É claro que não estou dizendo, como Niebuhr, que o mal é inerente à finitude. Isso identificaria a criação com a Queda e faria de Deus o autor do mal. Mas talvez haja uma angústia, uma alienação, uma crucificação envolvida no ato criativo. No entanto, ele, o único que pode julgar, julga que a distante consumação vale a pena.

Cartas a Malcolm, cap. 8

Milagres

8 DE ABRIL

Conheci uma única pessoa durante toda a minha vida que alegou ter visto um fantasma. Foi uma mulher; e o interessante é que ela não acreditava na imortalidade da alma antes de ver o fantasma e continuou não acreditando depois de vê-lo. Ela achava que tinha sido uma alucinação. Em outras palavras, não é preciso ver para crer. Este é o primeiro esclarecimento a dar ao falar de milagres. Sejam quais forem nossas experiências, nós não as consideraremos milagrosas se, de antemão, seguirmos uma filosofia que exclui o sobrenatural. Qualquer acontecimento chamado de milagre é, em última instância, uma experiência captada pelos sentidos — e os sentidos não são infalíveis. Sempre podemos afirmar que fomos vítimas de uma ilusão; se não acreditarmos na possibilidade do sobrenatural, esse será o nosso único argumento. Por conseguinte, quer os milagres tenham realmente cessado, quer não, eles certamente parecem ter deixado de existir na Europa ocidental quando o materialismo se tornou o credo popular. Não nos enganemos. Se o fim do mundo acontecesse com todos os detalhes literais do Apocalipse e se um materialista moderno visse com seus próprios olhos os Céus sendo enrolados e o grande trono branco surgindo, se tivesse a sensação de estar sendo, ele mesmo, lançado no lago de fogo, tal materialista continuaria para sempre, ali mesmo dentro do lago, considerando sua experiência como uma ilusão e buscando uma explicação para ela na psicanálise ou na patologia cerebral. A experiência em si nada prova. Se alguém não sabe se está sonhando ou acordado, não será experimento algum o que poderá sanar sua dúvida, uma vez que qualquer teste realizado poderia ser parte do sonho. A experiência prova isto, aquilo ou nada — de acordo com as pressuposições que trazemos a ela.

"Milagres", *Deus no banco dos réus*

Abril

O obstáculo ao materialismo

9 DE ABRIL

Se o sistema solar surgiu por uma colisão acidental, o surgimento da vida orgânica neste planeta também foi um acidente, bem como toda a evolução do homem. Neste caso, todos os nossos pensamentos atuais são meros acidentes — afinal, são o subproduto acidental do movimento atômico. E isso vale para os pensamentos dos materialistas e astrônomos bem como para os de qualquer outra pessoa. Mas se os pensamentos *deles* — isto é, dos materialistas e astrônomos — são meros subprodutos acidentais, por que devemos acreditar que são verdadeiros? Não vejo razão alguma para crer que um acidente seria capaz de dar-me uma explicação correta de todos os demais acidentes. É como esperar que a forma aleatória assumida pelo líquido quando o jarro de leite cai no chão explique corretamente como o jarro foi feito e por que o leite foi derramado.

"Respostas a perguntas sobre o cristianismo", *Deus no banco dos réus*

O natural e o sobrenatural

10 DE ABRIL

A experiência de milagre, na verdade, requer duas condições. Primeiro, devemos acreditar em uma estabilidade normal da natureza, o que significa que temos de reconhecer que os dados fornecidos por nossos sentidos se repetem em padrões regulares. Segundo, devemos acreditar em uma realidade além da natureza. Quando ambas as crenças existem, e somente nessa condição, podemos abordar com a mente aberta os diversos relatos segundo os quais determinada realidade sobrenatural ou extranatural invadiu e perturbou o conteúdo sensorial espaço-temporal que compõe nosso mundo "natural". A crença em tal realidade sobrenatural não pode ser nem provada nem refutada pela experiência. Os argumentos a favor de sua existência são metafísicos, e para mim, conclusivos. Eles se baseiam no fato de que até mesmo para pensar e agir no mundo natural, nós devemos presumir algo além dele e até mesmo supor que pertencemos parcialmente a esse algo. A fim de pensar, temos de atribuir ao nosso próprio raciocínio uma validade que não é crível se ele for uma mera função do cérebro, e o cérebro, por sua vez, um subproduto de processos físicos irracionais. A fim de agir, acima do nível do simples impulso, devemos atribuir uma validade semelhante aos nossos juízos de bem e mal. Em ambos os casos, chegamos ao mesmo resultado inquietante. O conceito de natureza em si é um conceito que obtivemos de maneira apenas tácita ao reivindicar para nós mesmos uma espécie de posição *sobre*natural.

"Milagres", *Deus no banco dos réus*

Os milagres de nosso Senhor

11 DE ABRIL

Em seu pequeno livro *A encarnação*, Atanásio diz: "Nosso Senhor assumiu um corpo como o nosso e viveu como um homem a fim de que aqueles que haviam se recusado a admiti-lo na direção e capitania de todo o universo pudessem reconhecer, nas obras que ele fez aqui embaixo, que a Palavra de Deus era o que habitava nesse corpo." Isto está exatamente em conformidade com o relato que o próprio Cristo faz de seus milagres: "o Filho não pode fazer nada de si mesmo; só

Abril

pode fazer o que vê o Pai fazer". A doutrina, em meu entender, é algo como o que explicarei a seguir.

Existe uma atividade de Deus demonstrada em toda a criação, uma atividade em larga escala, digamos, que os homens se recusam a reconhecer. Os milagres operados por Deus encarnado, que viveu como um homem na Palestina, realizam as mesmas coisas que esta atividade maior, porém, em velocidade diferente e em escala menor. Um dos principais propósitos disso é que os homens, ao ver algo sendo feito por um poder pessoal em pequena escala, pudessem reconhecer, quando vissem a mesma coisa sendo feita em grande escala, que o poder por trás dela também é pessoal — é, na verdade, a mesma pessoa que viveu entre nós há dois mil anos. Os milagres são uma narração em letras miúdas da mesma história que está escrita por todo o mundo em letras grandes demais para que alguns de nós leiam. Parte deste escrito maior já é visível, mas parte ainda não foi decifrada. Em outras palavras, alguns dos milagres fazem localmente aquilo que Deus já fez universalmente; outros fazem localmente aquilo que ele ainda não fez, mas fará. Neste sentido, e a partir de nosso ponto de vista humano, podemos dizer que alguns são lembretes e outros, profecias.

"Milagres", *Deus no banco dos réus*

O milagre de Caná

12 DE ABRIL

Primeiro, os milagres de *fertilidade*. O primeiro deles foi a conversão de água em vinho nas bodas de Caná. Esse milagre proclama que o Deus de todo vinho está presente. A videira foi uma das bênçãos enviadas por Iavé; ele é a realidade por trás do falso deus Baco. A cada ano, como parte da ordem natural,

Deus produz vinho. Isso acontece pela criação de um organismo vegetal capaz de transformar a água, o solo e a luz do sol em um suco que, sob as condições adequadas, se transforma em vinho. Assim, em certo sentido, ele está sempre transformando água em vinho, pois este, como todas as bebidas, não passa de água modificada. Certa vez, porém — e em um ano apenas —, o Deus encarnado simplificou o processo e produziu vinho em um segundo, utilizando vasos de barro em vez de fibras vegetais para reter a água. Ele os utilizou, entretanto, para fazer o que sempre faz. O milagre consiste na simplificação; o acontecimento ao qual ele leva é o mesmo. Se o fato aconteceu, sabemos então que aquele que veio à natureza não foi um espírito antinatural, não foi um Deus que ama tragédias, lágrimas e jejum *em si mesmos* (embora os permita ou exija para fins especiais), mas o Deus de Israel que, ao longo de todos esses séculos, deu o vinho para alegrar o coração dos homens.

Miracles [Milagres], cap. 15

As alimentações milagrosas

13 DE ABRIL

Outros milagres que pertencem a este grupo são os dois casos de alimentação milagrosa. Neles, aconteceu a multiplicação de um pouco de pão e alguns peixes. Certa vez no deserto, Satanás tentou Cristo a transformar pedras em pão, mas ele recusou. "O Filho [...] só pode fazer o que vê o Pai fazer"; talvez possamos supor, sem ousadia, que a conversão direta de pedra em pão não lhe parecia se encaixar no estilo hereditário. Já a conversão de uma pouca quantidade de pão em uma grande quantidade de pão é algo completamente diferente. Todo ano, Deus transforma pouco trigo em muito

Abril

trigo: a semente é plantada, e uma multiplicação acontece. E os homens dizem, cada um à sua moda: "É a lei da natureza" ou "É Ceres, é Adônis, é o Grão-Rei". Mas as leis da natureza não passam de um padrão: nada sai delas a menos que, por assim dizer, dominem o universo como algo contínuo. Quanto a Adônis, ninguém pode nos dizer onde morreu ou quando ressuscitou. Aqui, na alimentação dos 5mil, está aquele a quem adoramos sem saber: o *verdadeiro* Grão-Rei que morreria uma vez e ressuscitaria uma vez em Jerusalém durante a gestão de Pôncio Pilatos.

Naquele mesmo dia, ele também multiplicou peixes. Observe quase todas as baías e rios. Essa fecundidade abundante, pulsante, mostra que ele ainda está em ação "enchendo os mares com inúmeras ovas". Os antigos tinham um deus chamado Gênio, o deus da fertilidade animal e humana, o patrono da ginecologia, da embriologia ou do leito conjugal — o "leito genial", como o chamavam, em homenagem ao seu deus. Gênio, porém, não passa de outra máscara para o Deus de Israel, pois foi este que, no princípio, ordenou a todas as espécies: "Sejam férteis e multipliquem-se! Encham e subjuguem a terra!" E, naquele dia da alimentação dos milhares, o Deus encarnado fez o mesmo: em menor proporção e mais próximo de nós, com suas mãos humanas, mãos de um trabalhador, ele fez aquilo que está sempre fazendo nos mares, lagos e riachos.

Miracles [Milagres], cap. 15

Os milagres de cura

14 DE ABRIL

Mesmo sem entrar em detalhes quanto a quais curas devem ser consideradas milagrosas (fora a aceitação da fé cristã), podemos

O assunto do Céu

indicar o tipo de milagre envolvido. Sua natureza pode ser facilmente obscurecida pela maneira um tanto mágica com que muitas pessoas ainda veem a cura médica comum. Existe um nível em que médico algum é capaz de curar, e isso é algo que os próprios médicos são os primeiros a admitir. A mágica não acontece na medicina, mas no corpo do paciente — na *vis medicatrix naturae*, a energia restauradora ou autocorretiva da natureza. O que o tratamento faz é estimular as funções naturais ou remover aquilo que as está obstruindo. Falamos por conveniência de um médico, ou curativo, curando um machucado; mas, em certo sentido, todo machucado se cura sozinho. Nenhum machucado pode ser curado em um cadáver. A mesma energia misteriosa que chamamos de gravitacional, quando orienta os planetas, e de bioquímica, quando cura um corpo, é a causa eficiente de todas as recuperações — e essa energia procede de Deus em primeiro lugar. Todos os que são curados são curados por ele, não simplesmente no sentido de que sua providência lhes fornece assistência médica e ambientes sadios, mas também no sentido de que os próprios tecidos são reparados pela energia descendente que, ao fluir dele, energiza todo o sistema da natureza. Certa vez, porém, ele fez isso visivelmente aos doentes da Palestina: um encontro do Homem com outros homens. Aquilo a que, em seu funcionamento geral, nós nos referimos como leis da natureza, ou antigamente como Apolo ou Asclépio, revelou a si mesmo. O poder que sempre esteve por trás de todas as curas ganhou rosto e mãos. Daí a aparente aleatoriedade dos milagres. É inútil argumentar que ele curou aqueles que encontrou por acaso, e não aqueles que não encontrou. Afinal, ser homem significa estar em um lugar e não em outro. O mundo que não o reconheceria como o onipresente foi salvo quando ele se tornou *local*.

Miracles [Milagres], cap. 15

Abril

O milagre de destruição

15 DE ABRIL

O único milagre de destruição operado por Cristo — a figueira que secou — tem-se mostrado problemático para algumas pessoas, mas creio que seu significado é bastante claro. O milagre é uma parábola encenada, um símbolo da sentença de Deus para tudo o que é "infrutífero" e especialmente, sem dúvida, para o judaísmo oficial da época. Esse é seu significado moral. Como milagre, Cristo colocou mais uma vez em foco — repetiu, de modo reduzido e próximo — aquilo que Deus opera constantemente na natureza. [...] Deus, arrancando a arma das mãos de Satanás, tornou-se, desde a Queda, o Deus até mesmo da morte humana. Mas, mais do que isso, e talvez desde a criação, ele tem sido o Deus da morte dos organismos. Em ambos os casos, ainda que de maneiras um tanto diferentes, ele é o Deus da morte por ser o Deus da vida: o Deus da morte humana porque, por meio dela, há agora o aumento de vida; o Deus da mera morte orgânica porque esta faz parte do próprio processo pelo qual a vida orgânica se difunde no tempo e, ainda assim, permanece nova. Uma floresta com mil anos continua coletivamente viva porque algumas árvores morrem enquanto outras crescem. Sua face humana, voltada com rejeição no olhar para aquela figueira, fez uma vez aquilo que sua ação desencarnada faz a todas as árvores. Nenhuma árvore morreu naquele ano na Palestina, nem em qualquer ano em lugar algum, exceto porque Deus fez — ou, antes, deixou de fazer — algo em relação a ela.

Miracles [Milagres], cap. 15

O assunto do Céu

O que os apóstolos queriam dizer com ressurreição

16 DE ABRIL

Quando os autores modernos falam sobre a ressurreição, eles costumam se referir a um momento específico: a descoberta do túmulo vazio e a aparição de Jesus a poucos metros dali. A história desse momento é o que os apologistas cristãos agora tentam defender, e os céticos, impugnar. Contudo, essa concentração quase exclusiva nos primeiros cinco minutos da ressurreição teria abismado os mestres cristãos primitivos. Ao alegar ter presenciado a ressurreição, eles não estavam necessariamente alegando ter visto *isso*. Alguns viram, outros não. Esse momento não tinha mais importância do que as outras aparições do Jesus ressurreto, salvo a importância poética e dramática própria do início de todas coisas. O que eles afirmavam é que todos haviam, uma ou outra hora, encontrado Jesus ao longo das seis ou sete semanas que seguiram à sua morte. Algumas vezes, eles estavam sozinhos quando isso aconteceu, mas, em uma ocasião, doze deles juntos o viram, e, em outra ocasião, cerca de quinhentos testemunharam sua presença. Paulo diz que a maioria dos quinhentos ainda estava viva quando ele escreveu a *Primeira Carta aos Coríntios*, isto é, em aproximadamente 55 d.C.

A "ressurreição" que testemunharam foi, na realidade, não o ato de levantar-se dentre os mortos, mas a condição de ter-se levantado; uma condição, conforme declaravam, confirmada por encontros intermitentes durante um período limitado. [...] O término do período é importante, pois, como veremos, não existe a possibilidade de isolar a doutrina da ressurreição da doutrina da ascensão.

Miracles [Milagres], cap. 16

Abril

O triunfo de Cristo sobre a morte
17 DE ABRIL

O ponto seguinte a notar é que a ressurreição não era considerada simplesmente ou principalmente uma evidência da imortalidade da alma. Ela é, sem dúvida, considerada assim hoje em dia com bastante frequência. Ouvi alguém afirmar que "a importância da ressurreição é o fato de ela provar a *sobrevivência*". Tal ponto de vista não condiz, em aspecto algum, com a linguagem do Novo Testamento. Segundo essa perspectiva, Cristo teria simplesmente feito o que todos fazem quando morrem; a única novidade seria que, no seu caso, todos pudemos ver o processo acontecendo. Não há, porém, nas Escrituras, a menor sugestão de que a ressurreição tenha sido uma nova evidência de algo que *já ocorria* sempre. Os escritores do Novo Testamento falam como se o ato de Cristo, de levantar-se dentre os mortos, fosse o primeiro do tipo em toda a história do universo. Ele é descrito como as "primícias", o "autor da vida". Ele abriu uma porta que estava trancada desde a morte do primeiro homem. Ele enfrentou o rei da morte, lutou com ele e o derrotou. Tudo é diferente agora porque ele fez isso. Este é o início da nova criação: um novo capítulo se abriu na história cósmica.

Miracles [Milagres], cap. 16

Ressurreição e "sobrevivência"
18 DE ABRIL

Não quero dizer, naturalmente, que os escritores do Novo Testamento não criam na "sobrevivência". Pelo contrário, eles acreditavam tão piamente nisso, que Jesus, em mais de uma ocasião, precisou assegurá-los de que *não* era um fantasma. Desde tempos remotos, os judeus, como muitas outras nações, criam que o homem tinha uma "alma" ou *Nephesh* separável do corpo, a qual, ao morrer, ia para um mundo sombrio chamado *Sheol*: um lugar de esquecimento e estupidez onde ninguém mais invocava Jeová, um lugar semi-irreal e melancólico como o Hades dos gregos ou o Niflheim dos nórdicos. Dali, as sombras podiam voltar e aparecer aos vivos, como a de Samuel a mando da feiticeira de En-Dor. Em tempos muito mais recentes, surgiu a crença mais agradável de que os justos, ao morrer, iam para o "Céu". Ambas as doutrinas abordam a "imortalidade da alma" segundo o entendimento de um grego ou de um inglês moderno; ambas, porém, são absolutamente irrelevantes para a história da ressurreição. Os escritores consideram esse acontecimento como uma completa novidade. É nítido que eles não achavam que haviam sido assombrados por um fantasma do *Sheol* nem que haviam tido uma visão de uma "alma" do "Céu". É preciso entender bem que, se os pesquisadores psíquicos conseguissem provar a "sobrevivência" e demonstrar que a ressurreição foi uma ocorrência dela, eles não estariam apoiando a fé cristã, mas refutando-a. Se tudo o que tivesse acontecido se resumisse a isso, o "evangelho" original não seria verdadeiro.

Miracles [Milagres], cap. 15

Espiritismo e pesquisa psíquica

19 DE ABRIL

Parece-me que ambas as crenças, a menos que sejam reforçadas por outra coisa, serão muito obscuras e inoperantes para o homem moderno. Se soubéssemos de fato que Deus é justo, que tem propósitos para nós, que é o comandante de uma batalha cósmica e que algo real depende de nossa conduta em campo, então ela teria algum propósito. Ou se, mais uma vez, as declarações que professam vir de outro mundo tivessem um sotaque que realmente *sugerisse* um outro mundo, se falassem (como até mesmo as religiões inferiores falam) com aquela voz perante a qual nossa natureza mortal treme com admiração ou alegria, ela também teria um propósito. No entanto, o deus do teísmo mínimo continua sendo impotente para despertar temor ou amor. [...] Com relação às declarações dos médiuns... não quero ser ofensivo. Mas será que até o espírita mais convicto pode alegar que alguma frase proveniente dessa fonte ocupa lugar de destaque entre os dizeres de ouro da humanidade, ou que seu poder para elevar, fortalecer ou corrigir sequer se aproxima (muito menos se iguala) ao de dizeres de qualidade mais inferior? Por acaso alguém pode negar que a grande maioria das mensagens dos espíritos está lastimavelmente abaixo dos melhores pensamentos e das melhores palavras deste mundo?

"Religião sem dogma?", *Deus no banco dos réus*

As aparições do Senhor ressurreto
20 DE ABRIL

Existem, admito, certos aspectos em que o Cristo ressurreto se assemelha ao "fantasma" da tradição popular. Tal como um "fantasma", ele aparece e desaparece: portas trancadas não lhe constituem obstáculo. Em contrapartida, ele mesmo afirma vigorosamente que é corpóreo (Lucas 24:39-40) e até mesmo come peixe assado. É neste ponto que o leitor moderno começa a ficar inquieto. A sensação de desconforto piora

O assunto do Céu

diante das seguintes palavras: "Não me segure, pois ainda não voltei para o Pai" (João 20:17). Estamos preparados, até certo ponto, para aceitar vozes e aparições. Mas o que é isso que não deve ser segurado? O que significa "voltar" para o Pai? Ele já não está "com o Pai", no único sentido que importa? O que "voltar" poderia representar, exceto uma metáfora para *isso*? E, neste caso, por que ele "ainda não" foi? Essas inquietações surgem porque a história que os apóstolos realmente tinham para contar conflita, neste ponto, com a história que nós esperamos ler, e já estamos determinados a ler, na narrativa.

Nós esperamos que eles nos contem sobre uma vida ressurreta puramente "espiritual" no sentido negativo da palavra: isto é, utilizamos o termo *espiritual* não com o significado daquilo que é, mas daquilo que não é. Referimo-nos a uma vida sem espaço, sem história, sem ambiente, sem elementos sensoriais. Além disso, tendemos, lá no íntimo, a fechar os olhos para a *humanidade* ressurreta de Jesus; a imaginá-lo, após a morte, simplesmente retornando à deidade, como se a ressurreição não passasse de uma inversão ou reversão da encarnação. Assim sendo, todas as referências ao *corpo* ressurreto deixam-nos inquietos, pois suscitam perguntas complicadas.

Miracles [Milagres], cap. 16

O Cristo ressurreto — não uma alucinação

21 DE ABRIL

Enquanto mantivermos a perspectiva espiritual negativa, não estaremos realmente crendo nesse corpo. Achamos (quer reconheçamos isso ou não) que o corpo não era objetivo; que se tratava de uma aparição enviada por Deus para assegurar

Abril

os discípulos de verdades incomunicáveis. Mas que verdades? Se a verdade é que, depois da morte, vem uma vida espiritual negativa, uma eternidade de experiência mística, que maneira mais enganosa de comunicá-la poderia haver do que a aparição de uma forma humana que come peixe assado? De acordo com esse ponto de vista, o corpo seria realmente uma alucinação. E qualquer teoria de alucinação sucumbe diante do fato (e, se for uma invenção, é a mais estranha invenção que já entrou na mente humana) de que, em três ocasiões diferentes, ela não foi imediatamente reconhecida como sendo Jesus (Lucas 24:13-31; João 20:15; 21:4). Mesmo se concordássemos que Deus enviou uma santa alucinação para ensinar verdades em que já se cria por toda parte, que seriam muito mais facilmente transmitidas por outros métodos e que certamente foram obscurecidas da maneira como foram comunicadas, não deveríamos ao menos esperar que o rosto da alucinação fosse *claro*? Porventura aquele que criou todos os rostos seria tão incompetente a ponto de não conseguir produzir pelo menos uma semelhança do Homem que ele mesmo era?

Miracles [Milagres], cap. 16

O corpo incorruptível do Senhor ressurreto

22 DE ABRIL

Os registros apresentam Cristo passando, depois da morte (como homem algum havia passado antes), não para um modo de existência puramente, isto é, negativamente "espiritual" nem para uma vida "natural" como a que conhecemos, mas para uma vida com uma natureza nova e própria. Eles o apresentam retirando-se para outro tipo de existência seis semanas depois. Eles dizem — ele diz — que vai "preparar lugar". Isto provavelmente significa que Cristo estava prestes a criar uma natureza inteiramente nova que proporcionaria o ambiente ou as condições necessárias à sua humanidade glorificada — e, nele, à nossa. O quadro não é aquilo que esperávamos — se, contudo, é mais ou menos provável e filosófico por causa disso, já é outra questão. Não se trata de uma cena de fuga de toda e qualquer espécie de natureza para um tipo de vida incondicionada e completamente transcendente, mas de uma nova natureza humana, e uma nova natureza em geral, que passa a existir. Devemos, de fato, crer que o corpo ressurreto é totalmente diferente do corpo mortal; mas a existência, nesse novo estado, de algo que possa ser chamado, em qualquer sentido, de "corpo", envolve algum tipo de relação espacial — e, a longo prazo, de um universo inteiramente novo. Essa é a imagem: não de uma realidade sendo desfeita, mas refeita. O antigo campo do espaço, tempo, matéria e sentidos deve ser capinado, lavrado e semeado para uma nova colheita. Talvez estejamos cansados deste velho campo, mas Deus não está.

Miracles [Milagres], cap. 16

São Jorge, padroeiro da Inglaterra

23 DE ABRIL

Um ataque muito mais sério contra o conto de fadas como literatura infantil vem daqueles que não querem assustar as crianças. [...] Os que falam que as crianças não devem ser assustadas podem estar querendo dizer duas coisas: (1) que nada devemos apresentar às crianças que possa produzir os temores atormentadores, incapacitantes e patológicos contra os quais a coragem comum é impotente — as chamadas

Abril

fobias. [...] ou (2) que devemos tentar manter fora da mente delas o conhecimento de que nasceram em um mundo de morte, violência, sofrimento, aventura, heroísmo, covardia, bem e mal. Caso queiram dizer a primeira, concordo com eles; mas discordo caso queiram dizer a segunda. A segunda seria dar às crianças uma falsa impressão e incutir nelas uma mentalidade de escapismo. Existe algo de absurdo na ideia de educar assim uma geração que presencia a OGPU e a bomba atômica. Já que é tão provável que ela se depare com inimigos cruéis, que possa, pelo menos, ouvir falar de cavaleiros valentes e atos de coragem heroica. [...] Ao confinar seu filho a histórias inocentes sobre a vida infantil, em que nada de assustador jamais acontece, além de não conseguir eliminar os terrores, você elimina tudo aquilo que pode enobrecê-los ou torná-los suportáveis. Afinal de contas, nos contos de fadas, ao lado das terríveis figuras, encontramos os seres radiantes, os imemoráveis consoladores e protetores; e as terríveis figuras não são meramente terríveis, mas também sublimes. Seria bom se menino algum, deitado na cama, ao ouvir ou achar que ouviu um ruído, sentisse medo. Mas, já que tem de sentir, é melhor que pense em gigantes e dragões do que apenas em ladrões. E acho que São Jorge, ou qualquer outro paladino reluzente de armadura, é um consolo bem melhor do que o mero conceito de polícia.

"On Three Ways of Writing for Children"
[Três maneiras de escrever para crianças],
Of Other Worlds [De outros mundos]

E nós também ressuscitaremos

24 DE ABRIL

Os milagres que já aconteceram são, naturalmente, como a Escritura tantas vezes diz, as primícias do verão cósmico que se aproxima. Cristo ressuscitou, e nós também ressuscitaremos. Pedro, por alguns segundos, caminhou sobre as águas; e chegará o dia em que haverá um universo refeito, infinitamente sujeito à vontade do homem glorificado e obediente, quando poderemos fazer todas as coisas e ser aqueles deuses que as Escrituras dizem que somos. Sem dúvida, o tempo ainda parece invernoso, mas o início da primavera costuma ser assim. Dois mil anos são apenas um dia ou dois de acordo com essa escala. Na verdade, deveríamos dizer: "A ressurreição aconteceu há dois mil anos" com o mesmo ânimo com que diríamos: "Vi uma flor de açafrão ontem", pois sabemos o que acompanha a flor. A primavera aproxima-se aos poucos desta maneira, mas o importante é que a esquina já foi dobrada. Existe, é claro, a diferença de que, na primavera, a flor de açafrão não escolhe se reagirá à chegada da nova estação ou não. Nós podemos escolher. Nós temos o poder ora de resistir à primavera e mergulhar de volta ao inverno cósmico, ora de adentrar nos "esplendores do auge do verão" nos quais nosso líder, o Filho do homem, já habita, e aos quais ele nos chama. Cabe a nós decidir se o seguiremos ou não; se morreremos neste inverno ou se entraremos naquela primavera e naquele verão.

"O milagre grandioso", *Deus no banco dos réus*

São Marcos, evangelista

25 DE ABRIL

"Diga o que quiser", ser-nos-á dito, "foi provado que as crenças apocalípticas dos primeiros cristãos eram falsas. Está claro no Novo Testamento que todos eles esperavam a Segunda Vinda em seu tempo. E, pior ainda, eles tinham um motivo, motivo que você vai achar muito embaraçoso. Seu Mestre lhes havia dito isso. Ele compartilhou e, de fato, criou a ilusão deles. Ele disse em tantas palavras: 'Não passará esta geração até que todas essas coisas aconteçam'. E ele estava errado. Ele claramente sabia sobre o fim do mundo tanto quanto qualquer outra pessoa".

É certamente o verso mais embaraçoso da Bíblia. No entanto, quão provocante, também, é que doze palavras após essa afirmação venha esta: "Quanto ao dia e à hora ninguém sabe, nem os anjos dos céus, nem o Filho, senão somente o Pai". A exibição de erro e a confissão de ignorância crescem lado a lado. Que elas estavam assim na boca do próprio Jesus, e não foram apenas apresentadas assim pelo relator, certamente não precisamos duvidar. A menos que o relator fosse perfeitamente honesto, ele nunca teria registrado a confissão de ignorância; ele não teria tido nenhum motivo para fazê-lo exceto o desejo de contar toda a verdade. E a menos que copistas posteriores tenham sido igualmente honestos, eles nunca teriam preservado a predição (aparentemente) equivocada sobre "esta geração" após a passagem do tempo ter mostrado o (aparente) erro. Essa passagem (Marcos 13:30-32) e o clamor "Por que me abandonaste?" (15:34) juntos formam a mais forte prova de que o Novo Testamento é historicamente confiável. Os evangelistas têm a primeira grande característica de testemunhas honestas: eles mencionam fatos que são, à primeira vista, prejudiciais a sua principal alegação.

A última noite do mundo

A cura completa de um mal antigo
26 DE ABRIL

Devemos confessar que, provavelmente, todo cristão acha difícil conciliar as duas coisas que lhe contaram sobre o

O assunto do Céu

"Céu": que ele é, por um lado, uma vida em Cristo, uma visão de Deus, uma adoração incessante; e que, por outro lado, é uma vida corpórea. Quando estamos mais próximos da visão de Deus nesta vida, o corpo parece ser quase irrelevante. E, se tentamos conceber a ideia da vida eterna em um corpo (qualquer tipo de corpo), tendemos a descobrir que um sonho vago de paraísos platônicos e jardins das Hespérides substitui a abordagem mística que sentimos (e julgo que com razão) ser mais importante. Mas se essa discrepância fosse final, Deus teria, por conseguinte — o que é absurdo — se enganado no princípio quando introduziu nosso espírito na ordem natural. Devemos concluir que a discrepância em si é precisamente uma das desordens que a nova criação vem curar. O fato de o corpo, a localidade, a locomoção e o tempo parecerem ser irrelevantes para os elevados domínios da vida espiritual é [...] um *sintoma*. O espírito e a natureza conflitam dentro de nós; este é o nosso mal.

Miracles [Milagres], cap. 16

Céu e sexualidade

27 DE ABRIL

A letra e o espírito das Escrituras, e de todo o cristianismo, proíbem-nos de supor que a vida na nova criação será uma vida sexual; e isto reduz nossa imaginação à triste alternativa ora de corpos dificilmente reconhecíveis como corpos humanos, ora de uma abstinência perpétua. Com relação à abstinência, penso que nossa perspectiva atual seja semelhante à de um menino que, ao tomar conhecimento de que o ato sexual representa o mais elevado prazer físico, pergunta se as pessoas comem chocolate enquanto o praticam. Ao receber resposta negativa, ele talvez considere a ausência de chocolate como a principal característica da sexualidade. Seria inútil dizer-lhe que o motivo de os amantes, em seus arrebatamentos carnais, não se preocuparem com chocolate é o fato de terem algo melhor em que pensar. O menino conhece o chocolate; mas não o elemento positivo que o exclui. Nós nos encontramos na mesma posição. Conhecemos a vida sexual; não conhecemos, exceto por vislumbres, a outra coisa que, no Céu, não deixará espaço para ela. Assim, onde a plenitude nos aguarda, achamos que haverá abstinência. A fim de negar que a vida sexual, como agora a entendemos, faz parte da bem-aventurança final, não é necessário supor que a distinção entre os sexos haverá de desaparecer. Aquilo que não mais for necessário para os propósitos biológicos pode continuar a existir pelo esplendor. A sexualidade é o instrumento tanto da virgindade quanto da virtude conjugal; nem homens nem mulheres terão de descartar as armas que empregaram vitoriosamente. São os derrotados e os fugitivos que jogam fora suas espadas. Os conquistadores embainham as suas e as retêm. *Transexual* seria um termo melhor do que *assexuado* para a vida celestial.

Miracles [Milagres], cap. 16

Ficaremos entediados no Céu?

28 DE ABRIL

A nossa noção de Céu envolve negações perpétuas; não haverá comida ou bebida, não haverá sexo, movimento, não haverá alegria, nem eventos, não haverá tempo, nem arte.

Contra tudo isso, por outro lado, ela envolve também algo positivo: a visão e a satisfação com Deus que, uma vez sendo um bem infinito, sustentamos (corretamente) que tem maior peso do que todos os outros. Assim, a realidade da Visão Beatífica iria ou irá compensar, e o fará infinitamente, a realidade das negações. No entanto, a nossa noção atual dela pode compensar a nossa noção atual das negações? Essa é uma pergunta totalmente diferente, e, para a maioria de nós, na maior parte do tempo, a resposta é negativa. Não sei como os grandes santos e místicos lidam com isso, mas, para os demais a concepção dessa Visão é uma extrapolação evasiva, precária e fugaz de poucos e ambíguos momentos em nossa experiência terrena, enquanto a nossa ideia dos bens naturais negados é vívida e persistente, carregada com as memórias de uma vida inteira, construída em nossos nervos e músculos e, portanto, em nossas imaginações.

Dessa forma, as negações têm, por assim dizer, uma vantagem injusta em toda competição com o positivo e o que é pior, sua presença — especialmente quando mais resolutamente tentamos suprimi-las ou ignorá-las — arruína até mesmo uma noção fraca e tênue do positivo que possamos ter. A exclusão dos bens inferiores começa a parecer a característica essencial do bem superior. Sentimos, se não falamos, que a visão de Deus virá não para cumprir, mas para destruir nossa natureza; essa fantasia desoladora frequentemente ressalta o nosso uso de palavras tais como "santo", "puro" ou "espiritual".

Não devemos permitir que isso aconteça, se pudermos possivelmente o impedir. Precisamos crer — e, portanto, em certo sentido imaginar — que cada negação será apenas o inverso de um cumprimento. O sentido que devemos dar a isso é o de cumprimento, precisamente, de nossa humanidade, e não a nossa transformação em anjos nem nossa absorção na divindade, pois, embora seremos "como os anjos" e feitos "semelhantes" ao nosso Mestre, acredito que isso significa "semelhança com a semelhança própria de seres humanos", como instrumentos diferentes que tocam o mesmo ar, mas cada um de sua própria maneira. Não sabemos até que ponto a vida do ser humano ressurreto será sensorial. Contudo, suponho que será diferente da vida sensorial que conhecemos aqui, não como o vazio difere da água, ou a água do vinho, mas como a flor difere de um bulbo, ou uma catedral do desenho do arquiteto.

"Transposição", *O peso da glória*

Fábula sobre um equívoco muito provável

29 DE ABRIL

Visualizemos uma mulher jogada numa masmorra. Ali, ela dá à luz e cria um filho. Ele cresce vendo nada além das paredes da masmorra, a palha no chão, e um pequeno pedaço do céu através das grades de uma janela, que está tão alta que não mostra nada além do céu. Essa mulher infeliz era uma artista e, quando foi aprisionada, conseguiu trazer consigo um caderno de desenho e uma caixa com lápis. Como nunca perdeu a esperança de libertação, ela constantemente ensina o filho a respeito do mundo exterior, que ele nunca viu. Ela faz isso principalmente ao desenhar gravuras para ele. Com seu lápis, ela tenta mostrar a ele como são os campos, rios, as montanhas, cidades e as ondas na praia. Ele é um menino obediente e se esforça ao máximo para acreditar na mãe quando ela lhe diz que o mundo exterior é muito mais interessante e glorioso que qualquer coisa na masmorra. Às vezes, ele é capaz de crer. No todo, ele convive com ela

O assunto do Céu

de modo tolerável, até que um dia, ele diz algo que faz sua mãe parar por um instante. Por alguns minutos eles então não conseguem se entender. Finalmente, ela percebe que ele viveu todos esses anos tendo uma ideia equivocada. "Mas", ela suspira, "você achou mesmo que o mundo real estava cheio de linhas desenhadas por um lápis de grafite?" "O quê?", diz o menino, "Não tem marcas de lápis lá?" Instantaneamente, toda a sua noção do mundo exterior se torna uma folha em branco, pois as linhas, pelas quais somente ele imaginava o mundo, estavam agora negadas a ele. Ele não tem a menor ideia daquilo que excluirá e dispensará as linhas, daquilo para o que as linhas eram meramente uma transposição — dos topos das árvores balançando, da luz dançando no açude, das realidades tridimensionais coloridas que não estão representadas nas linhas, mas definem suas próprias formas a cada momento com uma delicadeza e multiplicidade que nenhum desenho jamais seria capaz de capturar. A criança ficará com a impressão de que o mundo real é de alguma forma menos visível que os desenhos de sua mãe. Na realidade, há carência de linhas porque o mundo é incomparavelmente mais visível.

Assim acontece conosco. "Ainda não se manifestou o que havemos de ser"; mas podemos estar certos de que seremos mais, não menos, do que éramos no mundo. As nossas experiências (sensoriais, emocionais, imaginativas) são apenas como desenhos, como linhas feitas com grafite num papel plano. Se elas desaparecerem na vida ressuscitada, desaparecerão apenas como as linhas de lápis desaparecem do panorama real, não como uma luz de vela que é apagada, mas como uma luz de vela que se torna invisível depois que alguém abriu as cortinas, abriu as janelas e deixou entrar a intensa luz do sol que se levanta.

"Transposição", *O peso da glória*

Abril

Galope com o rei

30 DE ABRIL

O pensamento por trás de toda esta espiritualidade negativa é, na verdade, proibido aos cristãos. Eles, mais do que quer um, não devem conceber a alegria e o valor espirituais como coisas que precisam ser resgatadas e ternamente protegidas do tempo, do lugar, da matéria e dos sentidos. O Deus deles é o Deus do trigo, do óleo e do vinho. Ele é o alegre Criador que se encarnou. Os sacramentos foram instituídos. Certos dons espirituais só nos são oferecidos sob a condição de realizarmos determinados atos corporais. Depois de tudo isso, não podemos ter dúvidas quanto às suas intenções. Recuar de tudo o que pode ser chamado de natureza em direção a uma espiritualidade negativa é como fugir dos cavalos em vez de aprender a montá-los. Em nossa presente condição de peregrinos, há espaço suficiente (mais espaço do que a maioria de nós gostaria que houvesse) para a abstinência, a renúncia e a mortificação de nossos desejos naturais. Mas, por trás de todo ascetismo, o pensamento deve ser: "Quem nos confiará a verdadeira riqueza se não nos podem confiar sequer a riqueza que perece?" Quem me confiará um corpo espiritual se eu não posso controlar sequer um corpo terreno? Estes corpos pequenos e perecíveis que agora temos nos foram dados como os pôneis são dados aos meninos. Devemos aprender a dominá-los; não para nos livrar dos cavalos, mas para que, algum dia, possamos montar sem sela, confiantes e alegres, naquelas montarias maiores, naqueles animais alados, brilhantes e majestosos que, talvez já neste momento, nos estejam aguardando impacientes e relinchando nos estábulos do Rei. Não que esse galope tenha valor algum a menos que seja com o Rei; mas de que outra forma, uma vez que ele reteve seu próprio cavalo de guerra, nós o poderíamos acompanhar?

Miracles [Milagres], cap. 16

Maio

O assunto do Céu

São José, o trabalhador

1º DE MAIO

"Boas obras", no plural, é uma expressão muito mais familiar à cristandade moderna do que "boa obra". Boas obras são principalmente dar esmolas ou "ajudar" na paróquia. Elas são bem distintas do "trabalho", ou obra, de alguém. E boas obras não precisam ser um trabalho bom, como qualquer um pode ver inspecionando alguns dos objetos feitos para serem vendidos em bazares de caridade. Isso não está de acordo com nosso exemplo. Quando nosso Senhor providenciou, para uma festa de casamento humilde, uma rodada extra de vinho, ele estava fazendo boas obras. Mas também foi uma obra bem-feita: era um vinho que realmente valia a pena beber. De acordo com o preceito, não pode haver negligência da característica de ser bom em nosso trabalho. O apóstolo diz que cada um deve, não só trabalhar, mas trabalhar para produzir o que é "bom".

A ideia de Boa Obra não está extinta entre nós, embora, receio, não seja especialmente característica das pessoas religiosas. Encontrei-a entre marceneiros, sapateiros e marinheiros. Não adianta tentar impressionar marinheiros com um novo transatlântico por ser o maior ou mais caro navio a navegar. Eles olham para o que chamam de "linhas": eles preveem como a embarcação vai se comportar em um mar agitado. Artistas também falam de Boa Obra, mas cada vez menos. Eles começam a preferir palavras como "significativo", "importante", "contemporâneo" ou "ousado". Esses não são, em minha opinião, bons sintomas.

"Boa Obra e boas obras", *A última noite do mundo*

Maio

Santo Atanásio

2 DE MAIO

O epitáfio dele diz: *Athanasius contra mundum*, isto é, "Atanásio contra o mundo". Nós temos orgulho de nosso país por ter se colocado mais de uma vez contra o mundo. Atanásio fez o mesmo. Ele defendeu a doutrina trinitária, "íntegra e imaculada", quando parecia que todo o mundo civilizado estava regredindo do cristianismo para a religião de Arius — para uma daquelas religiões sintéticas "sensatas" recomendadas com tanta veemência hoje e que, tanto então quanto agora, incluíam entre seus devotos muitos clérigos extremamente cultos. A glória dele é não ter mudado com o tempo; sua recompensa é permanecer ainda hoje, quando aqueles tempos, como todos os tempos, já passaram.

Quando abri seu livro *De Incarnatione* pela primeira vez, logo descobri [...] que estava lendo uma obra-prima. [...] Não podemos apontar para a virtude elevada da vida cristã nem para a coragem alegre, quase zombeteira, do martírio cristão como prova de nossas doutrinas com a mesma segurança com que Atanásio as considerava uma consequência natural. Mas quem quer que seja o culpado por isso, não é Atanásio.

"Sobre a leitura de livros antigos", *Deus no banco dos réus*

São Filipe e São Tiago, apóstolos

3 DE MAIO

Somos ensinados que a encarnação aconteceu "não pela conversão da divindade em carne, mas pela transformação da humanidade em Deus"; nela, a vida humana se tornou o veículo da vida divina. Se as Escrituras surgiram não pela conversão da palavra de Deus em literatura, mas pelo uso da literatura como veículo da palavra de Deus, então isso não é algo anômalo. [...]

Se o Antigo Testamento é uma literatura assim "utilizada", transformada em veículo de algo mais do que humano, sem dúvida não podemos impor limites para o peso e a multiplicidade de significados que possam ter sido nela inseridos. [...] Estamos comprometidos com isso, em princípio, por nosso próprio Senhor. No conhecido caminho para Emaús, ele desaprovou os dois discípulos por não crerem no que os profetas tinham dito. Eles deveriam saber, com base na Bíblia de que dispunham, que o Ungido, quando veio, entraria em sua glória por meio do sofrimento. Ele então explicou, desde "Moisés" (ou seja, o Pentateuco) em diante, todas as passagens do Antigo Testamento que falavam "a respeito dele". [...] Nós não sabemos — ou, pelo menos, eu não sei — quais foram essas passagens. Podemos, contudo, ter certeza a respeito de uma delas. O eunuco etíope que encontrou Filipe (Atos 8:27-38) estava lendo Isaías 53. Ele não sabia se, na passagem, o profeta estava falando sobre si mesmo ou sobre outra pessoa. Filipe, ao responder à sua pergunta, "anunciou-lhe as boas-novas de Jesus". A resposta, em outras palavras, foi: "Isaías está falando de Jesus". Não podemos ter dúvida alguma de que a autoridade de Filipe para essa interpretação era o nosso Senhor.

Reflections on the Psalms [Reflexões sobre os Salmos], cap. 11

A ressurreição do nosso corpo

4 DE MAIO

A ressurreição de Lázaro difere da ressurreição de Cristo porque o primeiro, até onde sabemos, não ressuscitou para um modo novo e mais glorioso de existência, mas foi simplesmente restaurado ao tipo de vida que tinha antes. A pertinência do milagre reside no fato de que Aquele que ressuscitará todos os homens na ressurreição geral fez o mesmo naquela ocasião, de maneira reduzida, próxima e inferior — de uma forma meramente prenunciativa. Afinal, a simples restauração de Lázaro é inferior em esplendor à ressurreição *gloriosa* da Nova Humanidade, assim como os vasos de pedra o são em relação à videira que cresce verdejante ou assim como os cinco pães o são em relação a todo o bronze e ouro ondulante de um vale pronto para a colheita. A ressurreição de Lázaro, até onde entendemos, é uma simples inversão: uma série de modificações acontecendo na direção oposta àquilo que estamos sempre vivenciando. Na morte, a matéria que era orgânica começa a se tornar inorgânica, sendo, por fim, dispersa e usada (parte dela) por outros organismos. A ressurreição de Lázaro representa o processo inverso. Já a ressurreição de modo geral representa o processo inverso universalizado: uma precipitação da matéria à organização ao chamado dos espíritos que o exigem. Trata-se provavelmente de uma fantasia tola (que não é justificada pelas Escrituras) pensar que cada espírito recupera as unidades de matéria que antes lhe pertenciam. Para início de conversa, elas não seriam suficientes: todos vivemos em roupas de segunda mão, e existem, sem dúvida, em meu queixo, átomos que serviram a muitos outros homens, cães, enguias e dinossauros. Tampouco a unidade de nosso corpo, mesmo nesta vida presente, consiste em reter as mesmas partículas. Minha forma permanece, mas a matéria nela contida está em constante mudança. Nesse aspecto, sou como uma curva em uma cachoeira.

Miracles [Milagres], cap. 16

A ressurreição dos sentidos

5 DE MAIO

A velha imagem da alma reassumindo o cadáver — talvez desfeito em pedaços ou há muito tempo proveitosamente dissipado pela natureza — é um absurdo. Nem é o que as palavras de Paulo implicam. E admito que, se você perguntar o que eu colocaria em lugar disso, só tenho especulações para oferecer.

O princípio por trás dessas especulações é isto. Não estamos, nessa doutrina, preocupados com a matéria como tal: com ondas e átomos e coisas assim. Aquilo pelo que a alma clama é a ressurreição dos sentidos. Mesmo nesta vida, a matéria não seria nada para nós se ela não fosse a fonte das sensações. [...]

Mas não fique com a ideia de que, quando falo da ressurreição do corpo, refiro-me apenas ao fato de que os mortos bem-aventurados terão excelentes memórias de suas experiências sensoriais na Terra. Quero dizer, ao contrário: a memória, como agora a conhecemos, é uma antecipação fraca, uma miragem mesmo, de um poder que a alma, ou melhor, Cristo na alma (ele preparou um lugar para nós) exercerá daqui em diante. Ela não precisa mais ser intermitente. Acima de tudo, não precisa mais ser privativa da alma em que ocorre. [...]

No presente, tendemos a pensar na alma como de algum modo "dentro" do corpo. Mas o corpo glorificado da ressurreição, como eu o concebo — a vida sensorial levantada de sua morte — estará dentro da alma. Assim como Deus não está no espaço, mas o espaço está em Deus. [...]

Não digo que a ressurreição deste corpo irá acontecer de uma só vez. Pode bem ser que esta parte de nós durma

Maio

na morte e a alma intelectual seja enviada para as terras da Quaresma onde ela jejua em nua espiritualidade — uma condição fantasmagórica e imperfeitamente humana. Não insinuo que um anjo seja um fantasma. Mas a nua espiritualidade está de acordo com a natureza dele: não, penso eu, com a nossa. (Um cavalo de duas pernas está mutilado, mas não um homem de duas pernas.) No entanto, a partir desse fato, minha esperança é que voltemos e reassumamos a riqueza que depusemos.

Então, a nova Terra e o novo Céu, os mesmos, mas não os mesmos, ressuscitarão em nós à medida que formos ressuscitados em Cristo. E, uma vez mais, depois de quem sabe quais eternidades do silêncio e da escuridão, os pássaros cantam e as águas fluem, e luzes e sombras se movem pelas colinas, e o rosto de nossos amigos ri de nós pelo extasiado reconhecimento.

Suposições, claro, apenas suposições. Se não são verdadeiras, algo melhor será. Pois sabemos que seremos semelhantes a ele, pois o veremos como ele é".

Cartas a Malcolm, cap. 22

Terras da Quaresma: o Purgatório

6 DE MAIO

Nossa alma *exige* o Purgatório, não é? Não nos partiria o coração se Deus nos dissesse: "É verdade, meu filho, que seu hálito fede e que de seus trapos escorrem lama e lodo, mas somos caridosos aqui e ninguém censurará você por essas coisas, nem se afastará de você. Venha e participe da alegria". Não deveríamos responder: "'Submeto-me, senhor, mas, se não houver objeção, eu *prefiro* ser limpo primeiro'. 'Isso pode doer, você sabe' 'Mesmo assim, senhor'".

O assunto do Céu

Presumo que o processo de purificação normalmente envolva sofrimento. Em parte, isso vem da tradição; em parte, porque o bem real que me foi feito nesta vida envolveu sofrimento. Mas não penso que o sofrimento seja o propósito da purgação. Posso bem acreditar que as pessoas nem muito piores nem muito melhores do que eu sofrerão menos ou mais do que eu. "Nenhuma bobagem sobre mérito." O tratamento dado será o necessário, quer doa ele pouco ou muito.

Minha imagem favorita sobre esse assunto vem da cadeira do dentista. Espero que, quando o dente da vida for arrancado e eu estiver "voltando a mim", uma voz me diga: "Enxágue a boca com isso". *Isso* será o Purgatório.

Cartas a Malcolm, cap. 20

A Segunda Vinda

7 DE MAIO

Há muitas razões pelas quais o cristão moderno e até mesmo o teólogo moderno podem hesitar em dar à doutrina da Segunda Vinda de Cristo aquela ênfase que geralmente era dada a ela por nossos ancestrais. No entanto, parece-me impossível reter de qualquer forma reconhecível nossa crença na Divindade de Cristo e a verdade da revelação cristã enquanto abandonamos, ou até mesmo negligenciamos persistentemente, o prometido, e ameaçado, Retorno. "Há de vir a julgar os vivos e os mortos", diz o Credo dos Apóstolos. "Este mesmo Jesus", disseram os anjos em Atos, "voltará da mesma forma como o viram subir". "Chegará o dia", disse o próprio nosso Senhor (por aquelas palavras que convidaram à crucificação), "em que vereis o Filho do homem [...] vindo sobre as nuvens do céu". Se isso não é uma parte integral da fé uma vez dada aos santos, eu não sei o que é. [...]

Muitos estão cautelosos com essa doutrina porque estão reagindo (em minha opinião, reagindo muito bem) contra uma escola de pensamento que está associada ao grande nome do Dr. Albert Schweitzer. Segundo essa escola, o ensinamento de Cristo sobre seu próprio retorno e o fim do mundo — a que os teólogos chamam sua "apocalíptica" — era a própria essência de sua mensagem. [...] Assim, do medo desse extremo, surge uma tendência a suavizar o que a escola de Schweitzer enfatizou em demasia.

Particularmente odeio as reações, e desconfio delas, não só na religião, mas em tudo. Lutero certamente falou muito bem quando comparou a humanidade a um bêbado que, depois de cair do cavalo pelo lado direito, caiu da próxima vez do lado esquerdo. Estou convencido de que aqueles que acham na apocalíptica de Cristo toda sua mensagem estão enganados. Mas uma coisa não desaparece — nem sequer é desacreditada — porque alguém falou dela com exagero. Permanece exatamente onde estava. A única diferença é que, se foi recentemente exagerada, devemos agora ter um cuidado especial para não ignorá-la, pois esse é o lado para o qual o homem bêbado está mais propenso a cair.

A última noite do mundo

Conceito moderno de progresso
8 DE MAIO

Ninguém olhando para a história do mundo sem alguma pré-concepção em favor do progresso poderia encontrar nele um gradiente constante. Muitas vezes há progresso dentro de determinado campo durante um período limitado. Uma escola de cerâmica ou de pintura, um esforço moral em uma direção particular, uma arte prática, como saneamento ou construção naval, pode aperfeiçoar-se continuamente ao longo de vários anos. Se esse processo pudesse se espalhar para todos os departamentos da vida e continuar indefinidamente, haveria "Progresso" do tipo em que nossos pais acreditavam. Mas isso nunca parece acontecer. Ou é interrompido (pela irrupção bárbara ou pela infiltração ainda menos resistente do industrialismo moderno) ou, mais misteriosamente, decai. A ideia que aqui exclui a Segunda Vinda de nossa mente, a ideia de que o mundo amadurece lentamente até a perfeição, é um mito, não uma generalização a partir da experiência. E é um mito que nos distrai de nossos deveres reais e de nosso real interesse. É nossa tentativa de adivinhar o enredo de um drama em que somos os personagens. Mas como os personagens de uma peça podem adivinhar o enredo? Nós não somos o dramaturgo, não somos o produtor, nem mesmo a plateia. Estamos no palco. Para atuar bem, os trechos em que estamos "em cena" nos interessam muito mais do que adivinhar as cenas que se seguem.

A última noite do mundo

Quando o drama do mundo terminar

9 DE MAIO

No *Rei Lear* (III:vii) há um homem que é um personagem tão secundário que Shakespeare não lhe deu sequer um nome: ele é apenas "Primeiro Servidor". Todos os personagens à sua volta — Regana, Cornualha e Edmundo — têm bons planos de longo prazo. Eles acham que sabem como a história vai acabar, e estão completamente errados. O servidor não tem essas ilusões. Ele não tem noção de como a peça segue. Mas ele entende a cena presente. Ele vê uma abominação (o velho

Maio

Gloucester ser cegado) acontecendo. Ele não suporta isso. Sua espada está apontada para o peito de seu mestre em um momento; então, Regana o apunhala por trás. Esta é toda a sua participação: oito linhas ao todo. Se fosse a vida real, e não uma peça, essa teria sido a parte em que melhor teria atuado.

A doutrina da Segunda Vinda nos ensina que não sabemos e não podemos saber quando o drama do mundo terminará. A cortina pode descer a qualquer momento: digamos, antes de você terminar de ler este parágrafo. Isso parece, para algumas pessoas, intoleravelmente frustrante. Tantas coisas seriam interrompidas. Talvez você fosse se casar no próximo mês, talvez você fosse receber um aumento na próxima semana; você pode estar próximo de uma grande descoberta científica; você pode estar amadurecendo grandes reformas sociais e políticas. Certamente, nenhum Deus bom e sábio seria tão irracional a ponto de cortar tudo isso em breve? Não *agora*, entre tantos momentos!

A última noite do mundo

A peça que Deus escreveu

10 DE MAIO

Pensamos assim porque continuamos assumindo que conhecemos a peça. Nós não conhecemos a peça. Nós nem sequer sabemos se estamos no ato I ou no ato V. Não sabemos quem são os personagens principais e quem são os secundários. O Autor sabe. O público, se houver um público (se anjos, arcanjos e toda a companhia do Céu encherem o poço da orquestra e as primeiras filas), pode ter um pressentimento. Mas nós, nunca vendo a peça do lado de fora, nunca encontrando nenhum personagem exceto a minúscula minoria que está "escalada" para as mesmas cenas que nós, totalmente ignorantes do futuro e muito mal informados sobre o passado, não podemos dizer em que momento o fim deverá vir. Que virá quando for necessário, podemos ter certeza; mas perdemos nosso tempo adivinhando quando isso será. Que isso tenha um significado, podemos ter certeza, mas não podemos vê-lo. Quando acabar, poderemos dizer. Somos levados a esperar que o Autor tenha algo a dizer a cada um de nós sobre o papel que cada um de nós desempenhou. Atuar bem é o que infinitamente importa.

A doutrina da Segunda Vinda, portanto, não deve ser rejeitada porque conflita com nossa mitologia moderna favorita. Deve ser, por isso mesmo, ainda mais valorizada e mais frequentemente ser tema de meditação. É o remédio que nossa condição especialmente precisa.

A última noite do mundo

Previsões da Segunda Vinda

11 DE MAIO

Muitas pessoas acham difícil crer nesse grande evento sem tentar adivinhar sua data, ou mesmo sem aceitar como certeza a data que qualquer charlatão ou histérico lhes oferece. Escrever uma história de todas essas previsões reprovadas requereria um livro e que livro triste, sórdido e trágico ele seria. Uma dessas previsões estava circulando quando Paulo escreveu sua segunda carta aos tessalonicenses. Alguém lhes disse que "o dia" já havia "chegado". Aparentemente, gerou o resultado que tais previsões costumam gerar: as pessoas estavam ociosas e se portando como intrometidas. Uma das previsões mais famosas foi a do pobre William Miller em 1843.

Maio

Miller (que considero ser um fanático honesto) datou a Segunda Vinda em ano, dia e até minuto. Um cometa oportuno fomentou a ilusão. Milhares esperaram pelo Senhor à meia-noite de 21 de março e foram para casa para um café da manhã tardio no dia 22, seguido pelas vaias de um bêbado.

Claramente, ninguém deseja dizer algo que desperte essa histeria em massa. Nunca devemos falar com pessoas simples e voláteis sobre "o Dia" sem enfatizar repetidas vezes a total impossibilidade de predição. Devemos tentar mostrar-lhes que essa impossibilidade é parte essencial da doutrina. Se você não crê nas palavras de nosso Senhor, por que você crê em seu retorno? E, se você crê nelas, não deveria deixar de lado, completamente e para sempre, qualquer esperança de datar esse retorno? O ensinamento do Senhor sobre o assunto consistia claramente em três proposições: (1) que ele certamente retornaria; (2) que não podemos descobrir quando; (3) e que, portanto, devemos estar sempre prontos para ele.

A última noite do mundo

Devemos estar prontos a todo tempo
12 DE MAIO

Precisamente porque não podemos predizer o momento, devemos estar prontos em todos os momentos. Nosso Senhor repetiu essa conclusão prática vez após vez, como se a promessa do Retorno tivesse sido feita apenas com vistas a essa conclusão. "Vigie, vigie" é o encargo de seu conselho. "Eu devo vir como um ladrão. Você não vai, eu mais do que solenemente garanto que você não vai notar minha aproximação. Se o dono da casa soubesse a que horas o ladrão chegaria, estaria pronto para ele. Se o serviçal soubesse quando seu empregador ausente voltaria para casa, ele não teria sido encontrado bêbado na cozinha. Mas eles não sabiam. Nem você saberá. Portanto, você deve estar pronto em todos os momentos."A ênfase é certamente bastante simples. O estudante não sabe qual parte de sua lição sobre Virgílio ele terá de traduzir: é por isso que ele deve estar preparado para traduzir *qualquer* passagem. O sentinela não sabe a que horas um inimigo atacará, ou que um oficial inspecionará seu posto: é por isso que ele deve ficar acordado *todo* o tempo. O Retorno é totalmente imprevisível. Haverá guerras e rumores de guerras e todo tipo de catástrofes, como sempre houve. As coisas serão, nesse sentido, normais na hora que precederá os céus se enrolarem como um pergaminho. Você não tem como adivinhar. Se você pudesse, um propósito principal para o qual foi previsto seria frustrado. E os propósitos de Deus não são tão facilmente frustrados assim. Os ouvidos devem ser fechados com antecedência contra qualquer futuro William Miller. A loucura de ouvi-lo é quase igual à loucura de acreditar nele. Ele *não* podia saber que fingia, ou pensava, saber.

A última noite do mundo

Amor e medo

13 DE MAIO

A doutrina da Segunda Vinda terá fracassado, no que nos diz respeito, se não nos fizer perceber que a cada momento de cada ano em nossa vida a pergunta de Donne — "E se a presente fosse a última noite do mundo?" — é igualmente relevante.

Às vezes, essa questão tem sido incutida em nossa mente com o propósito de provocar medo. Eu não acho que esse seja seu uso correto. Estou, de fato, longe de concordar com aqueles que consideram todos os temores religiosos bárbaros e degradantes e exigem que sejam banidos da vida espiritual. "O perfeito amor", nós sabemos, "expulsa o medo". Mas o mesmo acontece com várias outras coisas: ignorância, álcool, paixão, presunção e estupidez. É muito desejável que todos nós avancemos para aquela perfeição de amor na qual não mais temeremos; mas é muito indesejável, até chegarmos a esse estágio, que permitamos que qualquer agente inferior expulse nosso medo. A objeção a qualquer tentativa de perpétua apreensão sobre a Segunda Vinda é, a meu ver, bem diferente: a saber, que certamente não será bem-sucedida. O medo é uma emoção, e é praticamente impossível — até mesmo fisicamente impossível — manter qualquer emoção por muito tempo. Uma empolgação perpétua de esperança sobre a Segunda Vinda é impossível pela mesma razão. A sensação de crise de qualquer tipo é essencialmente transitória. Os sentimentos vêm e vão, e, quando vêm, pode-se fazer um bom uso deles — eles não podem ser nossa dieta espiritual regular.

A última noite do mundo

São Matias, apóstolo

14 DE MAIO

Nos primórdios do cristianismo, um "apóstolo" era, acima de tudo, alguém que alegava ter sido testemunha ocular da ressurreição. Poucos dias após a crucificação, quando dois candidatos foram indicados para a vaga gerada pela traição de Judas, a exigência era que tivessem visto Jesus pessoalmente tanto antes quanto depois de sua morte e que pudessem oferecer evidência em primeira mão da ressurreição ao dirigir-se ao mundo exterior (Atos 1:22). Alguns dias depois, Pedro, ao pregar o primeiro sermão cristão, declarou a mesma coisa: "Deus ressuscitou este Jesus, e todos nós [cristãos] somos testemunhas desse fato" (Atos 2:32). Na Primeira Carta aos Coríntios, Paulo baseia seu direito ao apostolado nesse mesmo ponto: "Não sou apóstolo? Não vi Jesus, nosso Senhor?" (9:1).

Conforme essa qualificação sugere, pregar o cristianismo significava principalmente pregar a ressurreição. [...] A ressurreição e suas consequências eram o "evangelho", ou as Boas Novas, que os cristãos traziam. Aquilo a que chamamos de "evangelhos", isto é, as narrativas da vida e morte de nosso Senhor, foi composto mais tarde para beneficiar os que já haviam aceito o *evangelho*. De modo algum isso compunha a base do cristianismo; era algo escrito para os já convertidos. [...] Nada poderia ser menos histórico do que selecionar falas de Cristo extraídas dos evangelhos e considerá-las como ponto de partida, e o restante do Novo Testamento como algo edificado sobre elas. O primeiro fato na história da cristandade foi um grupo de pessoas que alegava ter presenciado a ressurreição. Se tivessem morrido sem conseguir que ninguém mais cresse nesse "evangelho", nenhum dos evangelhos jamais teria sido escrito.

Miracles [Milagres], cap. 16

E se esta fosse a última noite do mundo?

15 DE MAIO

O importante não é que devemos sempre temer (ou esperar) o Fim, mas que devemos sempre nos lembrar dele, sempre levá-lo em conta. Uma analogia sobre isso pode ajudar. Um homem de setenta anos não precisa estar sempre sentindo (muito menos falando) sobre a morte que se aproxima, mas um homem sábio de setenta deve sempre levar isso em consideração. Ele seria insensato se embarcasse em esquemas que pressupõem mais vinte anos de vida; ele seria criminalmente tolo se não fizesse — de fato, não ter feito há muito tempo — seu testamento. Agora, o que a morte é para cada homem, a Segunda Vinda é para toda a raça humana. Todos nós acreditamos, suponho, que um homem deve "estar à vontade" em relação à própria vida, deve lembrar-se de quão curta, precária, temporária e provisória ela é; nunca deve dar todo o coração a qualquer coisa que termine quando sua vida terminar. O que os cristãos modernos acham mais difícil lembrar é que toda a vida da humanidade neste mundo também é precária, temporária, provisória.

A última noite do mundo

A morte de Lázaro

16 DE MAIO

O mundo, ciente de como todos os nossos investimentos reais estão no além-túmulo, talvez espere que estejamos menos preocupados do que outras pessoas que seguem aquilo que se chama de Novo Pensamento e nos dizem que a "morte não importa". No entanto, nossa mente "não se elevou" desta maneira, e nós seguimos alguém que chorou junto ao túmulo Lázaro — certamente não porque viu Maria e Marta chorando e se entristeceu com a falta de fé delas (embora alguns assim interpretem), mas porque a morte, o castigo do pecado, é ainda mais terrível aos seus olhos do que aos nossos. A natureza que ele havia criado como Deus, a natureza que ele havia assumido como homem, jazia diante dele em sua ignomínia; ela se reduzira a um mau cheiro, a um alimento para vermes.

Embora fosse revivê-la momentos depois, ele chorou por sua desonra. Citando um escritor de cuja opinião compartilho, "Não tenho tanto medo da morte quanto me envergonho dela". [...] De todos os homens, nós temos a maior esperança com relação à morte; mesmo assim, nada nos faz ter paz com sua *desnaturalidade*. Sabemos que não fomos feitos para ela; sabemos como ela se infiltrou em nosso destino como uma intrusa; e sabemos quem a derrotou. Porque nosso Senhor ressuscitou, sabemos que, em um sentido, ela é um inimigo já desarmado; porém, porque sabemos que o nível natural também é criação de Deus, não podemos deixar de lutar contra a morte que o arruína, bem como contra todas as outras máculas que nele se afiguram: a dor e a pobreza, a barbárie e a ignorância. Porque amamos algo mais do que este mundo, amamos este mundo muito mais do que aqueles que nada conhecem além dele.

"Alguns pensamentos", *Deus no banco dos réus*

Morte

17 DE MAIO

Assim como o suicídio é a expressão típica do espírito estoico e da luta do espírito guerreiro, o martírio sempre permanece como a representação e perfeição supremas do cristianismo. Este ato grandioso foi inaugurado por nós, feito a nosso favor, exemplificado para nossa imitação e comunicado de modo inconcebível a todos os crentes por Cristo no calvário. Ali, o grau de aceitação da morte alcança os limites máximos do imaginável e talvez os supere; não apenas todos os apoios naturais, mas a presença do próprio Pai a quem o sacrifício é feito abandonam a vítima, e sua entrega a Deus não vacila, embora ele a "desampare". [...]

O cristianismo nos ensina que a terrível tarefa já foi, de alguma forma, realizada por nós — que a mão de um mestre está segurando a nossa enquanto tentamos traçar a complexa caligrafia e que nosso texto só precisa ser uma "cópia", não o original. Mais uma vez, onde os outros sistemas expõem completamente nossa natureza à morte (como na renúncia budista), o cristianismo exige apenas que endireitemos uma *desorientação* de nossa natureza, sem entrar em conflito, como Platão, com o corpo em si nem com os elementos psíquicos de nossa constituição. E o sacrifício, em sua concretização suprema, não é exigido de todos. Há confessores e mártires que são salvos, e algumas pessoas idosas, de cujo estado de graça dificilmente podemos duvidar, parecem ter ultrapassado os setenta anos com surpreendente facilidade. O sacrifício de Cristo é repetido, ou ecoado, por seus seguidores em graus bastante variados — desde o martírio mais cruel até a mera autossubmissão, cujos sinais exteriores em nada diferem dos frutos comuns da temperança e "amabilidade". As causas desta distribuição eu desconheço; mas, de nosso ponto de vista presente, deveria ficar claro que o verdadeiro problema não é por que algumas pessoas humildes, piedosas e fiéis sofrem, mas por que outras *não* sofrem. O próprio Senhor, como pode ser lembrado, explicou a salvação dos afortunados deste mundo mencionando apenas a onipotência insondável de Deus.

The Problem of Pain [O problema do sofrimento], cap. 6

Veredito de Deus

18 DE MAIO

Alguns modernos falam como se deveres com a posteridade fossem os únicos deveres que tínhamos. Não posso imaginar nenhum homem que olhe com mais horror para o Fim do que um revolucionário consciencioso que, sinceramente, justificou crueldades e injustiças infligidas a milhões de seus contemporâneos pelos benefícios que ele espera conferir às gerações futuras, gerações que, como um momento terrível agora revela a ele, nunca existirão. Então, ele verá os massacres, os julgamentos falsos, as deportações, todos inefavelmente reais, como uma parte essencial, sua parte, no drama que acaba de terminar, enquanto a futura Utopia nunca foi nada além de uma fantasia.

A administração frenética de panaceias para o mundo é certamente desencorajada pela reflexão de que "a noite presente" pode ser "a última noite do mundo"; o trabalho sóbrio para o futuro, dentro dos limites da moralidade e da prudência ordinárias, não é. Pois o que vem é o Juízo: felizes são aqueles que ele encontrar trabalhando em suas vocações, quer estivesse apenas saindo para alimentar os porcos ou mesmo preparando bons planos para livrar a humanidade daqui a cem anos de algum grande mal. A cortina de fato agora desceu. Esses porcos nunca serão, de fato, alimentados; a grande campanha contra a Escravidão Branca ou a Tirania Governamental nunca chegará à vitória. Não importa; você estava no seu posto quando a Inspeção chegou.

Nossos ancestrais tinham o hábito de usar a palavra "julgamento", ou "juízo", nesse contexto como se significasse simplesmente "punição, castigo"; daí a expressão popular: "É um julgamento sobre ele". Acredito que às vezes podemos tornar a coisa mais viva para nós mesmos por tomar juízo em um sentido mais estrito: não como a sentença ou prêmio, mas como o veredito. Algum dia ("E se a presente fosse a última noite do mundo?"), um veredito absolutamente correto — se você quiser, uma crítica perfeita — será dado ao que cada um de nós é.

A última noite do mundo

Maio

Juízo final

19 DE MAIO

Será um julgamento inevitável. Se for favorável, não teremos medo; se desfavorável, sem esperança de que esteja errado. Nós não apenas acreditaremos, nós saberemos, saberemos além de qualquer dúvida em cada fibra de nosso apavorado ou deleitado ser, que, como o Juiz disse, assim nós somos: nem mais nem menos nem outro. Talvez nos apercebamos que, de alguma forma obscura, poderíamos ter sabido isso o tempo todo. Nós saberemos e toda a criação também saberá: nossos ancestrais, nossos pais, nosso cônjuge, nossos filhos. A verdade irrefutável e (até então) evidente sobre cada um deles será conhecida de todos.

Não acho que imagens de catástrofe física — aquele sinal nas nuvens, aqueles céus enrolados como um pergaminho — ajudem tanto quanto a ideia nua de julgamento. Nem sempre podemos estar empolgados. Podemos, talvez, treinar-nos para perguntar cada vez mais frequentemente como aquilo que estamos dizendo ou fazendo (ou deixando de fazer) a cada momento parecerá quando a luz irresistível fluir sobre ela; aquela luz que é tão diferente da luz deste mundo — e, no entanto, mesmo agora, conhecemos apenas o suficiente dela para levá-la em conta. As mulheres às vezes têm o problema de tentar julgar sob luz artificial como um vestido ficará à luz do dia. Isso é muito parecido com o problema de todos nós: vestir nossa alma não para as luzes elétricas do mundo atual, mas para a luz do dia do vindouro. O bom vestido é aquele que enfrentará essa luz, pois essa luz durará mais.

A última noite do mundo

O divórcio do Céu e do Inferno

20 DE MAIO

Blake escreveu o livro *O casamento do Céu e do Inferno*. Se escrevi sobre o divórcio dos dois, não é porque me julgo um antagonista à altura de tão grande gênio, nem mesmo porque esteja absolutamente certo do que ele quis dizer com isso. Mas, em um sentido ou outro, a tentativa de realizar esse casamento é constante. Ela se baseia na crença de que a realidade nunca nos apresenta alternativas absolutamente inevitáveis; de que, com habilidade, paciência e (acima de tudo) tempo suficientes, é sempre possível encontrar alguma maneira de abraçar ambas as alternativas; de que um mero desenvolvimento, ajuste ou refinamento transformará, de alguma forma, o mal em bem sem que sejamos chamados para uma rejeição final e total de qualquer coisa que desejemos reter. Considero esta crença um erro desastroso. Não é possível trazer conosco toda a nossa bagagem em todas as jornadas; em algumas delas, pode até mesmo acontecer de a mão direita e o olho direito estarem entre as coisas que precisaremos deixar para trás. Não vivemos em um mundo onde todas as estradas são raios de um mesmo círculo e que, se percorridas o bastante, se aproximarão gradualmente até se encontrar no centro. Pelo contrário, vivemos em um mundo onde todas as estradas, depois de alguns quilômetros, se dividem em duas, e cada uma destas se divide mais uma vez em duas, e, em cada encruzilhada, precisamos tomar uma decisão. Mesmo no nível biológico, a vida não é como um rio, mas como uma árvore. Ela não se move em direção à unidade, mas para longe dela, e as criaturas se distanciam cada vez mais umas das outras à medida que se aperfeiçoam. O bem, conforme amadurece, torna-se cada vez mais diferente — não só do mal, mas de qualquer outro bem.

The Great Divorce [O grande divórcio], prefácio

O mal não pode se "transformar" em bem

21 DE MAIO

Não creio que todos os que escolhem caminhos errados pereçam; mas seu resgate consiste em voltar para o caminho certo. Uma soma errada pode ser corrigida, mas somente voltando, passo a passo, até que o erro seja encontrado e, então, retomando a conta a partir deste ponto — nunca simplesmente *avançando*. O mal pode ser desfeito, mas não pode "transformar-se" em bem. O tempo não o cura. O encanto precisa ser quebrado, pouco a pouco, "com murmúrios invertidos de poder dissipador" — caso contrário, nada acontece. É necessário escolher uma coisa ou outra. Se insistirmos em ficar com o Inferno (ou mesmo a Terra), não veremos o Céu; se aceitarmos o Céu, não poderemos reter sequer o menor e mais querido suvenir do Inferno. Acredito piamente que todo homem, quando chega ao Céu, descobre que aquilo que abandonou (mesmo se for o caso de ter arrancado seu olho direito) não foi perdido; que o cerne daquilo que ele estava realmente buscando, mesmo em seus desejos mais depravados, está ali, além de toda e qualquer expectativa, esperando por ele nos "Países Altos". Neste sentido, os que tiverem concluído a jornada (não os demais) poderão dizer verdadeiramente que o bem é tudo e que o Céu está em toda parte. Nós, porém, do lado de cá da estrada, não devemos antecipar esse ponto de vista retrospectivo. Se o fizermos, é provável que adotemos o falso, desastroso e ilusório discurso de que tudo é bom e que todo lugar é o Céu.

Mas — você pergunta — e a Terra? A Terra, penso eu, não será considerada por ninguém, no final das contas, um lugar muito autônomo. Creio que, se for escolhida em detrimento do Céu, terá sido, todo o tempo, apenas uma região do Inferno; porém, se for colocada em posição de menor importância do que o Céu, terá sido, desde o início, uma parte do próprio Céu.

The Great Divorce [O grande divórcio], prefácio

Um bispo do Inferno encontra um amigo do Céu

22 DE MAIO

Vi outro Luminoso conversando com um fantasma. Era o fantasma gordo com voz sofisticada [...] que parecia estar usando polainas.

— Meu caro, estou encantado em vê-lo — dizia ele ao espírito, que estava nu e era de um branco ofuscante. — Estive falando com seu pobre pai outro dia e me perguntei onde você poderia estar.

— Você não o trouxe? — indagou o outro.

— Não trouxe. Ele mora longe do ônibus e, para ser sincero, está ficando meio excêntrico ultimamente. [...] Ah, Dick, nunca me esquecerei de algumas conversas nossas. Espero que suas opiniões tenham mudado um pouco desde aquela época. Sua mente ficou muito fechada no final da vida; mas, sem dúvida, já deve ter se aberto de novo.

— Como assim?

— Bem, agora está evidente que você não estava lá muito certo, não está? Meu caro, você estava começando a acreditar em Céu e Inferno no sentido literal da palavra!

— Mas eu não estava certo?

— Ah, em um sentido espiritual, com certeza. Eu ainda acredito neles dessa forma. Porém, meu caro, eu continuo procurando o reino, mas nada de supersticioso ou mitológico...

— Desculpe-me, mas onde você pensa que esteve?
— Ah, entendo. Você está querendo dizer que a cidade cinza, com sua esperança contínua de amanhecer (todos temos de viver com alguma esperança, não é mesmo?), com seu espaço para progresso indefinido, é, em certo sentido, o Céu, se tão somente tivermos olhos para ver? Essa é uma linda ideia.
— Não, não é isso o que estou querendo dizer. Será possível que você não saiba onde esteve?
— Agora que você mencionou, acho que nunca lhe demos um nome. Como você o chamaria?
— Nós o chamamos de Inferno.
— Não precisa ser profano, meu caro. Posso até não ser muito ortodoxo, no sentido que você atribui à palavra, mas acho que esses assuntos devem ser discutidos com simplicidade, seriedade e reverência.
— Discutir o Inferno com *reverência*? [...] Você esteve no Inferno; mas, se não voltar, pode chamá-lo de purgatório.

The Great Divorce [O grande divórcio], cap. 5

O bispo questiona seu amigo

23 DE MAIO

— Prossiga, meu caro. [...] Sem dúvida, você me dirá por que fui enviado para lá.
— Mas você não sabe? Você foi para lá porque é um apóstata. [...]
— Dick, você não é assim. O que está sugerindo?
— Amigo, eu não estou sugerindo nada. Eu *sei* agora. Sejamos francos. Nossas opiniões não surgiram de forma honesta. Nós simplesmente entramos em contato com certa corrente de ideias e mergulhamos nela porque pareceu ser

moderna e bem-sucedida. [...] Quando foi que, em toda a nossa vida, nós enfrentamos sinceramente, sozinhos, a única pergunta em torno da qual tudo girava: se, no final das contas, o sobrenatural realmente existe? Quando foi que realmente resistimos, sequer por um momento, à perda de nossa fé?

— Se, com isso, você estiver tentando esboçar a origem da teologia liberal de forma genérica, já digo que não passa de uma difamação. Você está sugerindo que homens como...

— Não estou falando de generalidades. Nem de ninguém além de nós dois. [...] Você sabe que eu e você jogávamos com dados viciados. Não *queríamos* que o outro fosse sincero. Temíamos o salvacionismo cru, temíamos a ruptura com o espírito da época, temíamos o ridículo e (acima de tudo) temíamos os verdadeiros medos e esperanças espirituais.

— Longe de negar que os jovens são passíveis de cometer erros— eles podem muito bem ser influenciados por tendências modernas de pensamento. Porém, não se trata de como as opiniões são formadas. A questão é que elas eram minhas opiniões, expressas com sinceridade.

— É claro. Ao nos permitir sermos levados, sem resistência, sem oração, simplesmente aceitando toda solicitação quase inconsciente de nossos desejos, nós chegamos a um ponto em que não mais críamos na fé. Da mesma forma, o homem invejoso, ao ser levado sem resistência, chega ao ponto em que acredita nas mentiras a respeito de seu melhor amigo. O bêbado chega ao ponto em que (por um momento) realmente acredita que outro copo não lhe fará mal. As crenças são sinceras no sentido de que existem como acontecimentos psicológicos na mente do homem. Se é isso o que você quer dizer com sinceridade, elas são sinceras — tal como as nossas. No entanto, os erros sinceros neste sentido não são inocentes.

The Great Divorce [O grande divórcio], cap. 5

O bispo é encorajado a ir para o Céu

24 DE MAIO

— Bem, essa é uma ideia. Estou perfeitamente disposto a considerá-la. Sem dúvida, porém, exigirei algumas garantias. Quero a certeza de que você me levará para um lugar onde encontrarei uma esfera mais ampla de utilidade e um campo para os talentos que Deus me concedeu, bem como uma atmosfera de livre questionamento. Em suma, tudo o que consideramos como civilização e... bem... como vida espiritual.

— Não — respondeu o outro. — Não posso prometer nenhuma dessas coisas. Não haverá esfera de utilidade; você não é necessário ali. Não haverá campo para os seus talentos; somente perdão por tê-los corrompido. Não haverá atmosfera de questionamento; eu o levarei para a terra não das perguntas, mas das respostas, e você verá a face de Deus.

— Ah, mas todos nós precisamos interpretar essas belas palavras à nossa própria maneira! Para mim, não existe resposta final. Os ventos livres do questionamento devem *sempre* continuar soprando na mente, não devem? "Ponham à prova todas as coisas"... Prosseguir com esperança é melhor do que chegar.

— Se isso fosse verdade, e se fosse sabido que era verdade, como seria possível prosseguir com esperança? Nada haveria a esperar. [...]

— A sugestão de que devo retornar, com minha idade atual, à curiosidade meramente factual da infância parece-me absurda. Em todo caso, esse conceito intelectual de perguntas e respostas só se aplica a fatos concretos. As questões religiosas e especulativas encontram-se certamente em um nível diferente. [...]

— Você nem acredita que ele existe?

— Existe? O que significa existência? Você *continua* insinuando uma espécie de realidade estática, pronta, que está, por assim dizer, "presente" e à qual nossa mente precisa simplesmente se conformar. Esses mistérios grandiosos não podem ser abordados assim. Se algo do tipo existisse (não há necessidade de me interromper, meu caro), francamente, eu não estaria interessado. Isso não teria importância *religiosa*. Deus, para mim, é algo puramente espiritual: o espírito de doçura, luz, tolerância e — bem, Dick — de serviço. Não devemos nos esquecer disso, você sabe.

The Great Divorce [O grande divórcio], cap. 5

O bispo toma uma decisão

25 DE MAIO

— A felicidade, meu caro Dick, — disse o fantasma com serenidade — a felicidade, como você descobrirá quando ficar mais velho, encontra-se no serviço. O que me faz lembrar... nossa, eu quase esqueci. Não posso ir com você de jeito nenhum. Tenho de estar de volta sexta-feira que vem para apresentar um trabalho. Temos uma pequena sociedade teológica lá em baixo. Sim! Há vida intelectual abundante. Talvez, porém, não de uma qualidade muito elevada; é possível notar certa falta de tenacidade, certa confusão mental. É nisso que eu lhes posso ser útil. Há até mesmo sentimentos de inveja lamentáveis. [...] Não sei por quê, mas os temperamentos parecem mais incontroláveis do que antes. Não se pode, entretanto, esperar grande coisa da natureza humana. Acredito ser capaz de realizar uma grande obra no meio deles. Mas você ainda não me perguntou qual é o tema do meu trabalho! Apresentarei um texto que fala sobre o crescimento à estatura de Cristo e explorarei uma ideia pela qual você

Maio

certamente se interessará: mostrarei como as pessoas sempre se esquecem de que Jesus (e, neste momento, o fantasma se curvou) era relativamente jovem quando morreu. Ele teria abandonado alguns pontos de vista se, você sabe, tivesse vivido mais — assim como poderia ter feito com um pouco mais de tato e paciência. Pedirei aos ouvintes que imaginem quais teriam sido essas ideias maduras. Uma questão extremamente interessante. Que cristianismo diferente teríamos se tão somente o Fundador tivesse alcançado sua estatura completa! Finalizarei destacando como isso aprofunda o significado da crucificação. É então que sentimos, pela primeira vez, como ela foi um desastre: que perda trágica... tamanha promessa interrompida. Ah, você precisa ir embora? Eu também. Adeus, meu caro. Foi um grande prazer. Uma conversa bastante estimulante e desafiadora. [...]

O fantasma balançou a cabeça e sorriu para o espírito com um ar clerical e radiante — ou o gesto mais próximo desse que lábios insubstanciais seriam capazes de reproduzir — e afastou-se, cantarolando baixinho: "Cidade de Deus, tão vasta e longínqua!"

The Great Divorce [O grande divórcio], cap. 5

Guia de Lewis sobre o bem e o mal

26 DE MAIO

— Filho, — disse ele — em seu estado atual, você não pode compreender a eternidade. [...] Mas pode apreender certa semelhança dela se disser que tanto o bem quanto o mal, quando plenamente desenvolvidos, se tornam retrospectivos. [...] É isso o que os mortais não entendem. A respeito de certos sofrimentos temporários, eles dizem: "Não há bênção futura capaz de compensar isso", sem saber que o Céu, uma vez alcançado, agirá de forma inversa e transformará até mesmo essas aflições em glória. E, acerca de certos prazeres pecaminosos, dizem: "Deixe-me ter apenas *isso*; eu aceito as consequências", sem sequer imaginar como a condenação retrocederá ao seu passado e contaminará o prazer do pecado. Ambos os processos começam antes mesmo da morte. O passado do homem bom começa a mudar no sentido de que seus pecados perdoados e sofrimentos lembrados adquirem a qualidade de Céu; o passado do homem mau já se conforma à sua maldade e é repleto apenas de miséria. É por isso que, no fim de todas as coisas, [...] os santos dirão: "Jamais vivemos em lugar algum exceto no Céu", e os perdidos dirão: "Sempre estivemos no Inferno". E ambos estarão falando a verdade.

The Great Divorce [O grande divórcio], cap. 9

Lamúria

27 DE MAIO

A dificuldade de se compreender o Inferno reside no fato de que o que há para ser compreendido é quase nada. Todos vocês, porém, já tiveram experiências... Tudo começa com o estado de espírito lamurioso de um lado, e o indivíduo ainda distinto dele, de outro; talvez até mesmo o criticando. Em um momento sombrio, entretanto, é possível que o indivíduo deseje estar nesse estado de espírito, que o acabe aceitando. Talvez, depois, até se arrependa e o deixe. Mas pode chegar um dia em que ele não mais será capaz de fazer isso. Então, nada restará *dele* para criticar o estado de espírito, nem mesmo para frui-lo; somente a lamúria em si, continuando para sempre, como uma máquina.

The Great Divorce [O grande divórcio], cap. 9

Maio

A tirania da "sensibilidade"

28 DE MAIO

Já não fingimos que nossos sentimentos sensíveis e tenros foram "machucados" (naturezas tão delicadas como a nossa são muito vulneráveis), sendo que nosso verdadeiro problema era inveja, vaidade insatisfeita ou obstinação frustrada? Táticas como essa costumam funcionar, e a outra pessoa desiste. Ela desiste não porque desconhece o que realmente há de errado conosco, mas porque o conhece muito bem há muito tempo; aquele cão adormecido pode ser desperto, aquele esqueleto pode ser tirado do armário somente à custa da ameaça de seu relacionamento conosco. Isso precisa de uma cirurgia a que eles sabem que nós nunca nos submeteremos. E, assim, ganhamos; trapaceando. Contudo, a injustiça é sentida muito profundamente. Sem dúvida, aquilo a que se costuma chamar de "sensibilidade" é o instrumento mais poderoso da tirania doméstica, por vezes uma tirania vitalícia. Não sei ao certo como devemos lidar com isso nos outros, mas precisamos ser implacáveis diante de suas primeiras aparições em nós mesmos.

Reflections on the Psalms [Reflexões sobre Salmos], cap. 2

É possível ser feliz sabendo que alguns rejeitam a Deus?

29 DE MAIO

— O que algumas pessoas dizem, na Terra, é que a perda final de uma alma frustra toda a alegria dos salvos.
— Você está vendo que não é assim.
— Sinto, de certa forma, que deveria ser.

— Isso soa muito piedoso, mas veja o que se esconde por trás desse pensamento.

— O quê?

— A chantagem do universo por aqueles que não tem amor e que são prisioneiros de si mesmos: isto é, até que estes consintam em ser felizes (em seus próprios termos), ninguém mais pode ter alegria; o poder deles é o poder final; o Inferno pode *vetar* o Céu.

— Não sei o que quero, senhor.

— Filho, filho, precisa ser uma coisa ou outra. Ora virá o dia em que a alegria prevalecerá, e todos aqueles que produzem infelicidade não mais a poderão corromper; ora aqueles que produzem infelicidade poderão, para todo o sempre, destruir, nos outros, a felicidade que rejeitam para si mesmos. Sei que parece grandioso dizer que você se recusa a aceitar uma salvação capaz de deixar uma única criatura de fora, nas trevas. Cuidado, porém, com esse sofisma, ou você permitirá que um desmancha-prazeres seja o tirano do universo.

The Great Divorce [O grande divórcio], cap. 8

Pena

30 DE MAIO

— Mas por acaso alguém ousa afirmar — é horrível até dizer — que a piedade deve morrer?

— É preciso fazer uma distinção. A ação da piedade viverá para sempre; sua paixão, não. A paixão da piedade, a piedade que meramente sentimos, a dor que leva os homens a conceder aquilo que não deveria ser concedido e a lisonjear quando deveriam falar a verdade, a piedade que leva muitas mulheres a perder a virgindade e muitos estadistas a por de lado a honestidade — essa morrerá. Ela foi usada por homens perversos como uma arma contra os bons; essa arma será destruída.

— E quanto ao outro tipo, a ação?

— É uma arma ao contrário. Salta mais rápido do que a luz, do lugar mais elevado para o mais inferior, trazendo cura e alegria custe o que custar. Ela transforma trevas em luz e mal em bem. Não impõe, contudo, a tirania do mal sobre o bem, mesmo diante das lágrimas astuciosas do Inferno. Toda doença que se submeter à cura será curada, mas não diremos que o amarelo é azul para agradar aqueles que insistem em sofrer de icterícia nem transformaremos o jardim do mundo em um monturo por causa daqueles que não suportam o perfume das rosas.

The Great Divorce [O grande divórcio], cap. 8

Dois tipos de pessoas no fim

31 DE MAIO

Só há dois tipos de pessoas no fim — as que dizem a Deus: "Seja feita a tua vontade" e aquelas a quem Deus diz, no final: "Seja feita a *tua* vontade". Todos os que estão no Inferno estão ali porque o escolheram. Sem essa escolha própria, o Inferno não poderia existir. Nenhuma alma que deseja a alegria de forma sincera e constante a perderá. Quem procura acha. A porta é aberta para quem bate.

The Great Divorce [O grande divórcio], cap. 9

Junho

O assunto do Céu

A escolha

1º DE JUNHO

Enquanto ficou ali, ainda sem conseguir e talvez não querendo se levantar, ele se lembrou de que tinha lido em alguns dos antigos filósofos e poetas que o simples fato de ver os demônios é um dos piores entre os tormentos do Inferno. Aquilo até o momento lhe parecera apenas uma fantasia estranha. E mesmo assim (como ele viu naquele momento), até as crianças sabem disso: nenhuma criança teria qualquer dificuldade em entender que existe um rosto cuja simples contemplação é a calamidade definitiva. As crianças, os poetas e os filósofos estavam certos. Assim como existe um Rosto acima de todos os mundos cuja simples contemplação produz alegria irrevogável, na profundeza de todos os mundos existe aquele rosto que está esperando, cuja simples contemplação é a desgraça da qual aqueles que o contemplam jamais poderão se recuperar. E, ainda que pareça haver, e de fato há, mil estradas pelas quais um homem pode andar pelo mundo, não há nenhuma que, mais cedo ou mais tarde, não conduza, ou à Visão Beatífica ou à Visão Miserífica.

Perelandra, cap. 9

O peso da glória

2 DE JUNHO

No fim, aquela Face que é o prazer ou o terror do universo deverá se voltar para cada um de nós, seja com uma expressão, seja com outra, conferindo glória inexprimível ou infligindo vergonha que jamais poderá ser curada ou disfarçada. Recentemente, li num periódico que o fundamental é *como pensamos em* Deus. Pelo amor de Deus, não, não é! Como Deus pensa em nós não apenas é mais importante, é infinitamente mais importante. Na verdade, como pensamos nele não tem importância senão na medida em que esse pensamento esteja relacionado à forma como ela pensa em nós. Está escrito que nós "devemos comparecer perante" ele, que apareceremos, que seremos examinados. A promessa da glória é a promessa, quase que incrível e somente possível pela obra de Cristo, de que alguns de nós, que qualquer um de nós que realmente escolher, realmente sobreviverá a esse exame, e encontrará aprovação, isto é, agradará a Deus. Agradar a Deus [...], ser um ingrediente real da felicidade divina [...] ser amado por Deus, não apenas objeto de sua clemência, mas ser agradável a ele, como um artista tem prazer em sua obra ou um pai tem prazer em seu filho, parece ser algo impossível, um peso ou fardo de glória que nossos pensamentos dificilmente podem aguentar. Mas é assim.

O peso da glória

Céu

3 DE JUNHO

Fomos feitos para Deus. Somente sendo de alguma forma como ele, apenas sendo uma manifestação de sua beleza, misericórdia, sabedoria ou bondade terá qualquer pessoa Amada neste mundo despertado nosso amor. Não é o caso de termos amado as pessoas demais, mas de não entender perfeitamente o que estávamos amando. Também não é o caso de deixar aquilo que nos é tão familiar para estar com um Estranho. Quando virmos a face de Deus, saberemos que sempre o conhecemos. Ele também participa, faz, sustenta e se move momento a momento no interior de todas as nossas experiências do amor inocente. Tudo de verdadeiro amor nessas experiências era, mesmo no mundo, muito mais dele que nosso, e era nosso somente por ser dele. No Céu não haverá angústia nem dever de abrir mão de nossos Amados deste mundo. Primeiro porque já o fizemos; dos retratos para o Original, dos riachos para a Fonte, das criaturas que ele tornou amáveis ao próprio Amor de Deus. Mas, em segundo lugar, porque iremos achá-los todos nele. Ao amá-lo mais do que a eles, nós os amaremos mais do que o fazemos agora.

Os quatro amores, cap. 5

A doutrina do Inferno

4 DE JUNHO

Não há doutrina que eu mais gostaria de eliminar do cristianismo do que esta, se pudesse. Contudo, ela tem o pleno apoio das Escrituras e, de modo especial, das próprias palavras de nosso Senhor. Ela sempre foi defendida pela cristandade e tem o apoio da razão. Em qualquer jogo, precisa haver a possibilidade de perder. Se a felicidade de uma criatura se encontra na autorrendição, ninguém pode realizar essa rendição além dela mesma (embora muitos possam ajudá-la), e ela pode recusar. Eu pagaria qualquer preço para poder afirmar com sinceridade: "Todos serão salvos". Porém, minha razão replica: "Com ou sem o consentimento deles?" Se eu disser: "Sem o consentimento deles", logo percebo uma contradição; como pode o ato supremo e voluntário da autorrendição ser involuntário? Se eu disser: "Com o consentimento deles", minha razão responde: "Como, se *não* cederem?"

Os sermões dominicais sobre o Inferno, como todos os sermões dominicais, são dirigidos à consciência e à vontade,

Junho

não à nossa curiosidade intelectual. Quando nos despertam à ação, convencendo-nos de uma terrível possibilidade, provavelmente conseguiram fazer tudo aquilo que pretendiam fazer; e, se o mundo inteiro fosse composto por cristãos convictos, seria desnecessário dizer mais uma palavra sequer sobre o assunto. Da maneira como as coisas se encontram, porém, essa doutrina é um dos principais motivos pelos quais o cristianismo é atacado como algo bárbaro e pelos quais a bondade de Deus é impugnada. Dizem-nos que essa é uma doutrina detestável — e, de fato, eu também a detesto do fundo do coração — e somos lembrados das tragédias da vida humana que acontecem por se crer nela. Todavia, a respeito das outras tragédias, que acontecem por não se crer nela, pouco ouvimos falar.

The Problem of Pain [O problema do sofrimento], cap. 8

Não podemos ser mais misericordiosos do que Deus

5 DE JUNHO

Sejamos sinceros. Imagine um homem que tenha ascendido à riqueza ou ao poder por meio de uma série contínua de traições e crueldades, explorando, com fins puramente egoístas, os gestos nobres de suas vítimas, rindo de sua ingenuidade; um homem que, após alcançar o sucesso dessa maneira, faz uso dele para a gratificação de cobiça e ódio próprios e, por fim, perde seus últimos vestígios de honra em meio aos malfeitores, traindo seus cúmplices e zombando de seus últimos momentos de desilusão. Suponha, ainda, que ele faça tudo isso sem (como gostaríamos de imaginar) ser atormentado por remorso ou mesmo apreensão, mas comendo como um adolescente e dormindo como uma criança sadia — um homem alegre, corado, sem uma única preocupação no mundo, absolutamente confiante de que só ele encontrou a resposta para o enigma da vida, que Deus e o homem são tolos dos quais se aproveitou, que seu estilo de vida é completamente bem-sucedido, satisfatório e inexpugnável. Devemos ser cuidadosos nesse ponto. A menor indulgência de paixão vingativa é um pecado mortal. A caridade cristã aconselha-nos a empreender todos os esforços para a conversão de um indivíduo como esse: a preferir sua conversão, mesmo arriscando nossa própria vida, talvez nossa própria alma, ao seu castigo— e a preferi-la infinitamente. Essa, porém, não é a questão. Suponha que ele *não* se converta; qual destino no mundo eterno você consideraria adequado para ele? Você realmente consegue desejar que alguém assim, *permanecendo como é* (e ele deve ser capaz disso se tiver livre-arbítrio), seja confirmado para sempre em sua felicidade presente — que continue, por toda a eternidade, perfeitamente convencido de que tem todos os motivos para rir?

The Problem of Pain [O problema do sofrimento], cap. 8

Inferno

6 DE JUNHO

A exigência de que Deus deve perdoar um homem assim enquanto ele permanecer em tal estado baseia-se em uma confusão entre tolerar e perdoar. Tolerar um mal é simplesmente ignorá-lo, tratá-lo como se fosse bom. Já o perdão precisa ser tanto aceito quanto oferecido a fim de ser completo: e quem não admite culpa não pode aceitar perdão. [...]

Acredito piamente que os perdidos são, em certo sentido, rebeldes bem-sucedidos até o fim; que as portas do Inferno estão trancadas *por dentro*. Não quero dizer que os fantasmas não *queiram* sair do Inferno, no mesmo sentido vago com que os invejosos "querem" ser felizes; mas eles certamente não desejam para si sequer os estágios preliminares da abnegação que possibilita à alma alcançar qualquer bem. Eles desfrutam, para sempre, da horrível liberdade que exigiram e são, portanto, escravos de si mesmos — assim como os justos que, para sempre submissos à obediência, se tornam cada vez mais livres por toda a eternidade.

A longo prazo, a resposta a todos aqueles que se opõem à doutrina do Inferno é uma pergunta: "O que você está pedindo que Deus faça?" Que apague os pecados passados das pessoas e, a qualquer custo, lhes dê um novo começo, abrandando toda dificuldade e oferecendo toda sorte de ajuda milagrosa? Mas ele fez isso, no calvário. Que as perdoe? Elas não serão perdoadas. Que as deixe em paz? Sim, temo que é isso o que ele faz.

The Problem of Pain [O problema do sofrimento], cap. 8

Não há pessoas comuns

7 DE JUNHO

É coisa séria viver numa sociedade de possíveis deuses e deusas, e lembrar que a pessoa mais chata e desinteressante com quem você pode conversar poderá um dia ser uma criatura que, se você a visse agora, seria fortemente tentado a adorar; ou, então, um horror e uma corrupção tal qual você encontra agora, se for o caso, apenas num pesadelo. O dia todo, em certo sentido, ajudamos uns aos outros a chegar a um desses dois destinos. É à luz dessas possibilidades irrefutáveis, é com a reverência e a circunspecção que as caracterizam que

O assunto do Céu

deveríamos conduzir nossas interações uns com os outros, todas as amizades, todos os amores, toda a diversão, toda a política. Não existem pessoas *comuns*. Você nunca conversou com um mero mortal. Nações, culturas, artes, civilizações — essas coisas são mortais, e a vida dessas coisas é para nós como a vida de um mosquito. No entanto, é com os imortais que nós fazemos piadas, trabalhamos e casamos; são os imortais aqueles a quem esnobamos e exploramos — horrorosos imortais ou eternos esplendorosos. Isso não significa que devamos ter uma atitude solene o tempo todo. Devemos participar do jogo. Mas a nossa alegria deveria ser do tipo (e, de fato, é a mais alegre possível) que existe entre as pessoas que, desde o início, levam-se mutuamente a sério — sem leviandade, sem superioridade, sem presunção. Nossa caridade deve ser um amor real e custoso, com sentimento profundo pelos pecados, apesar dos quais amamos o pecador — não simplesmente tolerância, ou a indulgência que faz do amor uma paródia, como a leviandade parodia a alegria. Muito próximo dos *elementos* do sacramento da Ceia do Senhor, seu próximo é o *elemento* mais santo percebido pelos sentidos. Se seu próximo for cristão, ele será santo num sentido quase tão semelhante, pois nele Cristo também está *vere latitat* — o glorificador e o glorificado, o próprio Deus da Glória está verdadeiramente oculto.

O peso da glória

Amor-Dádiva e amor-Necessidade
8 DE JUNHO

"Deus é amor", diz o apóstolo João. No princípio, quando pensei em escrever este livro, imaginava que essa máxima me mostraria um caminho sem quaisquer percalços ao abordar

o assunto. Pensava que seria capaz de dizer que os amores humanos mereciam somente ser chamados de amores pelo fato de terem alguma semelhança com o Amor que é Deus. A primeira distinção que fiz, portanto, foi entre aquilo que denominei amor-Dádiva e amor-Necessidade. Um exemplo típico do amor-Dádiva seria o amor que move um homem a trabalhar, planejar e guardar dinheiro para o futuro bem-estar de sua família, que ele morrerá sem ver ou desfrutar. Um exemplo do segundo amor é aquele que impulsiona uma criança sozinha ou assustada para os braços de sua mãe.
Não havia dúvida sobre qual era mais parecido com o Amor que é próprio de Deus. O Amor divino é o amor-Dádiva. O Pai dá tudo que é e tem ao Filho. O Filho dá a si mesmo de volta ao Pai, e dá a si mesmo ao mundo, e pelo mundo ao Pai, e assim dá o mundo (em si mesmo) de volta ao Pai também.

Por outro lado, o que pode ser menos parecido com qualquer coisa que cremos a respeito da vida de Deus que o amor-Necessidade? Ele não tem falta de nada, mas o nosso amor-Necessidade, como viu Platão, "é o filho da Pobreza". Em nossa conscientização, é o reflexo exato da própria real natureza. Nascemos desamparados. Logo que estamos totalmente conscientes, descobrimos a solidão. Precisamos dos outros física, emocional e intelectualmente; precisamos dos outros se queremos saber qualquer coisa, até de nós mesmos.

Os quatro amores, introdução

Deus — o único verdadeiro Doador
9 DE JUNHO

Todo cristão concordaria que a saúde espiritual de uma pessoa é exatamente proporcional ao seu amor por Deus. Contudo,

O assunto do Céu

o amor de uma pessoa por Deus, a partir da própria natureza do caso, deverá ser sempre em grande medida e muito frequentemente um amor-Necessidade em sua totalidade. Isso é evidente quando imploramos pelo perdão de nossos pecados ou por sustento em nossas tribulações. No longo prazo, porém, isso se torna talvez ainda mais aparente em nossa crescente consciência — e ela deve ser crescente — de que todo nosso ser é uma vasta necessidade por sua própria natureza; incompleta, preparatória, vazia ainda que desordenada, que clama por ele, que é capaz de desatar aquilo que está com um amontoado de nós e de atar as coisas que ainda estejam desconectadas. Não digo que o ser humano nunca trará a Deus nenhuma coisa que não seja absoluto amor-Necessidade. Almas mais elevadas poderão falar em alcançar um patamar que esteja além disso, mas acredito que elas também seriam as primeiras a nos dizer que esses patamares deixariam de ser verdadeiras Graças, tornar-se-iam neoplatônicos ou, definitivamente, ilusões diabólicas no momento em que um homem se atrever a pensar que pode viver a partir delas e, depois disso, eliminar o elemento de necessidade. "O mais elevado", diz a *Imitação de Cristo*, "não existe sem o apoio do inferior." Seria uma criatura ousada e tola aquela que vem diante de seu Criador ostentando-se: "Não sou pedinte. Eu o amo desinteressadamente". Aqueles que se aproximam mais de um amor-Dádiva por Deus no momento seguinte, ou até naquele mesmo momento, estarão batendo no peito com o publicano, admitindo sua indigência diante do único e verdadeiro Doador. E Deus desejará que isso seja assim. Ele fala de nosso amor-Necessidade: "Venham a mim, todos os que estão cansados e sobrecarregados", ou, no Antigo Testamento, "Abra a sua boca, e eu o alimentarei".

Os quatro amores, introdução

Junho

Proximidade de Deus

10 DE JUNHO

Precisamos distinguir entre duas coisas que poderiam ser possivelmente chamadas de "proximidade de Deus". Uma é a semelhança de Deus, o qual imprimiu algum tipo de semelhança consigo, suponho, em tudo o que fez. Espaço e tempo, à sua própria maneira, refletem sua grandeza; toda vida, sua fecundidade; a vida animal, sua atividade. Por ser racional, o ser humano possui uma semelhança mais importante que os animais. Os anjos, acreditamos, têm uma semelhança que o ser humano não tem; imortalidade e conhecimento intuitivo. Desse modo, todos os seres humanos, bons ou maus, todos os anjos, inclusive os que caíram, são mais semelhantes a Deus do que os animais. Suas naturezas são, nesse sentido, "mais próximas" à natureza divina, mas, em segundo lugar, existe aquilo que poderíamos denominar proximidade de abordagem. Se isso é o que queremos dizer, os estados em que um ser humano está "mais próximo" de Deus são aqueles nos quais ele mais certa e rapidamente se aproxima de uma união final com ele, da visão dele e da satisfação nele. E tão logo distinguimos entre proximidade e semelhança e entre proximidade e abordagem, vemos que essas duas não necessariamente coincidem. Poderão ou não coincidir.

Talvez uma analogia possa ajudar. Suponha que estejamos em uma caminhada pelas montanhas até a cidadezinha onde moramos. Ao meio-dia, chegamos ao topo de uma colina onde estaremos, em termos absolutos de distância, muito próximos de nossa cidade, que fica logo abaixo de nós. Poderíamos jogar uma pedra que a alcançaríamos, mas, por não sermos alpinistas, não conseguimos descer até ela. Temos de percorrer um longo caminho ao redor;

talvez uns sete quilômetros. Durante essa volta, poderemos estar, em termos absolutos, mais distantes da cidadezinha do que estávamos quando nos sentamos acima do paredão de rochas. Mas apenas em termos absolutos. Em termos de progresso, estaremos muito mais "perto" de nossos banhos e chás.

Os quatro amores, introdução

São Barnabé, apóstolo

11 DE JUNHO

Por que nós, homens, precisamos de tanta mudança? A resposta cristã — de que usamos nosso livre-arbítrio para nos tornar extremamente maus — é tão conhecida, que mal precisa ser expressa. No entanto, fazer esta doutrina tornar-se uma realidade na mente dos homens modernos, e até mesmo dos cristãos modernos, é muito difícil. Quando os apóstolos pregavam, eles já esperavam, até mesmo de seus ouvintes pagãos, uma consciência real de merecimento da ira divina. Os mistérios pagãos existiam para abrandar essa consciência, e a filosofia do epicurismo alegava livrar os homens do medo do castigo eterno. Foi neste contexto que o evangelho surgiu como boas novas. Ele trouxe as novas de uma cura possível para os homens conscientes de que se encontravam mortalmente enfermos. Mas tudo isso mudou. O cristianismo agora tem de pregar o diagnóstico — que, em si mesmo, é uma péssima notícia — antes que possa receber atenção para falar sobre a cura.

The Problem of Pain [O problema do sofrimento], cap. 4

Junho

Afeição

12 DE JUNHO

Começo pelo mais humilde e mais amplamente difuso dos amores, o amor no qual nossa experiência parece diferir minimamente da experiência dos animais. Deixe-me logo acrescentar que não o valorizo menos por isso, pois nada no ser humano é pior ou melhor por ser compartilhado com os animais. Quando acusamos alguém de ser um "mero animal", isso não significa que essa pessoa exibe características animais (todos o fazemos), mas que exibe essas características, e somente essas, em ocasiões nas quais aquilo que é específico do ser humano era o exigido (quando chamamos alguém de "bruto", normalmente queremos dizer que essa pessoa comete crueldades que seriam impossíveis à maioria dos que são realmente brutos; eles não são espertos o bastante).

Os gregos denominavam esse amor *storge* (duas sílabas e um "g" com pronúncia forte). Eu o chamarei aqui simplesmente de Afeição. Meu dicionário grego define *storge* como "afeição, especialmente de pais em relação a filhos", mas também de filhos em relação aos pais. Essa é, não tenho dúvida, a forma original do termo, bem como o sentido principal da palavra. A imagem com a qual devemos começar é a de uma mãe cuidando de seu bebê, uma cadela ou gata cuidando de sua ninhada de cãezinhos ou gatinhos; todos latindo ou ronronando, empilhando-se carinhosamente juntos; com lambidas, miados, leite, calor e o cheiro de nova vida.

A importância dessa imagem é que ela nos apresenta, desde o início, certo paradoxo. A carência e o amor-Necessidade dos filhotes são óbvios; assim também o amor-Dádiva da mãe. Ela dá à luz, amamenta, protege. E ela precisa dar à luz ou morrerá. Ela necessita dar de mamar ou sofrerá. Desse modo, sua Afeição também é amor-Necessidade. Temos aqui um paradoxo. Embora seja amor-Necessidade, aquilo de que tem necessidade é dar. É um amor-Dádiva, mas aquilo de que necessita é ser necessário.

Os quatro amores, cap. 2

O amor mais humilde

13 DE JUNHO

A Afeição [...] é o amor mais humilde, pois não procura impressionar. As pessoas podem se orgulhar de estar amando ou de alguma amizade. A afeição é modesta — até mesmo discreta e envergonhada. Certa vez, quando comentei a respeito da Afeição frequentemente encontrada entre um gato e um cachorro, meu amigo respondeu: "Sim. Mas eu aposto que o cachorro nunca confessaria isso a outros cachorros". Essa é uma boa caricatura de grande parte da afeição humana. Comus diz: "Que as faces caseiras permaneçam em casa". É verdade que a Afeição tem uma face bem caseira. Assim são muitos aqueles por quem sentimos Afeição. Amá-los não é nenhuma prova de nosso refinamento ou perspicácia; nem que eles nos amem. Aquilo que denomino amor-Apreciação não constitui elemento básico na Afeição. Normalmente, é necessária ausência ou sofrimento para que comecemos a valorizar aqueles a quem somente a Afeição nos une. Nós os damos por certos; e esse dar por certo, inconcebível no amor erótico, aqui é correto e apropriado até certo ponto. Encaixa-se com a natureza confortável e sossegada do sentimento. Afeição não seria Afeição se fosse expressada de forma ruidosa e frequente; expressá-la em público seria o mesmo que tirar a mobília da casa para a mudança. Enquanto estava em seu lugar, funcionava bem, mas, quando foi colocada do lado de fora da casa, parecia surrada, barata e grotesca. A Afeição quase desaparece e se esgueira ao longo de nossas vidas. Vive com coisas humildes e despojadas: pantufas e roupas velhas, piadas antigas, o batuque do rabo do cachorro dormindo no chão da cozinha, o som de uma máquina de costura, uma boneca esquecida no gramado.

Os quatro amores, cap. 2

Afeição com os outros amores

14 DE JUNHO

Falo da Afeição como ela é quando existe separada dos outros amores. Muitas vezes, ela está nessa condição, outras, não. Assim como o gim é uma bebida em si, embora também seja a base para muitos outros drinques, da mesma maneira comporta-se a Afeição. Além de ser amor em seu próprio mérito, poderá associar-se aos outros amores, dar-lhes uma cor e tornar-se o próprio meio pelo qual operam no dia a dia. Talvez até nem funcionem muito bem sem a Afeição. Fazer amigos não é a mesma coisa que sentir Afeição, mas, quando seu amigo se torna um velho amigo, todas as coisas sobre ele, que originalmente nada tinham a ver com a amizade, tornam-se familiares, e uma familiaridade querida. Quanto ao amor erótico, não consigo imaginar nada mais desagradável do que experimentá-lo por mais que um breve período sem essa cobertura íntima e caseira da Afeição. Isso seria uma situação das mais difíceis: ou seria muito angelical ou muito animal, ou as duas condições se alternariam; nunca seria algo sublime o suficiente ou insignificante para o ser humano. De fato, existe um charme peculiar nesses momentos, tanto na amizade como no Eros, quando o amor da Apreciação está presente. É como se estivesse dormindo todo enrolado, e a mera tranquilidade e simplicidade do relacionamento (livre, como se fosse solitário, mas sem estar sozinho) nos envolvesse. Não há necessidade de falar. Não há necessidade de fazer amor. Não existem quaisquer necessidades exceto, talvez, a de agitar o fogo da lareira.

Os quatro amores, cap. 2

A glória especial da afeição

15 DE JUNHO

A afeição [...] pode se expressar até mesmo na maior parte das pessoas descompromissadas. Ainda assim, por mais estranho que pareça, esse mesmo fato significa que, no fim das contas, poderá possibilitar apreciações que, não fosse por ele, jamais teriam existido. Poderíamos dizer, e sem medo de errar, que escolhemos nossos amigos e a mulher a quem amamos por suas várias qualidades: beleza, franqueza, bondade de coração, humor, inteligência ou qualquer outra coisa. Mas precisa ser o tipo específico de humor, ou de beleza, ou de bondade de que gostamos, pois temos nossas preferências pessoais quanto a essas coisas. É por isso que amigos e amantes sentem que "foram feitos um para o outro". O aspecto glorioso da Afeição é que pode unir aqueles que mais enfaticamente não estão unidos, e isso pode acontecer, até de modo cômico, com pessoas que, se o acaso não tivesse colocado na mesma família ou comunidade, jamais teriam qualquer tipo de relação na vida. Se a Afeição se originar desse tipo de situação — e é claro que muitas vezes isso não acontece —, seus olhos começam a se abrir. Depois de simpatizar com "fulano de tal", a princípio porque ele simplesmente está ali, começo a perceber que realmente "existe algo cativante nessa pessoa". Um momento libertador acontece quando alguém diz pela primeira vez, e com esse significado, que apesar de ele não ser o "meu tipo", é um homem muito bom "do jeito que ele é". Pode não se sentir isso; poderemos nos sentir apenas tolerantes e generosos. Mas, de fato, cruzamos uma fronteira. Esse "do jeito que ele é" significa que estamos ultrapassando nossas próprias idiossincrasias. Estamos aprendendo a apreciar a bondade e a inteligência em si, e não meramente a bondade e a inteligência temperadas e servidas ao nosso próprio gosto.

"Cães e gatos deveriam ser sempre aproximados uns dos outros", alguém diz, "isso amplia muito suas mentes". [...] É a Afeição que cria esse gosto, primeiro nos ensinando a perceber, depois a suportar, a sorrir para, a "curtir" e finalmente a apreciar as pessoas "que estão aí". Foram elas feitas para nós? Não, graças a Deus. Elas são mais estranhas do que você poderia supor e muito mais dignas do que você poderia imaginar.

Os quatro amores, cap. 2

Amizade

16 DE JUNHO

Quando a Afeição ou o Eros é o lema da vida de uma pessoa, tem-se uma audiência cativa. A importância e a beleza de ambos têm sido enfatizadas, vez após vez, até o ponto do exagero. Mesmo aqueles que tentam desacreditá-los estão numa reação consciente contra essa tradição louvável e, até certo ponto, foram por ela influenciados. Mas poucas pessoas modernas pensam que Amizade é um amor de valor comparável ou mesmo que seja um amor. Não consigo me lembrar

O assunto do Céu

se algum poema, desde *In Memoriam,* ou algum romance o tenha celebrado. Tristão e Isolda, Marco Antônio e Cleópatra, Romeu e Julieta, todos esses têm inúmeros paralelos na literatura moderna; Davi e Jônatas, Pílades e Orestes, Rolando e Oliveros, Amis e Amile não têm. Para os antigos, a Amizade parecia ser o mais feliz e o mais completamente humano de todos os amores, a coroa da vida e a escola da virtude. Em comparação, o mundo moderno a ignora. Admitimos, é claro, que além da esposa e da família, um homem precisa de alguns "amigos", mas o próprio tom dessa admissão, e o tipo de companheiros quetêm aqueles que chamam isso de "amizades", demonstra claramente que o assunto de que estão falando tem muito pouco a ver com a *Philia,* que Aristóteles classificou entre as virtudes, ou aquela *Amicitia,* a respeito da qual Cícero escreveu um livro. É uma coisa à margem, não um prato principal no banquete da vida; uma diversão; e algo que preenche as lacunas de tempo na vida de uma pessoa.

Os quatro amores, cap. 3

Amizade: o amor valorizado por tão poucos

17 DE JUNHO

Como isso surgiu? A primeira e mais óbvia resposta é que poucos a valorizam porque poucos a experimentam. E a possibilidade de passar pela vida toda sem essa experiência está alicerçada no fato que separa a Amizade tão claramente de outros tipos de amores. Num sentido, de forma alguma desrespeitoso, a Amizade é o menos *natural* dos amores; o menos instintivo, orgânico, biológico, gregário e necessário. Ela possui menos interação com os nossos nervos; não tem uma voz sensual; nada que faça acelerar os batimentos cardíacos ou que faça você ficar corado ou pálido. Acontece essencialmente entre indivíduos; no momento em que duas pessoas se tornam amigas, de certa forma elas se afastam juntas do resto do rebanho. Sem o Eros nenhum de nós teria sido procriado, e sem a Afeição nenhum de nós seria criado; no entanto, podemos viver e procriar sem a Amizade. [...]

Essa (assim chamada) qualidade "não natural" da amizade esclarece por que era tão exaltada em tempos antigos e medievais, e por que se tornou algo menos importante em nosso tempo. O pensamento mais profundo e permanente daqueles tempos era o ascetismo e a renúncia do mundo. A natureza, a emoção e o corpo eram temidos como perigosos para a alma, ou desprezados como degradação da nossa condição humana. Inevitavelmente, esse tipo de amor era mais apreciado, pois parecia mais independente e até mais desafiador da mera natureza. A Afeição e o Eros estavam muito obviamente ligados aos nossos nervos, compartilhando coisas demais com os brutos. Você poderia sentir essas emoções contorcendo as entranhas e distendendo o diafragma. Mas, na Amizade — nesse mundo luminoso, tranquilo e racional de relacionamentos livremente escolhidos —, você fugia de tudo isso. Somente esse, de todos os amores, parecia elevá-lo ao nível dos deuses ou dos anjos.

Os quatro amores, cap. 3

A exaltação do instinto

18 DE JUNHO

Então chegou o Romantismo, a "comédia trágica", o "retorno à natureza" e a exaltação do Sentimento. E, na trilha de tudo isso, veio o grande mergulho na emoção que, apesar de muito criticado, dura desde então. Finalmente, apareceu a exaltação do instinto, os deuses tenebrosos no sangue, cujos sacerdotes são incapazes de ter amizades masculinas. Sob essa nova dispensação, tudo que antes recomendava esse amor agora começava a trabalhar contra ele. Não tinha sorrisos misturados com lágrimas, ou lembranças, ou fala mansa de criança para agradar os sentimentais, mas também não havia sangue e entranhas o bastante para atrair os primitivistas. Parecia ralo e abatido; um tipo de prato vegetariano para substituir os amores mais orgânicos.

Outras causas também contribuíram. Aqueles que veem a vida humana simplesmente como desenvolvimento e complicação da vida animal — e que são maioria na atualidade — colocam sob suspeição todas as formas de comportamento que não apresentarem certificados de origem animal e de utilidade para a sobrevivência. Os certificados da Amizade não são muito satisfatórios. De novo, essa perspectiva que valoriza o coletivo acima do individual despreza a Amizade; é uma relação entre homens em seu mais alto nível de individualidade. Ela retira pessoas do "agrupamento" coletivo tanto quanto a própria solidão pode fazer; e, mais perigosamente, os retira em duplas ou trios. Algumas formas de sentimento democrático são naturalmente hostis à Amizade, porque é seletiva e importa a poucos. Quando se diz "Estes são meus amigos", a implicação é que "Estes outros não são". Por todas essas razões, se alguém acreditar (como eu) que a velha descrição da amizade estava correta, ele dificilmente poderia escrever [...], exceto como reabilitação do conceito.

Os quatro amores, cap. 3

Junho

Gatos invisíveis

19 DE JUNHO

Em nosso tempo, tornou-se necessário responder à teoria de que toda amizade séria e permanente é, de fato, homossexual.
   A perigosa expressão "de fato" é aqui importante. Seria, obviamente, falso dizer que toda amizade é consciente e explicitamente homossexual; os sabe-tudo escondem-se na acusação menos palpável de que é *de fato* — inconsciente, oculto, em algum sentido pickwickiano — homossexual. Embora isso não possa ser provado, nunca, é claro, poderá ser refutado. Não haver evidência positiva de homossexualidade a ser descoberta no comportamento de dois Amigos não atrapalha no mínimo os sabe-tudo: "Isso é exatamente o que devemos esperar", dizem eles em tom grave. A própria falta de evidência é, então, tratada como evidência; a ausência de fumaça prova que o fogo está cuidadosamente oculto. Sim, se existir mesmo. Mas primeiro temos de provar a sua existência. De outra forma, nossa alegação seria similar a de um homem que diz: "Se houvesse um gato invisível naquela cadeira, ela pareceria vazia. Mas a cadeira parece vazia; portanto, existe um gato invisível nela".
   Acreditar em gatos invisíveis não pode ser despovoado pela lógica, mas nos diz muito a respeito daqueles que acreditam nisso. Aqueles que não concebem a Amizade como amor substantivo, mas apenas como um disfarce ou elaboração do Eros, deixam transparecer que nunca tiveram um Amigo. O restante de nós sabe que, embora possamos ter amor erótico e amizade pela mesma pessoa, ainda assim, de alguma maneira, nada é menos parecido com a Amizade do que um caso amoroso. Amantes estão sempre dizendo um ao outro algo sobre seu amor; Amigos quase nunca falam

acerca de sua Amizade. Amantes estão, normalmente, face a face, envolvidos um com o outro; Amigos estão lado a lado, envolvidos com algum interesse comum.

Os quatro amores, cap. 3

O menos ciumento dos amores

20 DE JUNHO

O escritor Lamb disse em algum lugar que: se de três amigos (A, B e C), A morrer, então B perde não apenas A, mas a parte de A em C, enquanto C perde não somente A, mas parte de A em B. Em cada um dos meus amigos há algo que somente outro amigo pode revelar. Sozinho, não sou grande o suficiente para externar em atividade o homem que sou por inteiro; quero outras luzes, além de minha própria, para mostrar todas as suas facetas. Agora que o Charles se foi, nunca mais verei a reação do Ronald a alguma piada sobre a Caroline. Em vez de ter mais do Ronald, não mais precisando dividi-lo com o Charles, na verdade tenho menos. Assim, a amizade verdadeira é o menos ciumento dos amores. Dois amigos se alegram quando um terceiro se junta, e três quando um quarto se une a eles, desde que o recém-chegado esteja qualificado para se tornar um amigo verdadeiro. Então eles poderão dizer, como dizem as almas abençoadas em Dante: "Aí vem aquele que vai aumentar nossos amores". Para esse amor, "compartilhar não é o mesmo que retirar". É claro que a falta de almas gêmeas — sem mencionar considerações práticas sobre o tamanho das salas e a possibilidade de ouvir conversas — impõe limites à ampliação do círculo de amizades. Mas dentro desses limites, à mesma medida que cresce o número daqueles com quem o compartilhamos, não diminui a posse que temos de cada amigo. Ao contrário, ela aumenta. Dessa forma, a Amizade mostra uma gloriosa "proximidade de semelhança" ao próprio Paraíso, onde a multidão dos santos (que nenhum homem pode contar) aumenta o contentamento que cada um tem de Deus. Pois cada alma, vendo Deus à sua própria maneira, sem dúvida comunica essa visão singular a todas as outras. Por isso, diz um velho autor, os serafins da visão de Isaías proclamam "Santo, Santo, Santo" *uns aos outros* (Isaías 6:3). Assim, quanto mais compartilharmos o Pão Celestial entre nós, mais dele todos teremos.

Os quatro amores, cap. 3

Início de uma amizade

21 DE JUNHO

A Amizade brota do mero companheirismo quando dois ou mais dos companheiros descobrem ter em comum alguma perspectiva ou interesse, ou até gosto, que os outros não compartilham e que, até o momento, cada um acreditava ser seu próprio tesouro (ou fardo) singular. A expressão típica de começo de Amizade seria algo como: "O quê? Você também? Eu pensava que era o único!" Podemos imaginar que entre aqueles primeiros caçadores e guerreiros, alguns indivíduos — um em um século? Um em mil anos? — viu aquilo que os outros não viam. Notou que a corça era bonita, além de comestível; que caçar era divertido, além de necessário; sonhou que seus deuses poderiam ser não apenas poderosos, mas também santos. No entanto, à medida que essas pessoas perceptivas morriam sem encontrar uma alma gêmea, nada (suspeito eu) surgiria disso; a arte, o esporte, ou a religião espiritual não nasceriam. Isso só acontece quando duas dessas pessoas descobrem uma a outra. Quando, seja com imensas dificuldades e com conversa mal articulada, seja com aquilo que poderia parecer a nós uma velocidade impressionante ou elíptica de comunicação, eles compartilham sua visão — é, então, que a Amizade nasce. E, instantaneamente, eles estarão juntos numa imensa solidão. [...]

Em nossos tempos, a Amizade surge da mesma maneira. Para nós, é claro, a atividade compartilhada e, portanto, o companheirismo no qual a Amizade sobrevém, não será frequentemente algo físico, como a caça ou a luta. Poderá ser uma religião em comum, estudos em comum, uma profissão em comum, até mesmo um hobby em comum. Todos que compartilham dessa coisa serão nossos companheiros; mas um ou dois ou três que compartilham algo a mais serão nossos Amigos. Nesse tipo de amor, como disse Emerson *"Você me ama?"*, significa *"Você percebe a mesma verdade?"* — ou, ao menos, *"Você se importa com a mesma verdade?"* Aquele que concorda conosco que alguma questão, pouco considerada por outros, é de grande importância, poderá ser nosso Amigo. Essa pessoa não precisa concordar conosco na resposta.

Os quatro amores, cap. 3

Personalidades despojadas

22 DE JUNHO

O amor (essencialmente) ignora não apenas nossos corpos físicos, mas todo aquele corpo de informações como nossa família, emprego, passado e conexões. Em casa, além de ser Pedro ou Jane, também carregamos um caráter geral: marido ou mulher, irmão ou irmã, chefe, colega ou subordinado. Mas não entre nossos Amigos. É uma questão de mentes livres

Junho

ou abertas. O Eros deseja corpos nus; a Amizade, personalidades despojadas.

Portanto, aqui está (se você não me compreender de forma errada) a refinada arbitrariedade e irresponsabilidade desse amor. Não tenho nenhum dever de me tornar Amigo de quem quer que seja; e ninguém no mundo tem o dever de ser meu Amigo. Não existe obrigação, nenhuma sombra de necessidade. A Amizade é desnecessária, assim como a filosofia, a arte, o próprio Universo (pois Deus não tinha necessidade de criá-lo). Não tem nenhum valor para sobrevivência; entretanto, é uma dessas coisas que dão valor à sobrevivência. [...]

Numa Amizade perfeita, esse amor Apreciativo é, penso eu, frequentemente tão elevado e tão fundamentado que cada membro desse círculo se sente, no fundo do coração, humilhado diante dos outros. Às vezes, ele questionará o que faz entre aqueles que são melhores que ele. Ele tem muita sorte de estar na companhia deles, especialmente quando todo o grupo se reúne, cada um contribuindo com o seu melhor, com o que tem de mais sábio ou mais divertido. Essas são as melhores reuniões: quando quatro ou cinco de nós vamos até o nosso refúgio depois de um dia de muito trabalho. Quando colocamos nossos chinelos, nossos pés esticados em direção ao fogo da lareira e nossos drinques ao alcance de nossas mãos; quando o mundo inteiro, e algo além do mundo, se abre para nossas mentes à medida que falamos. E ninguém reivindica ou tem qualquer responsabilidade com o outro, mas todos são pessoas livres e iguais, como se tivessem se encontrado há uma hora, ao mesmo tempo que uma Afeição enternecida pelos anos nos envolve. A vida — vida natural — não possui dádiva melhor que essa para dar. Quem poderia merecer isso?

Os quatro amores, cap. 3

O assunto do Céu

A amizade precisa de proteção divina

23 DE JUNHO

A Amizade, como os outros amores naturais, é incapaz de salvar-se. Na realidade, por ser espiritual e, portanto, enfrentar um inimigo mais sutil, ela deve, com ainda maior intensidade do que eles, invocar a proteção divina caso espere se manter pura. Considere como é estreito o seu verdadeiro caminho. Não deveria se tornar aquilo que as pessoas chamam de uma "sociedade de admiração mútua"; no entanto, se não estiver plena de admiração mútua, de amor Apreciativo, não será de forma nenhuma Amizade. [...] Para um cristão não existem coincidências. Um mestre de cerimônias secreto está a trabalhar. Cristo, que disse a seus discípulos "Vocês não me escolheram, eu os escolhi", pode verdadeiramente dizer a cada grupo de amigos cristãos "Vocês não escolheram uns aos outros, eu escolhi vocês uns para os outros". A Amizade não é uma recompensa para nosso discernimento e bom gosto em achar um ao outro. É o instrumento pelo qual Deus revela a cada um as virtudes de todos os outros. Elas não são maiores que as virtudes de outras mil pessoas. Pela Amizade, Deus abre nossos olhos a elas. Como as demais virtudes, são derivadas de Deus e, então, numa boa Amizade, são por ele aumentadas, de modo que sejam seus instrumentos para criar tanto quanto para revelar. Nesse banquete, é ele quem põe a mesa e é ele que escolhe os convidados. E ousamos imaginar que é ele mesmo que algumas vezes preside. Que sempre o tenhamos como nosso Convidado.

Os quatro amores, cap. 3

Junho

Eros

24 DE JUNHO

Ao falar de *Eros* quero dizer, é claro, aquele estado emocional que chamamos de "estar apaixonado" ou, se preferir, "estar amando". Alguns leitores podem ter ficado surpresos quando [...] descrevi a Afeição como o amor em que nossa experiência chega mais perto da experiência dos animais. Com certeza, pode-se perguntar: nossas funções sexuais nos aproximam igualmente dos animais? Isso é bem verdade no que diz respeito à sexualidade humana em geral, mas não me preocuparei com ela em si. A sexualidade faz parte do assunto somente quando se tratar de um ingrediente no estado complexo de "estar amando". Essa experiência sexual pode ocorrer sem o Eros, sem que se esteja "apaixonado", e tenho certeza que esse Eros inclui outras coisas além da atividade sexual. Se preferir colocar dessa maneira, estou pesquisando não a sexualidade que temos com os animais ou até com todas as pessoas, mas olhando para uma variação unicamente humana que se desenvolve dentro do "amor" — aquilo que denomino Eros. Ao carnal ou ao elemento sexual animal dentro do Eros, pretendo (seguindo a maneira antiga) denominar Vênus. Quero dizer por Vênus aquilo que é sexual não num sentido críptico ou mais complexo — como algo profundo que um psicólogo pudesse investigar —, mas no sentido perfeitamente óbvio; o que é conhecido como sexual por aqueles que o experimentam; aquilo que poderia se provar sexual pela simples observação.

Os quatro amores, cap. 4

Eros e a obediência ou desobediência a Deus

25 DE JUNHO

A sexualidade pode funcionar sem o Eros ou como parte do Eros. Apresso-me a acrescentar que faço a distinção somente para limitar nossa pesquisa e sem qualquer implicação moral. De modo algum apoio a ideia popular de que a ausência ou a presença do Eros torne o ato sexual "impuro" ou "puro", degradado ou bom, legal ou ilegal. Se todos os que dormem juntos fossem abomináveis por não estarem num estado de Eros, todos nós seríamos de procedência impura. Os momentos e os lugares em que o casamento depende do Eros constituem uma minoria insignificante. A maioria de nossos antepassados se casaram muito jovens, com noivos escolhidos por seus pais, com base em critérios que nada tem a ver com o Eros. Eles prosseguiram para o ato conjugal com nenhum outro "impulso" além do desejo básico e animal. Eles fizeram a coisa certa; honestos maridos e mulheres cristãos, obedecendo a seus pais e suas mães, cumprindo um para com o outro a "obrigação do casamento" e criando famílias no temor ao Senhor. Do contrário, se esse ato for feito sob a influência de um Eros elevado e brilhante, que reduz a função dos sentidos para uma pequena consideração, talvez sendo até adultério, poderá envolver o coração partido de uma esposa, enganar um marido, trair um amigo, contaminar a hospitalidade e abandonar seus filhos. Não agrada a Deus que a distinção entre o pecado e um dever desperte os sentimentos mais nobres. Esse ato, como qualquer outro, é justificado (ou não) por critérios muito mais prosaicos e definidos; por manter ou quebrar promessas, por

Junho

justiça ou injustiça, por caridade ou egoísmo, por obediência ou desobediência.

Os quatro amores, cap. 4

Eros admira a Amada

26 DE JUNHO

Para o evolucionista, o Eros (a variante humana) será algo que brota de Vênus, uma recente complicação e desenvolvimento do impulso biológico imemorial. No entanto, não devemos presumir que isso é, necessariamente, o que acontece dentro do consciente do indivíduo. Talvez existam aqueles que primeiro sentiram mero apetite sexual por uma mulher e só depois passaram para a fase do "apaixonar-se por ela". Duvido, porém, que isso seja muito comum. Muito frequentemente, o que vem primeiro é uma agradável preocupação com a Amada — uma preocupação geral, não específica, com ela em sua totalidade. O homem nesse estado realmente não tem tempo livre para pensar em sexo. Ele está ocupado demais pensando numa pessoa. O fato de ela ser uma mulher é muito menos importante do que o fato de ser ela mesma. Ele está cheio de desejo, mas o desejo pode não ser satisfeito de forma sexual. Se você perguntar o que ele quer, a resposta verdadeira muitas vezes seria "Continuar a pensar nela". Ele contempla o amor. E mais adiante, quando um elemento explicitamente sexual despertar, ele não sentirá (a não ser que teorias científicas o estejam influenciado) que isso tem sido, todo tempo, a raiz de toda questão. É mais provável que ele sinta que a forte maré do Eros, depois de demolir muitos castelos de areia e ter feito muitas pedras tornarem-se ilhas, finalmente, com a triunfante sétima onda, tenha inundado essa parte de sua natureza também — o pequeno poço de sexualidade normal que estava lá em sua praia antes de a maré o inundar. O Eros o assalta como invasor, tomando conta e reorganizando, uma a uma, as instituições de um país conquistado.

Os quatro amores, cap. 4

Vênus quer "isso"

27 DE JUNHO

George Orwell [...] preferia a sexualidade em sua forma nativa, não contaminada pelo Eros. Em *1984*, seu herói deplorável (menos humano que os heróis de quatro patas de seu excelente *A revolução dos bichos*), antes de punir a heroína, exige reafirmação: "Você gosta de fazer isso?", pergunta; "Não quero dizer só a mim, mas a coisa em si". Ele não fica satisfeito até receber a resposta: "Eu adoro isso". Esse pequeno diálogo define a reorganização. Desejo sexual sem Eros quer *isso, a coisa em si*; o Eros quer a pessoa Amada.

A *coisa* é um prazer dos sentidos; ou seja, um evento que ocorre dentro do próprio corpo. Usamos uma expressão infeliz quando dizemos, sobre o homem cheio de desejo andando pelas ruas, que ele "quer uma mulher". Na verdade, uma mulher é exatamente o que ele não quer. Ele quer um prazer para o qual uma mulher é apenas uma peça necessária do equipamento. O quanto ele se importa com uma mulher pode ser medido por sua atitude para com ela cinco minutos depois de o ato terminar (ninguém guarda o maço depois de fumar seu último cigarro). Por outro lado, o Eros faz um homem realmente desejar, não uma mulher, mas uma mulher em particular. De uma maneira misteriosa, mais indiscutível, o amante deseja a mulher Amada, ela mesma, não o prazer que ela pode dar. Nenhum amante do mundo já procurou os abraços de uma mulher que ama de forma calculada, mesmo que inconscientemente, imaginando que seriam mais prazerosos do que os de outra mulher. Claro que se o perguntassem, sem dúvida ele responderia que assim o espera. Mas levantar a pergunta seria dar um passo totalmente para fora do mundo do Eros.

Os quatro amores, cap. 4

Um perigo espiritual no Eros
28 DE JUNHO

No passado, acreditava-se, e talvez ainda hoje muitas pessoas incultas acreditem, que o perigo espiritual do Eros surge quase inteiramente do elemento carnal dentro dele; que o Eros é "mais nobre" ou "mais puro" quando Vênus é reduzida ao mínimo. Os teólogos morais mais antigos certamente pareciam pensar que o maior perigo do qual tínhamos de nos precaver no casamento era uma entrega aos sentidos que destruía a alma. É preciso notar, porém, que essa não é a abordagem das Escrituras. Ao dissuadir seus convertidos quanto ao casamento, o apóstolo Paulo nada disse sobre o assunto, exceto desencorajar a abstinência prolongada de Vênus (1Coríntios 7:5). O que ele teme é a preocupação, a constante necessidade de satisfazer — isto é, considerar — o seu par, as distrações múltiplas da vida doméstica. É o próprio casamento, não a cama do casal, que nos impedirá de servir a Deus sem interrupções. Será que Paulo está certo? Se posso confiar em minha própria experiência, a grande distração é (tanto dentro como fora do casamento) ocupar-se com os problemas práticos e cuidados preventivos deste mundo, até o menor e mais prosaico deles. Como se fosse uma nuvem de mosquitos, pequenas ansiedades e decisões sobre o que vai acontecer na próxima hora já interferiram nas minhas orações muito mais vezes do que qualquer paixão ou apetite. A grande e permanente tentação do casamento não é a questão da sensualidade, mas (falando francamente) a ganância.

Os quatro amores, cap. 4

São Pedro e São Paulo, apóstolos

29 DE JUNHO

Pedro confessou que Jesus é o Ungido. Aquele lampejo de glória nem havia terminado ainda e a obscura profecia começou: que o Filho do Homem deveria sofrer e morrer. Então, esse contraste e repetido. Pedro, exaltado por um momento por causa de sua confissão, da um passo em falso; a esmagadora reprovação "Para trás de mim" se segue. Depois, utilizando aquela ruína momentânea que Pedro (como tantas vezes) se torna, a voz do Mestre, voltando-se para a multidão, aplica de modo geral a lição moral. Todos os seus seguidores devem tomar a cruz. Essa fuga do sofrimento, essa autopreservação: a vida verdadeira não e isso. Então, mais definitivamente ainda, a convocação para o martírio. Você deve apresentar-se para o caminho. Se você negar a Cristo aqui e agora, ele negara você mais tarde.

Penso que o *ambiente* da igreja "baixa" em que cresci estava muito confortavelmente à vontade em Sião. Meu avô, eu soube, costumava dizer que "esperava ter conversas muito interessantes com Paulo quando chegasse ao Céu". Dois cavalheiros clericais conversando à vontade em um clube!

Junho

Nunca pareceu cruzar sua mente que um encontro com esse apóstolo poderia ser uma experiência esmagadora, mesmo para um clérigo evangélico de boa família. Mas, quando Dante viu os grandes apóstolos no Céu, eles lhe pareceram como *montanhas*. Há muito a ser dito contra as devoções aos santos; mas, pelo menos, eles continuam nos lembrando de que somos pessoas muito pequenas em comparação com eles. Quão menores, então, diante do Mestre deles?

"Teologia moderna e crítica bíblica", *Reflexões cristãs*
Cartas a Malcolm, cap. 2

Anjos, gatos brigões e o leito matrimonial

30 DE JUNHO

Não devemos ser totalmente sérios com relação à Vênus. De fato, não podemos ser totalmente sérios sem cometer alguma violência à nossa humanidade. Não é à toa que toda linguagem e literatura no mundo estão cheias de piadas sobre sexo. Muitas delas podem não ter graça nenhuma ou ser até nojentas, e quase todas são antigas. Mas devemos insistir que elas incorporaram uma atitude com relação à Vênus que, em última análise, põe em perigo a vida cristã em muito menor medida do que uma seriedade reverente. [...]

Ela própria é um espírito brincalhão, mais parecido com uma fada do que uma divindade, e "tira sarro" de nós. Quando todas as circunstâncias externas são apropriadas para seu serviço, ela deixará um ou os dois amantes totalmente indispostos. Quando cada ato claro for impossível, e até mesmo olhares não puderem ser trocados — no metrô, em lojas ou em festas intermináveis —, ela os atacará com toda sua força. Uma hora mais tarde, quando o momento e o lugar forem propícios, ela terá se retirado misteriosamente; talvez, somente de um deles. Que problema isso gera — quanto ressentimento, autocomiseração, suspeitas, vaidade ferida e toda essa conversa sobre "frustração" — para aqueles que a adoram! Mas amantes sensatos riem disso. [...]

Eu não consigo deixar de enxergar isso como uma das piadas de Deus, que a paixão tão elevada, tão transcendente como um Eros, seja, assim, ligada em simbiose inesperada com um apetite corporal que, como qualquer apetite, revela sem cerimônia suas conexões com fatores tão mundanos, como o clima, a saúde, a dieta, a circulação e a digestão. Em Eros, às vezes, parece que estamos voando; Vênus, então, nos puxa de repente e nos lembra de que somos como balões presos por fios. Isso é uma demonstração constante da verdade e de que somos criaturas compostas, animais racionais, por um lado, semelhantes aos anjos, e, por outro, como gatos brigões. Trata-se de algo muito ruim não poder levar na brincadeira. Pior ainda é não aceitar uma piada divina; claro que, feita à nossa custa, mas também (quem pode duvidar) para o nosso benefício sem fim.

Os quatro amores, cap. 4

Julho

A "liderança" do marido cristão

1º DE JULHO

A lei cristã o coroou no relacionamento permanente do casamento, conferindo-lhe — ou deveria dizer, impondo-lhe? — certa "liderança". Essa é uma coroação muito diferente, e como podemos facilmente considerar sério demais o mistério natural, assim também poderemos não considerar o mistério cristão sério o suficiente. Autores cristãos (especialmente Milton) falaram às vezes da liderança do marido com uma complacência que dá arrepios. Precisamos voltar à Bíblia. O marido é o cabeça da esposa quando ele é para ela o que Cristo é para a Igreja. Ele deve amá-la como Cristo amou a Igreja — e o texto prossegue — *e entregou-se por ela* (Efésios 5:25). Essa liderança, então, é mais completamente incorporada não no marido que todos nós desejamos ser, mas naquele cujo casamento é mais semelhante a uma crucificação; cuja esposa recebe mais e dá menos, e de forma nenhuma é merecedora dele, e é — por sua mera natureza — menos digna de amor. Pois a Igreja não tem qualquer beleza a não ser aquela que o Noivo lhe dá, e ele não a encontra bela, mas a faz ficar assim. A confirmação dessa terrível coroação deverá ser aparente, não nas alegrias do casamento de algum homem, mas nas suas tristezas, na doença e no sofrimento de uma boa esposa ou nas falhas de uma esposa ruim, em seu cuidado que nunca se desgasta (e jamais é exibido) ou seu perdão inesgotável; perdão, não concordância. Assim como Cristo vê na Igreja falível, orgulhosa, fanática ou morna na Terra aquela Noiva que um dia não terá nenhuma mancha ou ruga, e que trabalha para produzir essa última situação de modo que seu marido, cuja liderança é semelhante à de Cristo (e ele não pode fazer diferente), nunca entra em desespero. [...]

Julho

Dizer isso não é a mesma coisa que reconhecer que existe alguma virtude ou sabedoria em entrar num casamento que traz tanto sofrimento. Não existe sabedoria ou virtude em procurar o martírio desnecessário ou em deliberadamente procurar a perseguição; ainda assim, é no cristão perseguido e martirizado que o plano do Mestre é realizado de forma menos ambígua. Portanto, nesses terríveis casamentos, uma vez que acontecem, a "liderança" do marido, se apenas pudesse mantê-la, é mais como a de Cristo.

A feminista mais convicta não precisa se ressentir por causa do meu sexo (masculino), pela coroa oferecida, seja no mistério Pagão, seja no Cristão, pois uma é de papel e a outra, de espinhos. O perigo real não é que os maridos possam se apegar à primeira muito rapidamente; mas que vão permitir ou forçar as esposas a usurpá-la.

Os quatro amores, cap. 4

Quando Eros fala como um deus

2 DE JULHO

Se o Eros for honrado sem reservas e for obedecido incondicionalmente, se tornará um demônio. E é dessa maneira que ele deseja ser honrado e obedecido. Divinamente indiferente ao nosso egoísmo, ele também se rebelará de modo demoníaco a toda reivindicação de Deus ou do ser humano que se opõe a ele. [...] Quando amantes afirmam a respeito de algum ato pelo qual possam ser culpados "O amor nos forçou a fazer isso", observe o tom da voz. Uma pessoa que diz "Eu fiz isso porque estava com medo" ou "Eu fiz isso porque estava com raiva" fala de maneira bem diferente. A pessoa está apresentando uma justificativa para aquilo que percebe necessitar de uma desculpa. Mas os amantes dificilmente fazem exatamente isso. Note como pronunciam a palavra *amor*, de forma trêmula, quase exprimindo devoção; não estão recorrendo a uma circunstância atenuante, muito mais a uma autoridade. A confissão pode ser quase uma expressão de soberba, e pode haver alguma sombra de desafio nela. Eles "se sentem como mártires". Em casos extremos, suas palavras realmente expressam de forma recatada uma aliança inabalável com o deus do amor.

"Essas razões na lei do amor já não valem mais", diz a Dalila do escritor Milton. Essa é toda a questão: *na lei do amor*. [...] Isso parece sancionar todo tipo de ações que eles não teriam coragem de praticar em outra situação. Não quero dizer somente, ou principalmente, atos que violam a castidade. Podem ser, também, atos de injustiça ou de falta de caridade contra o mundo exterior. O casal pode dizer um ao outro, num espírito quase sacrificial: "Foi por causa do amor que eu negligenciei meus pais, deixei meus filhos, traí minha companheira e falhei com meu amigo em sua hora de maior necessidade". Essas razões na lei do amor já tiveram o prazo de validade vencido. Os crédulos do amor podem até sentir certo mérito em tais sacrifícios; que oferta mais custosa poderia ser colocada sobre o altar do amor do que a própria consciência?

Os quatro amores, cap. 4

São Tomé, apóstolo

3 DE JULHO

A afirmação "Felizes os que não viram e creram" não tem nada a ver com nosso assentimento original às proposições cristãs. Não foi dirigido a um filósofo que pergunta se Deus existe. Era dirigido a um homem que já cria nisso, que há muito tem familiaridade com uma Pessoa em particular, e evidência de que aquela Pessoa poderia fazer coisas muito *estranhas*, e que, então, se recusava a crer em mais uma coisa *estranha*, muitas vezes predita por aquela Pessoa e atestado por todos os seus amigos mais próximos. É uma repreensão não ao ceticismo no sentido filosófico, mas à qualidade psicológica de ficar "desconfiado". Na verdade, a afirmação adverte: "Você deveria ter me conhecido melhor". Existem casos entre homem e homem nos quais todos nós devemos, de maneira diferente, abençoar aqueles que não viram e creram. Nossa relação com aqueles que confiaram em nós somente depois de provarmos que somos inocentes no tribunal não pode ser a mesma que nossa relação com aqueles que confiaram em nós durante todo o julgamento.

"Sobre a obstinação na crença", *A última noite do mundo*

Devemos fazer aquilo que Ero não pode fazer

4 DE JULHO

Um casal cujo casamento certamente estará a perigo [...], possivelmente arruinado, é daqueles que idolatraram o Eros. Pensaram que ele tivesse o poder e a veracidade de um deus. Esperavam que mera emoção faria por eles, permanentemente, tudo que fosse necessário. Quando essa expectativa é frustrada, eles põem a culpa no Eros ou, mais comumente, em seus parceiros. Na realidade, porém, depois de fazer sua promessa gigantesca e mostrar a você, em vislumbres, o que seu desempenho poderia ser, o Eros "cumpriu seu papel". Como um padrinho, ele fez seus votos; mas somos nós que devemos cumpri-los. Somos nós que precisamos trabalhar para aproximar nossa vida diária de uma concordância maior com os vislumbres que nos foram revelados. Precisamos fazer o trabalho do Eros quando ele não está presente. Bons amantes sabem disso, embora aqueles que não sejam reflexivos ou articulados só consigam expressá-lo em poucas frases convencionais como "saiba que toda rosa tem espinhos", não tenha "muitas expectativas", tenha "bom senso" e coisas do gênero. E todos os bons amantes cristãos sabem que esse trabalho, ainda que modesto, não será realizado a não ser com humildade, caridade e graça divina; isto é, de fato, toda a vida cristã vista de uma perspectiva particular.

Os quatro amores, cap. 4

Caridade

5 DE JULHO

William Morris escreveu um poema chamado *"Love is Enough"* [O amor é o suficiente], e dizem que alguém fez uma breve resenha do poema com as palavras "Não é não". [...] Os amores naturais em si não são suficientes. Se deve ser mantido puro, algo mais precisa vir em socorro do mero sentimento, algo descrito vagamente, de início, como "decência e bom-senso", mas que depois aparece como bondade e, por fim, como a totalidade da vida cristã numa relação específica.

Dizer isso não significa menosprezar os amores naturais, mas indicar onde está sua real glória. Não é nenhuma ofensa ao jardim dizer que ele próprio não vai colocar uma cerca ao seu redor nem arrancar as ervas daninhas, podar as suas árvores frutíferas, cortar sua grama. Um jardim é uma coisa

Julho

boa, mas a virtude que tem não é desse tipo. Ele só continuará como jardim, diferentemente de um matagal, se alguém fizer todas essas coisas para ele. Sua real glória é de uma espécie diferente. O simples fato de necessitar constante limpeza e poda testifica essa glória. O jardim está repleto de vida. Brilha com cores e exala perfumes celestes, e apresenta belezas a cada hora num dia de verão as quais o ser humano nunca poderia ter criado nem imaginado a partir de seus próprios recursos. Se quiser ver a diferença entre sua contribuição e a do jardineiro, coloque a planta mais comum que ele produz lado a lado com enxadas, rastelos, tesouras e pacotes de veneno para ervas daninhas; você terá colocado beleza, energia e fecundidade ao lado da morte e coisas estéreis. Da mesma maneira, a nossa "decência e nosso bom senso" se mostram pálidas e sem vida ao lado da genialidade do amor.

Os quatro amores, cap. 5

Não acredite ter chegado mais longe do que chegou

6 DE JULHO

Para a maioria de nós, a verdadeira rivalidade é entre o eu e o Outro humano, não ainda entre o Outro humano e Deus. É perigoso impor sobre uma pessoa o dever de ir além do amor terreno quando sua real dificuldade está em chegar até aqui. Não há dúvida de que é mais fácil amar menos nosso parceiro-criatura e imaginar que isso acontece porque estamos aprendendo a amar mais a Deus quando a razão real pode ser muito diferente. Podemos estar apenas "confundindo os estragos da natureza pelo aumento da graça". Muitas pessoas não acham muito difícil odiar (amar menos) suas esposas ou mães. M. Mauriac, numa bela cena, apresenta os outros discípulos chocados e perplexos por esse mandamento estranho, mas não Judas. Ele o absorve facilmente.

Os quatro amores, cap. 5

Pretensão dos amores naturais à divindade

7 DE JULHO

Os amores demonstram que são indignos de tomar o lugar de Deus pelo fato de não poderem até mesmo permanecer o que são e fazer aquilo que prometem fazer sem a ajuda de Deus. Por que teria de se provar que um principezinho qualquer não é o Imperador legítimo quando, sem o apoio do Imperador, ele é incapaz até mesmo de manter seu trono subordinado, e a paz em sua pequena província, por meio ano? Até por causa deles mesmos, os amores devem admitir ser coisas secundárias se quiserem se manter como aquilo que desejam ser. Nesse jugo está sua verdadeira liberdade; são "mais altos quando se ajoelham", pois quando Deus governa um coração humano, ainda que às vezes tenha de remover completamente certas autoridades nativas, Ele frequentemente faz com que outras continuem em seus ofícios. E, ao sujeitar suas autoridades à dele, lhes confere pela primeira vez uma base firme. Emerson já disse "Quando os semideuses partem, os deuses chegam". Essa é uma máxima muito duvidosa. Seria melhor dizer "Quando Deus chega (e só então) os semideuses podem permanecer". Deixados a si mesmos, eles desaparecem ou se tornam demônios. Somente em Seu nome poderão "portar seus pequenos tridentes" com imponência e segurança. O lema dos rebeldes, "Tudo pelo amor", é, na realidade, a sentença de morte para o amor (por ora, a data da execução está em branco).

Os quatro amores, cap. 5

Investimentos seguros e pouco risco
8 DE JULHO

Em palavras que ainda trazem lágrimas aos meus olhos, Santo Agostinho descreve a desolação em que a morte de seu amigo Nebridius o lançou (*Confissões* IV, 10). Então ele deriva disso uma lição. É o que acontece, diz ele, quando se dá o coração a qualquer outra coisa que não seja Deus. Todas as pessoas morrem. Não deixe sua felicidade depender de alguma coisa que você poderá perder. Se o amor é para ser uma bênção, e não uma tristeza, ele deve ser dedicado à única pessoa Amada que nunca morrerá.

É claro que isso faz muito sentido. Não ponha sua água numa caneca furada, e não gaste muito numa casa da qual você poderá ser desalojado. E não existe qualquer pessoa viva que responda mais naturalmente que eu a esses ditados espertos. Sou uma pessoa que põe a segurança em primeiro lugar. De todos os argumentos contra o amor, nenhum tem um apelo mais forte à minha natureza do que "Cuidado! Isso pode te fazer sofrer".

Sim, a minha natureza, meu temperamento; não a minha consciência. Quando respondo a um apelo, pareço estar a mil quilômetros de distância de Cristo. Se estou certo de alguma coisa, estou certo de que o ensino de Jesus nunca teve a intenção de confirmar minha preferência inata por investimentos seguros e pouco risco. Duvido que haja alguma coisa em mim que lhe agrade tão pouco. E quem poderia conceber começar a amar a Deus firmado num fundamento tão prudente — porque a segurança (por assim dizer) é melhor? Quem poderia até mesmo incluir isso nas bases do amor? Nesse espírito, você até poderia escolher uma esposa ou um Amigo — mas, com essas bases, você escolheria um cachorro? Para que alguém consiga fazer esse tipo de cálculo, seria necessário estar do lado de fora do mundo do amor, de todos os amores. Eros, o Eros sem lei, preferindo a pessoa Amada à felicidade, está muito mais perto do amor de Deus do que isso.

Os quatro amores, cap. 5

Sem garantias contra o coração partido

9 DE JULHO

Mesmo que admitíssemos que as garantias contra o coração partido são nossa maior sabedoria, teria sido Deus mesmo quem as ofereceu? Aparentemente, não. Pois Cristo veio para dizer por último: "Por que me abandonaste?" [...]

O simples fato de se amar é uma vulnerabilidade. Ame alguma coisa e seu coração certamente ficará apertado e possivelmente partido. Se quiser ter certeza de que seu coração ficará intacto, não deve oferecê-lo a ninguém, nem mesmo a um animal. Use passatempos e pequenos luxos para envolvê-lo cuidadosamente; evite todas complicações; tranque-o de forma segura no caixão ou ataúde de seu egoísmo. No caixão — seguro, escuro, inerte, sem ar — ele mudará. Não será mais quebrado; se tornará inquebrável, impenetrável e irredimível. A alternativa para tragédia, ou pelo menos para o risco de tragédia, é a condenação. O único lugar fora do Céu onde você pode ficar perfeitamente seguro de todos os problemas e perturbações do amor é o Inferno.

Acredito que a maioria dos amores excessivos e sem lei são menos contrários à vontade de Deus do que uma vida sem amor, que se autoconvida e se autoprotege. É como esconder um talento num guardanapo e pela mesma razão dizer: "Eu sabia que o senhor é um homem severo". Cristo não ensinou e sofreu para que nos tornássemos mais cautelosos quanto à nossa própria felicidade — e isso até nos amores naturais. Se uma pessoa não é espontânea com seus queridos deste mundo a quem ele vê, é bem mais provável que também não o seja com relação a Deus, a quem ele não vê. Iremos nos aproximar mais de Deus, não ao tentar evitar os sofrimentos inerentes a todos os amores, mas ao aceitá-los e oferecê-los a ele; lançando fora toda armadura defensiva. Se nossos corações precisam ser quebrados e ele escolher isso como a maneira pela qual deverão ser quebrados, que seja assim.

Os quatro amores, cap. 5

"Odiando" as pessoas que amamos

10 DE JULHO

Como acontece muitas vezes, as próprias palavras de Nosso Senhor são ao mesmo tempo muito mais duras e toleráveis que as palavras dos teólogos. Ele nada diz sobre termos cuidado com os amores terrenos por causa do medo de sermos feridos; ele diz algo que corta como um chicote sobre pisoteá-los debaixo dos pés no momento em que nos impedirem de seguir a ele. "Se alguém vier a mim e não aborrecer [odiar] a seu pai, e mãe, e mulher... e sua própria vida, não pode ser meu discípulo" (Lucas 14:26 ARC).

Mas como devemos compreender a palavra odiar? Seria quase uma contradição de termos se o Amor de Deus ordenasse aqui o que normalmente entendemos por "odiar" — nos mandando acolher o ressentimento, zombar da tristeza da outra pessoa, ter prazer em ferir o outro. Acredito que Nosso Senhor, no sentido aqui pretendido, "odiou" a Pedro quando disse "Retira-te de diante de mim". Odiar é rejeitar, enfrentar, não fazer concessões à pessoa Amada, quando essa pessoa pronuncia, mesmo que de maneira doce e lastimosa, as sugestões do Diabo. Jesus diz que um homem que tentar servir dois senhores, irá "odiar" a um e "amar" o outro. Certamente, não é um mero sentimento de aversão ou apreciação que está em questão aqui. [...] Assim, em última análise, devemos rejeitar ou desqualificar nossos mais próximos e queridos quando eles estiverem entre nós e nossa obediência ao Senhor. Deus sabe, poderá parecer a eles que é mesmo ódio. Não devemos agir a partir da pena que sentimos; devemos ser cegos em relação às lágrimas e surdos em relação aos apelos.

Não direi que esse dever é difícil; alguns acham que é muito fácil; alguns, difícil demais, insuportável. O que é difícil para todos é saber quando a ocasião para esse "odiar" surgiu. Nosso temperamento nos engana. Os mansos e tenros — maridos dominados, mulheres submissas, pais que mimam, filhos certinhos — não acreditarão facilmente que a ocasião tenha chegado. Pessoas autoconfiantes, com uma pitada de agressividade, pensarão que chegou muito cedo. Por isso, é de extrema importância que organizemos nossos amores de modo que seja improvável que a ocasião se apresente alguma vez.

Os quatro amores, cap. 6

Julho

A ressurreição de todos os amores
11 DE JULHO

Podemos esperar que a ressurreição do corpo signifique também a ressurreição daquilo que pode ser chamado de nosso "corpo maior"; o tecido geral de nossa vida terrena, com suas afeições e relacionamentos. Mas somente com uma condição; não uma condição arbitrariamente posta por Deus, mas é necessariamente inerente ao caráter do Céu: nada pode entrar ali que não possa tornar-se celestial. "Carne e sangue", mera natureza, não podem herdar esse Reino. O ser humano pode ascender ao Céu somente porque Cristo, que morreu e acendeu ao Céu, é "nele formado". Não deveríamos pensar que a mesma coisa seja verdadeira no que diz respeito aos amores humanos? Apenas aqueles nos quais o Amor de Deus entrou vão ascender ao Amor de Deus, e estes poderão ser ressuscitados com ele somente se tiverem compartilhado de sua morte em algum grau e de alguma forma, ou seja, se o elemento natural neles se submeteu à transmutação — ano a ano, ou em alguma agonia repentina. Aquilo que é próprio desse mundo passará. O próprio nome da natureza implica transitoriedade. Os amores naturais podem ter esperança para a eternidade, somente na proporção em que permitirem a si ser tomados pela eternidade da Caridade, tendo pelo menos permitido que o processo começasse aqui no mundo, antes que venha a noite quando ninguém trabalha. E o processo envolverá sempre um tipo de morte. Não há saída. Em meu amor pela esposa ou pelo amigo o único elemento eterno é a presença transformadora do Amor de Deus. A partir dessa presença, se for real, os outros elementos poderão ter esperança, assim como os nossos corpos físicos têm esperança de ser ressuscitados dos mortos, pois isso somente é santo neles, isso somente é o Senhor.

Os quatro amores, cap. 6

O assunto do Céu

Philautia: *amor próprio*
12 DE JULHO

Acredita-se que a abnegação esteja — e, de fato, está — muito próxima do cerne da ética cristã. Quando Aristóteles enaltece determinado tipo de amor-próprio, podemos sentir, apesar das cuidadosas distinções que ele faz entre o *Philautia* legítimo e o ilegítimo, que aqui encontramos algo essencialmente subcristão. É mais difícil, entretanto, determinar o que achamos do capítulo *"De la douceur envers nous-mêsmes"*, de São Francisco de Sales, no qual somos proibidos de nutrir ressentimento até mesmo contra nós mesmos e aconselhados a reprovar nossas próprias falhas *avec des remonstrances douces et tranquilles*, sentindo mais compaixão do que paixão. No mesmo espírito, Juliana de Norwich recomenda-nos ser "amorosos e pacíficos", não só com relação a nossos "semelhantes cristãos", mas também a "nós mesmos". Mesmo o Novo Testamento manda-nos amar o próximo como a nós mesmos, o que seria um mandamento horrível caso tivéssemos de odiar-nos. Contudo, nosso Senhor também diz que um verdadeiro discípulo deve "odiar a própria vida".

"Dois caminhos para 'eu'", *Deus no banco dos réus*

Dois tipos de ódio próprio
13 DE JULHO

Não devemos explicar essa aparente contradição afirmando que o amor-próprio é certo até determinado ponto e errado ao ultrapassar esse limite. Não se trata de uma questão de grau. Há dois tipos de ódio próprio que se parecem muito em seus estágios iniciais, mas um dos quais está errado desde

Julho

o início, e o outro certo em seu fim. Quando Shelley fala sobre o desprezo próprio como fonte de crueldade ou quando um poeta posterior diz que não consegue tolerar o homem "que odeia seu próximo como a si mesmo", eles se referem a um ódio muito real e não cristão contra o eu que é capaz de tornar diabólico um homem cujo egoísmo comum teria deixado ser (pelo menos, por um momento) meramente animal. O economista ou psicólogo calejado de nossa época, reconhecendo a "corrupção ideológica" ou a motivação freudiana em sua própria composição, não necessariamente aprende a humildade cristã. Ele talvez chegue àquilo que se chama de "visão inferior" de todas as almas, inclusive da própria alma, que se expressa em cinismo ou em crueldade, ou em ambos. Nem mesmo os cristãos, aceitando certas formas da doutrina da depravação total, estão livres desse perigo. A conclusão lógica do processo é a adoração do sofrimento — dos outros e de si mesmo — que vemos, se é que li corretamente, na obra *Voyage to Arcturus* [Viagem a Arcturus], de David Lindsay, ou no vazio extraordinário que Shakespeare descreve no final de *Ricardo III*. Ricardo, em sua angústia, tenta voltar-se ao amor-próprio. No entanto, ele "enxergou além" de todas as emoções por tanto tempo, que "enxergou além" até mesmo desta. Ela se torna uma mera tautologia: "Ricardo ama Ricardo; isto é, eu sou eu."

"Dois caminhos para 'eu'", *Deus no banco dos réus*

Dois caminhos para o eu
14 DE JULHO

Ora, o eu pode ser considerado de duas maneiras. Por um lado, é criatura de Deus, motivo de amor e regozijo; mesmo que no presente, porém, encontre-se em condição detestável, apenas digno de pena e necessitado de cura. Por outro lado, é aquele eu, dentre todos os outros, chamado *eu* — que, por este motivo, faz uma reivindicação irracional de preferência. Esta reivindicação deve ser não apenas odiada, mas simplesmente eliminada; sem "nunca", conforme disse George MacDonald, "poder receber um momento sequer de trégua da morte eterna". O cristão deve travar uma guerra interminável contra o clamor do *ego* como *ego*, embora ame e aprove o eu propriamente dito, salvo seus pecados. O mesmo amor-próprio que ele tem de rejeitar é, para ele, uma amostra de como deveria se sentir com relação a todos os egos; e ele pode esperar que, quando aprender de verdade (o que dificilmente acontecerá nesta vida) a amar o próximo como a si mesmo, poderá ser capaz de amar a si mesmo como a seu próximo — isto é, com caridade em vez de parcialidade. Aquele outro tipo de ódio próprio, ao contrário, odeia o eu propriamente dito. Ele começa aceitando o valor especial do *eu* pessoal; então, com o orgulho ferido ao descobrir que tal objeto querido é tão decepcionante, procura vingança — primeiro neste mesmo eu, depois em todos os outros. Profundamente egoísta, mas agora com um egoísmo invertido, ele usa o revelador argumento "Eu não poupo a mim mesmo" — com a implicação de que "logo, *a fortiori*, não preciso poupar os outros" — e torna-se como o centurião em Tácito, *toleraverat immitior quia*.

O ascetismo errado atormenta o eu; o ascetismo correto destrói o egoísmo. Devemos morrer diariamente; porém, é melhor amar o eu do que não amar coisa alguma e ter compaixão do eu do que não se compadecer por ninguém.

"Dois caminhos para 'eu'", *Deus no banco dos réus*

Julho

Olhando para além de nós mesmos
15 DE JULHO

Devemos, creio, desconfiar dos estados de espírito que voltam nossa atenção para nós mesmos. Nem mesmo para os nossos pecados nós devemos olhar mais do que o necessário; apenas o suficiente para reconhecê-los e arrepender-nos deles. E nossas virtudes ou progressos (se existirem) são, sem dúvida, um perigoso objeto de contemplação. Quando o Sol se encontra verticalmente acima de um homem, este não produz sombra; da mesma maneira, quando alcançamos o meridiano divino, nossa sombra espiritual (isto é, nossa autoconsciência) desaparece. Assim, em certo sentido, somos quase nada: um espaço a ser preenchido por Deus e pelas demais criaturas benditas, as quais, por sua vez, são espaços que ajudamos a preencher.

The Collected Letters of C. S. Lewis, Volume III
[Coletânea de cartas de C. S. Lewis, volume III]
(30 de novembro de 1954)

Desvio da vida estética
16 DE JULHO

Até tempos bem modernos — creio que até o tempo dos românticos — ninguém jamais sugeriu que a literatura e as artes eram um fim em si mesmas. Elas "pertenciam à parte ornamental da vida"; ofereciam "distração inocente", "refinavam nossos modos", "incitavam-nos à virtude" ou glorificavam os deuses. As grandes músicas eram compostas para as missas, as grandes imagens eram pintadas para preencher algum espaço na parede da sala de jantar de um nobre ou para incitar devoção em uma igreja, e as grandes tragédias eram escritas ora por poetas religiosos em homenagem a Dionísio, ora por poetas comerciais para entreter londrinos em seus momentos de lazer.

Foi somente no século XIX que nós nos tornamos cientes da plena dignidade da arte. Nós começamos a "levá-la a sério", assim como os agora nazistas levam a mitologia a sério. Porém, o resultado parece ter sido um desvio da vida estética, na qual pouco nos resta salvo obras magnânimas que cada vez menos pessoas desejam ler ou ouvir ou ver e obras "populares" obras das quais tanto quem as produz quanto quem as consome se envergonham um pouco. [...] Por valorizar demais um bem real, porém secundário, nós quase o perdemos.

"Coisas primárias e secundárias", *Deus no banco dos réus*

Coisas primárias e secundárias

17 DE JULHO

Quanto mais eu pensava nisso, mais passei a suspeitar de que estava percebendo uma lei universal. *On cause mieux quand on ne dit pas Causons.* A mulher que coloca o cão de estimação no centro de sua vida acaba perdendo não apenas sua função e dignidade como ser humano, mas também o prazer propriamente dito de ter um cão. O homem que faz do álcool seu bem principal perde não só o emprego, como também o paladar e toda a capacidade de desfrutar dos níveis anteriores (e apenas prazerosos) de intoxicação. É uma coisa gloriosa sentir, por alguns momentos, que todo o significado do universo se resume a uma única mulher — porém, apenas à medida em que outros deveres e prazeres nos ocupam com outras coisas. Se conseguirmos colocar a casa em ordem e organizar a vida (isso, às vezes, é possível) a ponto de nada mais termos a fazer do que contemplá-la, o que acontece? É claro que esta lei já foi descoberta antes, mas ela pode ser redescoberta. Pode-se dizer o seguinte: toda preferência de um bem menor a um bem maior ou de um bem parcial a um bem total implica a perda do bem menor ou parcial pelo qual o sacrifício foi feito.

Aparentemente o mundo é assim. Se Esaú realmente recebeu o caldo em troca de sua primogenitura, ele foi uma exceção afortunada. Não se pode obter coisas secundárias colocando-as em primeiro lugar; só é possível obter coisas secundárias colocando as coisas primárias em primeiro lugar. Disso, concluímos que a pergunta "Quais são as coisas primárias?" é relevante não apenas para os filósofos, mas para todos.

"Coisas primárias e secundárias", *Deus no banco dos réus*

A paz mundial é mais importante do que a salvação?

18 DE JULHO

É impossível [...] não questionar o que nossa própria civilização tem colocado em primeiro lugar durante os últimos trinta anos. E a resposta é simples. Ela tem colocado a si mesma em primeiro lugar. Preservar a civilização é o grande alvo; o colapso da civilização, o grande pesadelo. Paz, padrão elevado de vida, higiene, transporte, ciência e diversão — tudo isso, o que normalmente entendemos por civilização, é nosso objetivo. Alguém poderia responder que nossa preocupação com a civilização é muito natural e necessária em uma época na qual ela corre tanto perigo. Mas e se for o

O assunto do Céu

contrário? E se a civilização estiver correndo perigo justamente pelo fato de todos nós a termos transformado em *summum bonum*? Talvez ela não possa ser preservada desta maneira. Talvez a civilização nunca possa estar segura até que nos importemos mais com alguma outra coisa do que com ela mesma.

A hipótese tem fatos que a sustentam. No que diz respeito à paz (um dos ingredientes em nossa ideia de civilização), creio que muitos concordariam hoje que uma política externa dominada pelo desejo de manter a paz é um dos muitos caminhos que conduzem à guerra. Por acaso, a civilização já esteve seriamente ameaçada antes de se tornar o objetivo exclusivo da atividade humana? As pessoas fazem muitas idealizações irrefletidas de épocas passadas, e não desejo incentivar este tipo de comportamento. Nossos antepassados eram cruéis, lascivos, gananciosos e tolos como nós o somos. Porém, é preciso perguntar: enquanto eles se importaram mais com outras coisas do que com a civilização — e, em diferentes períodos, eles se importaram com todo o tipo de coisa: com a vontade de Deus, com a glória, com a honra pessoal, com a pureza doutrinária, com a justiça —, por acaso a civilização correu sério risco de desaparecer?

A sugestão merece, no mínimo, reflexão. Sem dúvida, se for verdade que a civilização nunca estará segura até que seja colocada em segundo lugar, logo surge a pergunta: em segundo lugar depois do quê? Qual é o primeiro lugar? A única resposta que posso oferecer aqui é que, se não sabemos qual é este lugar, a primeira e única coisa realmente prática é a se fazer é procurar descobri-lo.

"Coisas primárias e secundárias", *Deus no banco dos réus*

Julho

A bomba

19 DE JULHO

Progresso significa movimento em uma direção desejada, mas nem todos desejam as mesmas coisas para nossa espécie. Em *Possible Worlds* [Mundo possíveis], o professor Haldane imaginou um futuro no qual o homem, prevendo que a Terra logo seria inabitável, fez as adaptações necessárias à migração para Vênus, modificando drasticamente sua fisiologia e abandonando a justiça, a piedade e a felicidade. O desejo era de mera sobrevivência. Eu, porém, me importo muito mais com o modo como a humanidade vive do que por quanto tempo ela vive. Progresso, para mim, significa aumentar a bondade e a felicidade na vida de cada um. Para a espécie, assim como para cada indivíduo, a mera longevidade parece-me um ideal insignificante.

Deste modo, vou ainda mais longe do que C. P. Snow ao tirar o foco da bomba de hidrogênio. Assim como ele, eu não estou certo de que, caso ela matasse um terço dos homens (o terço em que estou incluso), isso seria uma coisa ruim para o restante; como ele, eu não acho que ela aniquilará toda a humanidade. Mas e se aniquilasse? Como cristão, considero ponto pacífico o fato de que a história humana terminará algum dia. Todavia, não darei à Onisciência conselho algum quanto à melhor data para esta consumação. Estou mais preocupado com o que a bomba já está causando.

Vemos jovens que transformam esta ameaça em motivo para corromper todos os prazeres e fugir de todas as obrigações do presente. Por acaso eles não sabem que, com ou sem bomba, todos morrerão (e, muitos, de maneiras horríveis)?

"O progresso é possível?", *Deus no banco dos réus*

O assunto do Céu

Igualdade

20 DE JULHO

É desnecessário dizer que as pessoas têm o mesmo valor. Se tomarmos a expressão valor num sentido mundano — se queremos dizer que todas as pessoas são igualmente úteis, bonitas, boas ou divertidas — então, isto é um absurdo. Se queremos dizer que todos têm valor igual na condição de almas imortais, então, penso eu, esconde-se aqui um perigoso erro. O valor infinito de cada alma humana não é uma doutrina cristã. Deus não morreu pelo ser humano por causa de algum valor que tenha percebido nele. O valor de cada alma humana, considerada simplesmente em si mesma, sem um relacionamento com Deus, é zero. Como o apóstolo Paulo escreve, morrer por pessoas de valor não teria sido divino, mas meramente heroico; contudo, Deus morreu por pecadores. Ele nos amou não porque éramos dignos de amor, mas porque ele é amor. Pode até ser que ele ame a todos de forma igual — ele certamente amou a todos até a morte —, e não estou certo do que essa expressão significa. Se houver igualdade, está no amor que Deus demonstra, não em nós.

"Membresia", *O peso da glória*

Democracia

21 DE JULHO

Sou um democrata porque acredito na queda do homem. Acho que a maioria das pessoas é democrata pelo motivo oposto. Uma grande parcela do entusiasmo democrático vem das ideias de pessoas como Rousseau, que acreditavam na democracia por considerar a humanidade tão sábia e boa,

Julho

que todos mereciam ter participação no governo. O perigo de se defender a democracia por essas razões é que elas não são verdadeiras. E, sempre que suas fraquezas são expostas, as pessoas que preferem a tirania tiram vantagem desta exposição. Eu acho que elas não são verdadeiras baseando-me simplesmente em mim mesmo. Eu não mereço ter participação no governo sequer de um galinheiro, muito menos de uma nação. Tampouco a maioria das pessoas — todas aquelas que acreditam em propagandas, pensam em slogans e espalham boatos. O verdadeiro motivo para a democracia é precisamente o inverso. A humanidade é tão caída, que a nenhum homem pode ser confiado poder ilimitado sobre seus semelhantes. [...]

Isso introduz uma perspectiva da igualdade bastante diferente daquela segundo a qual fomos treinados. Eu não creio que a igualdade seja uma daquelas coisas (como a sabedoria ou a felicidade) que são boas em si mesmas. Creio que ela esteja na mesma categoria da medicina, que é boa porque estamos doentes, ou das roupas, que são boas porque não somos mais inocentes. [...] Quando a igualdade é tratada não como um medicamento ou dispositivo de segurança, mas como um ideal, começamos a produzir o tipo de mentalidade atrofiada e invejosa que odeia toda superioridade.

"Equality" [Igualdade], *Present Concerns* [Questões atuais]

Santa Maria Madalena

22 DE JULHO

É bom estar ainda sob os cuidados de Maria Madalena. [...] Ocorreu-me, outro dia, o sentido alegórico de sua atitude grandiosa. O precioso vaso de alabastro, que se deve *quebrar* sobre os pés sagrados, representa o *coração*. É mais fácil falar do que fazer. E o conteúdo só se transforma em perfume quando é quebrado. Enquanto está seguro do lado de dentro, mais se assemelha a esgoto. Muito preocupante.

Letters to an American Lady [Cartas a uma senhora americana]
(1º de novembro de 1954)

Monarquia: nossa raiz principal no Éden

23 DE JULHO

Nós, britânicos, devemos nos alegrar por ter conseguido alcançar um bom nível de democracia legal (ainda precisamos de mais democracia econômica) sem perder nossa monarquia cerimonial. Afinal, ali, bem no centro de nossa vida, está aquilo que satisfaz o anseio por desigualdade e atua como um lembrete permanente de que remédio não é comida. É por este motivo que a reação de um indivíduo à monarquia é uma espécie de teste. A monarquia pode ser facilmente "refutada"; porém, observe bem as faces, repare bem no sotaque daqueles que o fazem. Estes são os homens cuja raiz principal no Éden foi cortada: aqueles que não podem ser alcançados por rumor algum de polifonia ou dança; homens para os quais seixos dispostos em fileiras são mais belos do que aqueles dispostos em arcos. Contudo, mesmo se desejarem a mera igualdade, não a poderão alcançar. Onde os indivíduos são proibidos de venerar um rei, eles veneram milionários, atletas ou estrelas de cinema; até mesmo prostitutas famosas ou gângsteres. A natureza espiritual, assim como a natureza física, será servida de qualquer maneira; se lhe for negada comida, ela devorará veneno.

"Equality" [Igualdade], *Present Concerns* [Questões atuais]

Julho

Monarquia e política

24 DE JULHO

Corineus comparou o cristianismo moderno à monarquia inglesa moderna: os costumes da realeza foram mantidos, mas a realidade foi abandonada. [...] "Por que não cortar o cordão?", pergunta Corineus. "Tudo seria muito mais fácil se você libertasse seu pensamento desta mitologia rudimentar." Certamente, bem mais fácil. A vida seria muito mais fácil para a mãe de uma criança inválida se ela a entregasse para uma instituição e adotasse o bebê saudável de outra pessoa no lugar. A vida seria bem mais fácil para muitos homens se eles abandonassem a mulher por quem realmente se apaixonaram e se casassem com outra pessoa por ser mais adequada. O único defeito do bebê saudável e da pessoa adequada é que eles deixam de fora o único motivo que o indivíduo tem para se importar com uma criança ou uma mulher. "Conversar não seria muito mais racional do que dançar?", perguntou a senhorita Bingley na história de Jane Austen. "Muito mais racional", respondeu o senhor Bingley, "mas muito menos parecido com um baile".

Da mesma maneira, seria muito mais racional abolir a monarquia inglesa. Mas como, se, ao fazê-lo, deixaríamos de fora o único elemento de nosso Estado que mais importa? Como, se a monarquia é o canal através do qual todos os elementos *vitais* de cidadania — a lealdade, a consagração da vida secular, o princípio hierárquico, a pompa, a cerimônia, a continuidade — ainda fluem para irrigar a aridez da política econômica moderna?

Deus no banco dos réus

O assunto do Céu

São Tiago, apóstolo
25 DE JULHO

O Novo Testamento contém promessas constrangedoras de que receberemos o que pedirmos em oração com fé. Marcos 11:24 é a mais surpreendente. Tudo pelo que pedimos, crendo que vamos receber, vamos receber. [...] Como é que essa promessa surpreendente se concilia (a) com os fatos observados e (b) com a oração no Getsêmani, e (como resultado dessa oração) com a visão universalmente aceita de que devemos pedir tudo com uma ressalva ("se for da Tua vontade")?

No que diz respeito à alínea (a), não é possível fugir. Toda guerra, toda fome ou peste, quase todo leito de morte, é o monumento a uma petição que não foi atendida. Nesse exato momento, milhares de pessoas nesta ilha estão enfrentando, como um *fait accompli*, a mesma coisa contra a qual têm orado dia e noite. [...]

Mas (b), embora mencionado com muito menos frequência, é certamente também uma dificuldade. Como é possível, ao mesmo tempo, ter uma fé perfeita — uma fé despreocupada ou sem hesitação, como diz o apóstolo Tiago (1:6) — de que você obterá o que pede e, ainda assim, preparar-se antecipadamente, de modo submisso, para uma possível recusa? Se você prevê ser possível uma recusa, como pode ter, simultaneamente, uma perfeita confiança de que aquilo pelo que pede não será recusado? [...]

No que diz respeito à primeira dificuldade, não estou perguntando por que nossas petições são com tanta frequência recusadas. Qualquer um pode ver, de modo geral, que isso deve ser assim. Em nossa ignorância, pedimos o que não é bom para nós ou para os outros, ou mesmo o que não é intrinsecamente possível. Ou, ainda, atender à oração de um homem

Julho

envolve recusar a de outro. Há muito aqui que é difícil para nossa vontade aceitar, mas nada que seja difícil para nosso intelecto compreender. O problema real é diferente: não é a razão pela qual a recusa é tão frequente, mas qual a razão para que o resultado oposto seja tão prodigamente prometido.

Devemos [...] rejeitar as promessas constrangedoras como "arcaísmos veneráveis" que precisam ser "superados"? Certamente, mesmo que não houvesse outra objeção, esse método é muito fácil. Se formos livres para apagar todos os dados inconvenientes, certamente não teremos dificuldades teológicas; mas, pela mesma razão, não teríamos soluções nem progresso. Os próprios escritores de histórias de detetive, para não mencionar os cientistas, sabem muito bem disso. O fato problemático, o aparente absurdo que não pode ser encaixado em qualquer síntese que tenhamos feito, é precisamente aquele que não podemos ignorar. [...] Sempre há esperança se mantivermos um problema não resolvido em mente; não há nenhuma se fingirmos que ele não existe.

Cartas a Malcolm, cap. 11

Maldanado e a democracia

26 DE JULHO

Democracia é a palavra que vocês devem usar para mantê--lo no cabresto. O ótimo trabalho de corrupção da língua humana que nossos especialistas em Filologia já fizeram torna desnecessário alertá-los para o fato de que eles nunca poderão dar a essa palavra um sentido claro e definível. Aliás, eles não o teriam de qualquer maneira. Jamais lhes ocorrerá que a *democracia* é propriamente o nome de um sistema político de votação e que isso tem apenas uma conotação muito tênue e remota com o que vocês estão tentando lhes vender.

Nem, é claro, jamais deverão receber a permissão para levantar a questão de Aristóteles: Se o "comportamento democrático" significa o comportamento preferido pelas democracias ou o comportamento que vai preservar a democracia. Pois, se eles o fizerem, dificilmente lhes deixará de ocorrer que essas coisas não têm que ser iguais.

Vocês devem usar a palavra como se fosse puramente mágica; caso prefiram, usem-na apenas pelo seu poder mercadológico. Trata-se de um nome que eles veneram. E é claro que está associado ao ideal político de que os homens devam ser tratados com igualdade. E vocês, então, deveriam fazer uma transição furtiva na mente deles, desse ideal político para uma crença objetiva de que todos os homens *são realmente* iguais. Especialmente aqueles homens que vocês estiverem manipulando. Consequentemente, vocês podem usar a palavra *Democracia* para sancionar o mais degradante (e também o menos apreciável) de todos os sentimentos humanos. [...] O sentimento a que me refiro, obviamente, é aquele que predispõe uma pessoa a dizer *"eu sou tão bom quanto você"*. A primeira e mais óbvia vantagem disso é que, dessa forma, vocês o induzem a fazer de uma bela e deslavada mentira o centro de sua vida.

"Maldanado propõe um brinde", *Cartas de um diabo a seu aprendiz*

Maldanado incentiva a inveja

27 DE JULHO

Agora, esse fenômeno útil não é nenhuma novidade. Tornou-se público e notório pelo nome de inveja, coisa que já era conhecida dos seres humanos há milhares de anos. Mas, até aqui, eles sempre a consideraram o vício mais odioso e também o mais cômico de todos. Os que estavam conscientes de sentir inveja tinham vergonha disso; aqueles que tinham a consciência dela não a perdoavam nos outros. A novidade prazerosa da situação presente é que vocês podem sancioná-la — torná-la respeitável ou até louvável — pelo uso encantatório da palavra mágica *democrático*.

Sob a influência desse encantamento, aqueles que são, de um modo ou de outro, inferiores podem se dedicar de forma mais intensa e com mais sucesso do que nunca a puxar para baixo todo o restante do mundo, trazendo-os ao seu próprio nível. Mas isso não é tudo. Sob a mesma influência, aqueles que chegaram ou puderam chegar mais perto da humanidade no sentido mais genuíno, na verdade se afastaram dela, precisamente por medo de serem *antidemocráticos*. Fui informado, a partir de fontes seguras, de que os jovens de hoje muitas vezes suprimem um gosto incipiente por música clássica ou boa literatura porque isso os impediria de serem iguais a todo o mundo, e que as pessoas que realmente desejassem ser, e recebem a graça que os capacita para ser honestas, castas ou temperantes, a recusam, pois aceitá-la poderia torná-las diferentes, ofender novamente a "normalidade das coisas", tirá-las do círculo da "irmandade", prejudicar sua integração com o grupo. Elas poderiam tornar-se indivíduos (que horror!).

"Maldanado propõe um brinde", *Cartas de um diabo a seu aprendiz*

Maldanado explica as desvantagens da guerra

28 DE JULHO

É claro que uma guerra é diversão garantida. [...] Mas que bem permanente isso poderá fazer se não tirarmos disso vantagem para levar almas ao Nosso Pai nas Profundezas? Quando vejo o sofrimento temporal dos humanos que conseguiram escapar de nós, sinto como se tivesse sido autorizado a provar do primeiro prato de um banquete farto e depois tenha sido impedido de comer o resto. Isso é pior do que não o ter sequer provado. O Inimigo, fiel aos seus métodos bárbaros de guerra, permite-nos testemunhar a breve miséria de seus prediletos tão somente para nos afligir e atormentar — escarnecer da fome incessante que, ao longo desta fase atual do grande conflito, seu bloqueio está reconhecidamente impondo. Vamos então pensar primeiro sobre como usar e, depois, como nos deliciar com essa guerra europeia, pois há certas tendências inerentes a ela que não estão, em si mesmas, de forma alguma atuando em nosso favor. Podemos ter esperança de achar alguma dose de crueldade e de impiedade. Mas se não formos cuidadosos, veremos milhares se voltando para o Inimigo em sua tribulação, enquanto dezenas de milhares que não irão assim tão longe, e ainda assim terão a sua atenção desviada de si mesmos para valores e causas que acreditam serem superiores a eles próprios. Sei que o Inimigo desaprova muitas dessas causas. Mas é aí que se mostra tão injusto ao premiar, muitas vezes, aqueles seres humanos que deram suas vidas por causas que ele considera ruins, a partir da fundamentação monstruosamente sofística de que os seres humanos as achavam boas e estavam fazendo o melhor que sabiam. Considere ainda quantas mortes indesejáveis ocorrem em tempos de guerra. Pessoas são mortas em lugares onde sabiam que poderiam morrer e para os quais vão preparadas, se já estiverem, de alguma forma, do lado do Inimigo. Seria tão melhor para nós se *todos* os seres humanos morressem em hospitais caros cercados por médicos que mentem, enfermeiras que mentem e amigos que fazem o mesmo, conforme foram por nós treinados, a prometer vida para os moribundos, a encorajar a crença de que a doença pode ser tida como desculpa para qualquer indulgência, e até mesmo (se nossos trabalhadores fizerem bem o seu trabalho) a negar qualquer sugestão de que se chame um reverendo, a menos que sonegue ao doente sua verdadeira condição! E quão desastrosa para nós é a lembrança da morte que a guerra impõe. Uma de nossas melhores armas, o contentamento mundano, se mostrará inútil. Nos tempos de guerra, nem mesmo um ser humano consegue acreditar que viverá para sempre.

Cartas de um diabo a seu aprendiz, cap. 5

Santa Marta

29 DE JULHO

A morte humana é o resultado do pecado e triunfo de Satanás. Mas ela também é o meio de redenção do pecado, a cura de Deus para o homem e sua arma contra Satanás. [...]

E é possível imaginar como isso pode ter acontecido. O inimigo persuade o homem a rebelar-se contra Deus. O homem, ao fazê-lo, perde o poder de controlar aquela outra rebelião que o inimigo agora suscita em seu organismo (tanto psíquico quanto físico) contra seu espírito. E, do mesmo modo, este organismo, por sua vez, perde o poder de sustentar-se contra a rebelião do inorgânico. Dessa maneira, Satanás produziu a morte humana. Porém, quando Deus criou o homem, ele lhe deu uma constituição tal que, se a parte mais elevada dela se rebelasse contra ele, tenderia a perder o controle sobre as partes inferiores; isto é, a longo prazo, sofreria a morte. Esta provisão pode ser considerada igualmente uma sentença punitiva ("no dia em que dela comer, certamente você morrerá"), um ato de misericórdia e um dispositivo de segurança. Ela é castigo porque a morte — a morte a respeito da qual Marta diz a Cristo: "Senhor, ele já *cheira mal*" — é horror e ignomínia. [...] É um ato de misericórdia porque, por meio de uma entrega deliberada e humilde a ela, o homem desfaz sua atitude de rebelião e transforma até mesmo esta modalidade depravada e monstruosa de morte no tipo superior e místico de morte que é eternamente bom e um ingrediente necessário à vida mais elevada. [...] Ela é um dispositivo de segurança porque, uma vez caído o homem, a imortalidade natural seria um destino absolutamente desesperador. Impelido à rendição que deve fazer por não existir uma necessidade externa de morte, livre (caso chamemos isso de liberdade) para se prender, cada vez mais rápido ao longo de séculos infinitos, nas cadeias de seu próprio orgulho e lascívia e das civilizações tenebrosas que estes sentimentos edificam em poder e complexidade exacerbantes, ele deixaria de ser um mero homem caído e passaria a ser um demônio, possivelmente além de qualquer possibilidade de redenção.

Miracles [Milagres], cap. 14

Metáfora e Verdade

30 DE JULHO

Para um cristão primitivo simplório, o fato de Cristo estar assentado à direita do Pai realmente implicasse duas cadeiras imponentes em determinada relação espacial dentro de um palácio celestial. Porém, se o mesmo homem recebesse uma educação filosófica e descobrisse que Deus não tem corpo, membros ou está sujeito a paixões e, por conseguinte, nem uma destra nem um palácio, ele não consideraria que o aspecto essencial de sua crença havia sido alterado. O importante para ele, mesmo nos dias de sua simplicidade, não eram supostos detalhes sobre o mobiliário celeste; era, em vez disso, a certeza de que o Mestre então crucificado passara a atuar como Agente supremo do Poder inimaginável do qual todo o universo depende. E, nisto, ele reconheceria que nunca fora enganado.

O crítico talvez ainda nos pergunte por que as imagens — as quais admitimos ser falsas — deveriam sequer ser empregadas. O que ele não percebe, porém, é que qualquer linguagem que venhamos a utilizar em seu lugar incluiria imagens suscetíveis às mesmas objeções. Afirmar que Deus "entra" na ordem natural envolve tanta imagem espacial quanto afirmar que ele "desce"; o movimento horizontal (ou indefinido) foi apenas substituído pelo movimento vertical. Dizer que ele foi "reabsorvido" ao Númeno só é melhor do que dizer que ele "ascendeu" ao céu se a imagem de algo sendo dissolvido em um fluido quente, ou sugado por uma garganta, for menos inexata do que a imagem de um pássaro, ou um balão, subindo. Qualquer linguagem, exceto aquela que diz respeito a objetos do sentido, é completamente metafórica. Chamar Deus de "Força" (isto é, algo como um vento ou um dínamo) é tão metafórico quanto chamá-lo de Pai ou Rei. Nesta questão, nossa linguagem pode tornar-se apenas mais polissilábica e imprecisa; não é possível deixá-la mais literal.

"'Coisas vermelhas horríveis'", *Deus no banco dos réus*

O assunto do Céu

Santo Inácio de Loyola
31 DE JULHO

Inácio de Loyola [...] aconselhou seus alunos a começarem as meditações com o que ele chamou de *compositio loci*. A Natividade ou o Casamento em Caná, ou qualquer que fosse o tema, deveria ser visualizado com o máximo possível de detalhes. Um de seus seguidores ingleses até nos instou a procurar "o que bons autores escreveram sobre esses lugares" a fim de obter a topografia, "a altura das colinas e a situação das cidades", correta. Agora, por duas razões diferentes, isso não "se aplica à minha condição".

Uma, é por eu viver em uma era arqueológica. Não podemos mais, como fez Inácio, incluir, com credibilidade, as roupas, os móveis e os utensílios de nossa época na antiga Palestina. Sei que não faria a coisa certa. Eu saberia que o próprio céu e a luz solar dessas latitudes eram diferentes daquilo que quaisquer das minhas imaginações do Norte pudessem fornecer. Eu poderia, sem dúvida, fingir para mim mesmo uma ingenuidade que eu de fato não possuo; mas isso lançaria uma irrealidade sobre todo o exercício.

A segunda razão é mais importante. Inácio de Loyola era um grande mestre, e tenho certeza de que ele sabia do que seus pupilos necessitavam. Concluo que eram pessoas cuja imaginação visual era fraca e carente de estímulos. Mas, o problema com pessoas como nós, é exatamente o contrário. Podemos dizer isso um ao outro porque, em nossa boca, não é orgulho, mas uma confissão. Concordamos que o poder — na verdade, a compulsão — de visualizar não é "Imaginação" no sentido mais elevado, nem a Imaginação que torna um homem um grande autor ou um leitor sensível. Seguro com rédeas *muito* curtas, esse poder de visualização pode, por

Julho

vezes, servir à verdadeira Imaginação; muitas vezes ele simplesmente atrapalha.

Se eu começar com um *compositio loci*, nunca alcançarei a meditação. O quadro continuaria se elaborando sozinho indefinidamente e tornando cada momento de menor relevância espiritual.

Cartas a Malcolm, cap. 16

Agosto

Olhar "na direção de" e olhar "para"

1º DE AGOSTO

Hoje, passei alguns momentos dentro de um escuro galpão de ferramentas. O sol brilhava lá fora, e, pela fresta acima da porta, entrava um raio. De onde eu estava, aquele feixe de luz, com partículas flutuantes de poeira, era o que mais se destacava no local. Todo o resto se encontrava quase completamente envolto em sombras. Eu via o raio de sol, não as coisas ao seu redor.

Então, me movi de modo que o raio apontasse para meus olhos. No mesmo instante, toda a imagem anterior desapareceu. Eu não via mais o galpão nem (de modo destacado) o feixe de luz. Em vez disso, via, emolduradas pela fenda irregular acima da porta, folhas verdes movimentando-se nos galhos de uma árvore lá fora e, atrás delas, a mais ou menos 145 milhões de quilômetros, o Sol. Olhar na direção do raio e olhar para o raio são experiências muito diferentes.

Este é apenas um exemplo muito simples da diferença entre olhar na direção de algo e olhar para algo. Um jovem conhece uma garota. O mundo se transforma quando ele a vê. A voz dela lhe traz à lembrança algo de que procurou se lembrar a vida toda, e dez minutos de conversa com ela são mais preciosos do que todos os favores que as outras mulheres do mundo poderiam lhe prestar. Ele está, como se diz, "apaixonado". Então, vem um cientista e descreve a experiência deste jovem observando-a de fora. Para ele, é tudo uma questão de genes e estímulos biológicos reconhecidos. Essa é a diferença entre olhar *na direção* do impulso sexual e olhar *para* ele.

"Meditação em um galpão de ferramentas", *Deus no banco dos réus*

Agosto

O que nos diz mais sobre o objeto?

2 DE AGOSTO

Quando pegamos a prática dessa distinção, encontramos exemplos em todo lugar. O matemático, em seus momentos de reflexão, tem a impressão de estar contemplando verdades fora do espaço e do tempo acerca de quantidades. Porém, se o fisiologista cerebral pudesse olhar dentro da cabeça do matemático, nada encontraria situado fora do tempo e do espaço; apenas minúsculos movimentos na massa cinzenta. O selvagem dança em êxtase à meia-noite diante de Nyonga e acredita, com todo o seu ser, que sua dança está ajudando a produzir novas colheitas, a chuva primaveril e os bebês. O antropólogo, ao observar o selvagem, apenas registra a realização de um ritual de fertilidade do tipo tal e tal. A menina chora porque a boneca quebrou, como se tivesse perdido uma amiga de verdade; já o psicólogo diz que seu instinto maternal transbordou temporariamente sobre um pedaço de cera modelada e pintada.

Assim que percebemos essa simples distinção, uma pergunta surge. Uma vez que olhar para algo e olhar na direção de algo produzem experiências diferentes, qual é a experiência "verdadeira" ou "válida"? Qual delas nos diz mais sobre o objeto? E não podemos fazer essa pergunta sem notar que, mais ou menos durante os últimos cinquenta anos, todos têm agido como se a resposta fosse óbvia. Pressupõe-se, sem discussão, que se quisermos a verdadeira explicação da religião, não devemos consultar religiosos, mas antropólogos; que, se quisermos a verdadeira explicação do amor sexual, não devemos consultar amantes, mas psicólogos; que, se quisermos compreender alguma "ideologia" (tal como a cavalaria medieval ou a ideia de "cavalheirismo" do século XIX), é preciso dar ouvidos não àqueles que viveram naqueles contextos, mas a sociólogos.

"Meditação em um galpão de ferramentas", *Deus no banco dos réus*

O tipo "moderno" de pensamento

3 DE AGOSTO

As pessoas que olham *para* as coisas desfrutam de uma posição favorável; aquelas que olham *na direção* das coisas são simplesmente desprezadas. Passou a ser aceita até mesmo a ideia de que a explicação externa de algo refuta ou "desmistifica", de alguma forma, a explicação dada internamente. "Todos esses ideais morais que parecem tão belos e transcendentais vistos de dentro", diz o sabichão, "são, na verdade, apenas uma massa de instintos biológicos e tabus herdados." E ninguém inverte a situação respondendo: "Se você olhar de dentro, as coisas que lhe parecem instintos e tabus de repente revelarão sua verdadeira natureza transcendental".

Essa é, na verdade, toda a base do tipo específico de pensamento "moderno". E — talvez você se pergunte — por acaso ela não é uma base bastante razoável? Afinal de contas, somos muitas vezes enganados pelas coisas do lado de dentro. Por exemplo, a garota que nos parece tão maravilhosa quanto estamos apaixonados pode ser, na realidade, uma pessoa muito comum, tola ou desagradável. A dança do selvagem para Nyonga, na verdade, não produz colheitas. Por termos sido enganados durante tanto tempo olhando na direção das coisas, não seria um bom conselho que apenas olhássemos para elas — que, de fato, desconsiderássemos todas as experiências internas?

Bem, não. Existem duas objeções fatais contra o ato de desconsiderar *todas* as experiências internas. E a primeira é esta. Nós as desconsideramos a fim de pensar com mais precisão. Porém, não podemos pensar — e, logo, não podemos pensar com precisão — se nada temos *sobre* o que pensar. Um fisiologista, por exemplo, pode estudar a dor e descobrir que ela "é" (seja lá o que *é* significa) determinado acontecimento neural. Todavia, a palavra *dor* não teria sentido algum a menos que ele tivesse pessoalmente "estado do lado de dentro" por meio do verdadeiro sofrimento. Se ele nunca tivesse olhado *na direção* da dor, simplesmente não saberia *para* o que estava olhando.

O próprio objeto de suas inquisições externas só existe porque o fisiologista esteve, pelo menos uma vez, do lado de dentro.

"Meditação em um galpão de ferramentas", *Deus no banco dos réus*

Pensamentos acontecendo no vácuo

4 DE AGOSTO

Este exemplo talvez nunca venha a ocorrer — afinal, todos já a sentiram alguma vez —, mas é muito fácil passar a vida toda dando explicações sobre religião, amor, moral, honra e outras coisas sem se ter estado do lado de dentro de qualquer uma delas. E, se fizermos isso, estaremos apenas jogando com palavras. Estaremos explicando algo sem saber o quê. É por isso que uma grande parte do pensamento contemporâneo é, a rigor, sobre nada — todo o aparato do pensamento funciona no vácuo.

Agora, voltemo-nos à outra objeção, ao galpão de ferramentas. Eu poderia ter desconsiderado o que vi quando olhei na direção do raio (isto é, as folhas se movendo e o Sol) alegando que aquilo era, "na verdade, apenas um feixe de luz poeirento em um galpão escuro". Ou seja, eu poderia ter definido como "verdadeira" minha "visão lateral" do raio. Porém, essa visão lateral é, em si, um aspecto da atividade a que chamamos de ver. E este novo aspecto também poderia ser olhado de fora. Um cientista poderia me dizer que aquilo que parecia ser um feixe de luz no galpão era, "na verdade, apenas uma agitação de meus nervos óticos". E isso seria igualmente uma desconsideração: a imagem do raio de luz no galpão de ferramentas teria agora de ser desconsiderada tal como a imagem anterior das árvores e do Sol. E então, onde você está?

Em outras palavras, só é possível sair de uma experiência entrando em outra. Deste modo, se todas as experiências internas são enganadoras, estamos sempre enganados. O fisiologista cerebral pode dizer, se quiser, que o pensamento do matemático é "apenas" um minúsculo movimento físico da massa cinzenta. Mas e quanto ao pensamento do próprio fisiologista cerebral naquele exato momento? Um segundo fisiologista, analisando-o, poderia afirmar que também se trata apenas de um minúsculo movimento físico no crânio do primeiro fisiologista. Até onde vai essa tolice?

"Meditação em um galpão de ferramentas", *Deus no banco dos réus*

É preciso olhar tanto "na direção de" quanto "para" tudo

5 DE AGOSTO

A resposta é que nunca devemos permitir que essa tolice comece. Devemos, a fim de não correr o risco de idiotismo, negar, desde o início, a ideia de que o olhar *para* é intrinsecamente mais verdadeiro ou que é melhor do que olhar *na direção de.* É preciso olhar tanto *na direção de* quanto *para* tudo. Em determinados casos, encontraremos razão para considerar inferior uma das duas perspectivas. Por exemplo, a visão interna do pensamento racional deve ser mais verdadeira do que a visão externa, que vê apenas movimentos da massa cinzenta; afinal, se a visão externa fosse a correta, nenhum pensamento (incluindo este próprio pensamento) teria valor, e isto é contraditório. Não é possível existir uma prova de que nenhuma prova importa. Já a visão interna da dança do selvagem para Nyonga, por sua vez, pode ser considerada enganadora porque encontramos razões para crer que colheitas e bebês não são afetados por ela. Na verdade, temos de considerar cada caso individualmente. Contudo, devemos começar sem preconceito com relação a qualquer uma das perspectivas. Não sabemos de antemão se é o amante ou o psicólogo quem fornece a explicação mais correta do amor, nem se ambas as explicações são igualmente corretas de maneiras diferentes ou se ambas são igualmente erradas. Precisamos apenas descobrir. Mas o desprezo tem de acabar.

"Meditação em um galpão de ferramentas", *Deus no banco dos réus*

A transfiguração do Senhor

6 DE AGOSTO

A transfiguração ou "metamorfose" de Jesus é [...], sem dúvida, um vislumbre antecipado de algo vindouro. Ele é visto conversando com dois mortos da Antiguidade. A mudança que sua própria forma humana sofreu é descrita como uma luminosidade, uma "brancura resplandecente". E uma brancura semelhante caracteriza seu aparecimento no início do livro de Apocalipse. Um detalhe bastante curioso é que este resplendor ou brancura afetou suas vestes, além do seu corpo. Marcos, a propósito, menciona as roupas de modo mais explícito do que a própria face de Jesus e acrescenta, com inigualável simplicidade, a respeito de sua brancura: "como nenhum lavandeiro no mundo seria capaz de branqueá-las". Em si, este episódio apresenta todas as marcas de uma "visão"; isto é, de uma experiência que, embora possa ter sido divinamente enviada e revelado uma grande verdade, não é, falando de modo objetivo, a experiência que parece ser. Mas, se a teoria de "visão" (ou alucinação santa) não abrange as aparições da ressurreição, introduzi-la aqui seria apenas multiplicar hipóteses. Nós não sabemos para qual fase ou característica da nova criação esse episódio aponta. Ele talvez revele uma glorificação especial da humanidade de Cristo em alguma fase de sua história (uma vez que ela aparentemente tem história) ou a glória que essa humanidade sempre tem em sua nova criação; ou pode até mesmo revelar a glória que todos os homens ressurretos herdarão.

Miracles [Milagres], cap. 16

O uso de crucifixo

7 DE AGOSTO

Um brinquedo ou um ícone em particular podem ser em si obras de arte, mas isso é logicamente acidental; suas qualidades artísticas não o transformarão em um brinquedo ou em um ícone melhor. Elas poderão torná-lo pior. Pois o seu propósito não é chamar a atenção para si mesmo, mas estimular e liberar certas atividades na criança ou no adorador. O ursinho de pelúcia existe para que a criança possa lhe conceder vida e personalidade imaginárias e estabelecer uma relação quase social com ele. É isso que "brincar com" significa. Quanto mais bem-sucedida essa atividade for, menos a aparência real do objeto irá importar. Atenção muito próxima e prolongada ao rosto imutável e inexpressivo do ursinho de pelúcia impede a brincadeira. Um crucifixo existe para direcionar os pensamentos e os sentimentos do adorador para a Paixão de Cristo. É melhor que ele não tenha nenhuma excelência, sutileza ou originalidade que atraia a atenção para si mesmo. Daí que pessoas devotas podem, com esse propósito, preferir o ícone mais rústico e despojado.

Quanto menos detalhes, mais permeável; porque elas querem, por assim dizer, passar através da imagem material e ir além.

Um experimento em crítica literária, cap. 3

Crucificação como auxílio à devoção

8 DE AGOSTO

Há de fato uma imagem mental que não me afasta para elaborações triviais. Refiro-me à Crucificação em si; não considerada em termos de todos os quadros e crucifixos, mas como devemos supor que ela tenha sido em sua realidade crua e histórica. Mas até isso é de menor valor espiritual do que se poderia esperar. Compunção, compaixão, gratidão — todas as frutuosas emoções — são sufocadas. O puro horror físico não deixa espaço para elas. Pesadelo. Mesmo assim, a imagem deve ser periodicamente enfrentada. Mas ninguém poderia viver com ela. Ela só se tornou um tema frequente da arte cristã quando estavam mortas todas as gerações que viram crucificações reais. Quanto a muitos hinos e sermões sobre o assunto — incessantemente falando sobre o sangue, como se isso fosse tudo o que importava —, eles parecem ter sido trabalho tanto de pessoas tão acima de mim que não podem me alcançar, quanto de pessoas absolutamente sem imaginação. (Algumas podem estar apartadas de mim por ambos os precipícios.)

No entanto, as imagens mentais desempenham um papel importante em minhas orações. Duvido que qualquer ato de vontade, pensamento ou emoção ocorra em mim sem elas. Mas elas parecem me ajudar mais quando são mais fugazes e fragmentadas — subindo e estourando como bolhas de champanhe ou girando como gralhas em um céu ventoso: contradizendo uma à outra (em sua lógica), como pode acontecer com a multidão de metáforas de um poeta ágil. Fixe-se em qualquer uma, e ela morrerá. Você deve fazer como Blake faria com alegria: beije-a enquanto ela voa. E, então, no conjunto de seu efeito, elas mediam para mim algo muito importante.

Cartas a Malcolm, cap. 16

Nossa obrigação sagrada

9 DE AGOSTO

Quando me tornei cristão [...] eu achei que seria capaz de viver aquilo sozinho, trancado no quarto lendo teologia, sem frequentar cultos ou igrejas. Mais tarde, porém, descobri que ir à igreja era a única maneira de arvorar minha bandeira; e, naturalmente, notei que isso significava ser um alvo. É inacreditável como passa a ser inconveniente para a família o simples ato de acordarmos cedo para ir à igreja. Não importa muito se acordamos cedo para qualquer outra coisa; mas, se acordamos cedo para ir à igreja, esta é considerada uma atitude egoísta que incomoda a casa toda. Se há algo no ensino do Novo Testamento que apresenta uma clara natureza de ordem, é a obrigação de participar da ceia — e não se pode fazer isso sem ir à igreja.

"Respostas a perguntas sobre o cristianismo", *Deus no banco dos réus*

Forma preestabelecida de culto

10 DE AGOSTO

A vantagem de uma forma preestabelecida de culto é que sabemos de antemão o que acontecerá. Orações públicas *ex tempore* apresentam esta dificuldade: nós não sabemos se podemos assentir mentalmente até que a tenhamos ouvido; ela pode ser falsa ou herege. Somos, portanto, chamados a realizar uma atividade *crítica* e *piedosa* ao mesmo tempo: duas coisas pouco compatíveis. Em uma forma preestabelecida, devemos "cumprir os requisitos" antes, em nossas orações privadas; a forma rígida, na verdade, *liberta* nossa devoção. Eu também creio que, quanto mais rígida a forma, mais fácil é evitar que os pensamentos vagueiem. Isso também impede que eles sejam desviados completamente para as preocupações do momento (isto é, guerra, eleições ou seja lá quais forem). A forma *permanente* do cristianismo transparece.

Letters [Cartas] (1º de abril de 1952)

O prazer oportuno do ritual

11 DE AGOSTO

Isso será compreendido por qualquer um que realmente entenda o significado da palavra inglesa média *solempne*. Ela significa algo diferente, mas não muito diferente, de nossa palavra *solene*. Assim como *solene*, ela implica o oposto daquilo

O assunto do Céu

que é familiar, livre e fácil ou comum. Mas, ao contrário de *solene*, não sugere melancolia, opressão ou austeridade. O baile no primeiro ato de *Romeu e Julieta* é uma "solenidade". A festa no início de *Sir Gawain e o Cavaleiro Verde* é, em grande parte, uma solenidade. As grandes missas de Mozart ou Beethoven são uma solenidade, tanto na *gloria* exultante quanto no comovente *crucifixus est*. As datas festivas são, neste sentido, *mais* solenes do que as datas dedicadas ao jejum. A Páscoa é *solempne*; a Sexta-feira Santa, não. O *solempne* é festivo, mas também majestoso e cerimonial, a ocasião apropriada para *pompa* — e o simples fato de que a palavra *pomposo* agora é utilizada somente no sentido negativo indica como a antiga ideia de *solenidade* foi perdida. A fim de recuperá-la, precisamos pensar em um baile da corte, uma coroação ou uma marcha da vitória; em como essas coisas parecem àqueles que as *apreciam*. Em uma época na qual encontramos felicidade ao vestir as roupas mais velhas que temos, precisamos despertar aquele estado de espírito mais simples em que roupas de ouro e escarlate nos deixavam felizes. Acima de tudo, precisamos nos livrar da terrível ideia, fruto de um complexo de inferioridade generalizado, de que a pompa, mesmo em ocasiões apropriadas, está relacionada a vaidade ou arrogância. Um celebrante aproximando-se do altar, uma princesa sendo convidada pelo rei para dançar um minueto, um oficial-general em um desfile cerimonial, um mordomo trazendo a cabeça do javali em uma festa de Natal — todos estes usam roupas incomuns e caminham com dignidade. Isso não significa que são fúteis, mas que são obedientes; estão obedecendo ao *hoc age à frente de* cada solenidade. O hábito moderno de realizar coisas cerimoniais de maneira não cerimonial não é prova de humildade; pelo contrário, demonstra a incapacidade do infrator de esquecer de si mesmo no ritual, bem como sua prontidão para estragar o prazer oportuno que os demais encontram na situação.

A Preface to "Paradise Lost" [Prefácio ao "Paraíso Perdido"], cap. 3

Arrogância clerical

12 DE AGOSTO

Penso que nossa tarefa como leigos é pegar o que nos é dado e fazer o melhor possível. E deveríamos achar isso muito mais fácil se o que recebemos fosse sempre e em todos os lugares a mesma coisa.

A julgar pela prática, pouquíssimos clérigos anglicanos adotam essa visão. Parece que eles acreditam que as pessoas podem ser atraídas para ir à igreja por incessantes avivamentos, esclarecimentos, prolongamentos, encurtamentos, simplificações e complicações do culto. E é provavelmente verdade que um novo e perspicaz vigário seja, de modo geral, capaz de formar em sua paróquia uma minoria que seja a favor de suas inovações. A maioria, creio eu, nunca o será. Aqueles que permanecem — muitos desistem completamente de ir à igreja — apenas suportam.

Isso é simplesmente porque a maioria é tacanha? Eu acho que não. Eles têm uma boa razão para seu conservadorismo. Novidade, simplesmente como tal, pode ter apenas um valor de entretenimento. E eles não vão à igreja para se divertir. Eles vão *usar* o culto, ou, se você preferir, *legitimá-lo*. Todo culto é uma estrutura de atos e palavras pela qual recebemos um sacramento, ou nos arrependemos, ou suplicamos ou adoramos. E capacita-nos a fazer melhor essas coisas — se você gostar, "funciona" melhor — quando, graças à longa familiaridade, não temos de pensar sobre isso. Uma vez que você tenha de notar, e tenha de contar os passos, você ainda não está dançando, mas apenas aprendendo a dançar. Um bom sapato é um sapato que você não percebe que está usando. A boa leitura se torna possível quando você não precisa pensar conscientemente nos olhos, na luz, na impressão ou na ortografia. O culto perfeito da igreja seria aquele em que quase estivéssemos sem percebê-lo; nossa atenção estaria em Deus.

Cartas a Malcolm, cap. 1

Desassossego Litúrgico

13 DE AGOSTO

A novidade pode fixar nossa atenção não no culto em si, mas no celebrante. Você sabe o que quero dizer. Por mais que se tente excluí-la, a pergunta "O que é que ele vai fazer agora?" vai importunar. Isso dissipa a devoção das pessoas. Há de fato alguma justificativa para o homem que disse "Eu gostaria que eles lembrassem que a ordem para Pedro foi 'Cuide das minhas ovelhas', não 'Faça experimentos com meus ratos', nem mesmo 'Ensine novos truques a meus cães amestrados'".

Assim, toda a minha posição liturgiológica realmente se resume a um pedido de permanência e de uniformidade. Posso lidar com quase qualquer tipo de culto, se ele permanecer o mesmo. Mas, se cada forma for arrancada exatamente quando eu estiver começando a me sentir em casa nela, então, nunca consigo progredir na arte da adoração. Você não me dá chance de adquirir o hábito treinado — o *habito dell'arte*.

Pode ser que algumas variações que, a mim, parecem meras questões de gosto envolvam realmente graves diferenças doutrinárias. Mas certamente não são todas. Pois, se as diferenças doutrinárias graves são realmente tão numerosas quanto as variações na prática, então, teremos de concluir que não existe algo como a Igreja da Inglaterra. E, de qualquer maneira, o Desassossego Litúrgico não é um fenômeno puramente anglicano; eu ouvi católicos romanos também se queixarem disso.

Cartas a Malcolm, cap. 1

Membresia no corpo de Cristo
14 DE AGOSTO

Nenhum cristão e, de fato, nenhum historiador poderia aceitar a expressão que define a religião como "aquilo que um homem faz em sua solidão". Acho que foi um dos irmãos Wesley que disse que o Novo Testamento nada conhece de uma religião solitária. Somos proibidos de negligenciar a nossa reunião em comunhão. O cristianismo já é institucional em seus documentos primitivos. A Igreja é a Noiva de Cristo e nós somos membros uns dos outros.

A ideia, em nossa época, de que a religião pertence ao âmbito da nossa vida privada — ou seja, ela é de fato uma ocupação para os momentos livres do indivíduo — é ao mesmo tempo paradoxal, perigosa e natural. É paradoxal porque esse engrandecimento do indivíduo no campo religioso tem origem num tempo em que o coletivismo está derrotando, de forma arrasadora, o individualismo em todos os níveis. [...] Existe uma multidão de intrometidos, autodesignados mestres de cerimônias, cuja vida está dedicada à destruição do isolamento onde quer que ele ainda se manifeste. Chamam isso de "tirar os jovens da introspecção", de "despertá-los" ou de "vencer sua apatia". Se um Agostinho, um Vaughan, um Traherne ou um Wordsworth tivessem nascido no mundo moderno, os líderes de alguma organização juvenil iriam logo curá-los. Se um lar realmente bom, como o de Alcino e Arete na *Odisseia*, o dos Rostovs em *Guerra e Paz* ou se qualquer uma das famílias de Charlotte M. Yonge existisse hoje seria denunciada como *burguesa* e toda a máquina de destruição seria usada contra elas. Mesmo quando os projetistas falham e alguém fique fisicamente sozinho, há algum aparato tecnológico que não o deixará mais sozinho — num sentido não pretendido por Cipião — do que quando estiver sozinho. Vivemos de fato num mundo faminto por isolamento, silêncio e privacidade e, portanto, faminto por meditação e verdadeira amizade.

"Membresia", *O peso da glória*

Intrusão do coletivismo

15 DE AGOSTO

Relegar a religião ao isolamento numa época como essa é, então, paradoxal. No entanto, também é perigoso por duas razões. Em primeiro lugar, quando o mundo moderno nos diz em alta voz: "Você pode ser religioso quando estiver sozinho", emenda, sussurrando: "e eu providenciarei que você nunca esteja só". Fazer do cristianismo um assunto de natureza privativa, enquanto suprime toda privacidade, é o mesmo que relegá-lo ao fim do arco-íris ou às calendas gregas, o que é um dos estratagemas do inimigo. Em segundo lugar, há o perigo de que cristãos verdadeiros, que sabem que o cristianismo não é um exercício solitário, reagirem contra esse erro ao simplesmente transportar para nossa vida espiritual aquele mesmo coletivismo que já conquistou nossa vida secular, o que é o outro estratagema do inimigo. Como um bom enxadrista, ele

Agosto

sempre estará tentando levá-lo a uma posição na qual você somente poderá salvar sua torre ao perder seu bispo. A fim de evitar a armadilha, precisamos insistir que, embora a concepção de um cristianismo privado seja um erro, ela é profundamente natural e está desajeitadamente tentando preservar uma grande verdade. Por trás disso está o sentimento óbvio de que o nosso coletivismo moderno é um desprezo à natureza humana e que, a partir disso, assim como de todos os males, Deus será o nosso escudo e proteção.

"Membresia", *O peso da glória*

O propósito da comunidade secular
16 DE AGOSTO

Esse sentimento é justo. Assim como a vida pessoal e privativa é inferior à participação no corpo de Cristo, também a vida coletiva é inferior à vida pessoal e privativa, e não tem nenhum valor a não ser em seu serviço. A comunidade secular, uma vez que existe para nosso bem natural e não para nosso bem sobrenatural, não tem um fim mais elevado do que facilitar e proteger a família, a amizade e a solidão. Johnson disse que ser feliz no lar é a finalidade de todo esforço humano. Já que estamos pensando apenas em valores naturais, devemos dizer que não há nada mais prazeroso na vida do que ver uma família rindo junta ao redor da mesa de jantar, quando dois amigos conversam tomando uma cerveja ou quando alguém solitário lê um livro de seu interesse. Economia, política, leis, exércitos e instituições, salvo enquanto prolongam e multiplicam tais vivências, são meramente como procurar agulha no palheiro, uma futilidade sem sentido e um aborrecimento de espírito. As atividades coletivas são necessárias, é claro, mas esse é o fim para o qual elas são necessárias. Grandes sacrifícios daqueles que possuem essa felicidade privativa poderão ser necessários a fim de que ela seja mais amplamente distribuída. Todos podem ter de ficar com um pouco de fome para que ninguém morra de fome, mas não confundamos os males necessários com o bem, pois esse equívoco é facilmente cometido. Para que possa ser transportada, a fruta deve ser enlatada e assim perde algumas de suas boas qualidades, mas é possível encontrar aqueles que realmente passaram a preferir as frutas enlatadas em lugar das frutas frescas. Uma sociedade doente precisa refletir muito sobre política, assim como um homem doente precisa refletir muito a respeito de sua digestão; ignorar o assunto poderá ser covardia fatal tanto para um quanto para o outro. Porém, se tais questões básicas não forem levadas em consideração — se ambos esquecerem que pensamos acerca disso somente para que sejamos capazes de pensar sobre outras coisas — então, aquilo que foi realizado em função da saúde se torna uma nova e fatal doença.

"Membresia", *O peso da glória*

Nossa única defesa contra o coletivismo

17 DE AGOSTO

Existe, realmente, uma tendência fatal em todas as atividades humanas que é os meios invadirem os próprios fins a que estavam destinados a servir. Dessa maneira, o dinheiro vem para impedir o comércio de mercadorias, as regras das artes bloqueiam o que é genial e as avaliações impedem que jovens sejam instruídos. Infelizmente, não é sempre que os meios invasivos podem ser dispensados. Penso que o coletivismo de nossa vida é necessário e irá crescer e que a nossa única defesa contra suas propriedades letais está na vida cristã, pois nos foi prometido que viveríamos depois de pegar em serpentes e de beber veneno. Essa é a verdade por detrás da definição errônea de religião com a qual iniciamos. Foi em sua oposição à mera solidão da massa coletiva que ela errou. O cristão não é chamado ao individualismo, mas a se tornar membro do corpo místico. A consideração das diferenças entre o coletivo secular e o corpo místico é, portanto, o passo inicial para o entendimento de como o cristianismo pode contrapor o coletivismo sem ser individualista.

"Membresia", *O peso da glória*

O significado bíblico de "membros"

18 DE AGOSTO

Desde o começo, estamos limitados por uma dificuldade de linguagem. A própria palavra *membresia* é de origem cristã, mas foi assumida pelo mundo e esvaziada de todo sentido. Em qualquer livro de lógica você vai encontrar a expressão "membros de uma classe". Precisa ser enfaticamente afirmado aqui que os itens ou as particularidades incluídos numa classe homogênea são quase o inverso do que o apóstolo Paulo quis dizer com a palavra *membros*. Com a palavra [grega] *membros* ele quis dizer aquilo que chamamos de *órgãos*, coisas essencialmente diferentes e complementares umas das outras, coisas que diferem não só em estrutura e função, mas também em dignidade. Assim, em uma associação, o comitê como um todo, bem como os empregados como um todo, podem ambos ser corretamente considerados "membros"; o que chamaríamos de membros da associação são meramente unidades.

Uma fileira de soldados, identicamente vestidos e treinados, ou uma quantidade de cidadãos cadastrados, como votantes numa zona eleitoral, não são membros de coisa alguma no sentido paulino. Receio que quando descrevemos uma pessoa como "um membro da Igreja", o que normalmente dizemos nada tem a ver com o que Paulo diz; dizemos apenas que essa pessoa é uma unidade — que ela é mais um espécime de algum tipo de coisa, como X e Y e Z. Ser verdadeiramente membro num corpo difere da inclusão em algum coletivo, o que pode ser visto na estrutura de uma família. O avô, os pais, o filho já adulto, a criança, o cachorro e o gato são membros verdadeiros (no sentido orgânico), exatamente porque eles não são membros ou unidades de uma classe homogênea. Não são intercambiáveis no sentido de que não se pode substituir um por outro. Cada pessoa é quase uma espécie em si mesma. A mãe não é simplesmente uma pessoa diferente; ela é um tipo diferente de pessoa. O irmão adulto não é simplesmente uma unidade da categoria crianças; ele é um estado independente do reino. O pai e o bisavô são quase tão diferentes quanto o gato e o cachorro. Se subtrair qualquer um dos membros, você não reduzirá simplesmente a família em quantidade; você terá produzido uma ferida em sua estrutura. Sua unidade é unidade de pessoas diferentes, quase que de pessoas incomensuráveis.

"Membresia", *O peso da glória*

Diferenças em espécie

19 DE AGOSTO

Uma tênue percepção das riquezas inerentes nesse tipo de unidade é uma das razões por que gostamos de um livro como *O vento nos salgueiros*. Um trio como Rato, Toupeira e Texugo simboliza a extrema diferenciação de pessoas em união harmoniosa, que sabemos intuitivamente ser o nosso verdadeiro refúgio, tanto do isolamento quanto do coletivo. A afeição entre pares tão estranhamente combinados como Dick Swiveller e a Marquesa, ou do Sr. Pickwick e Sam Weller agrada da mesma maneira. É por isso que a noção moderna de que os filhos devem chamar seus pais pelos nomes de batismo é tão perversa, pois é um esforço que ignora a diferença em espécie que compõe uma unidade orgânica real. Estão tentando inocular a criança com a visão absurda de que a mãe é simplesmente uma concidadã, como qualquer outra pessoa, para fazê-la ignorante daquilo que todas as pessoas concebem e insensível em relação àquilo que todas as pessoas sentem. Estão tentando arrastar as repetições vazias do coletivo para dentro do mundo mais completo e concreto da família.

O prisioneiro tem um número em lugar de um nome, e essa é a ideia do coletivo levada ao extremo.

"Membresia", *O peso da glória*

Batismo: nossa entrada à Igreja

20 DE AGOSTO

A sociedade para a qual o cristão é chamado no batismo não é um coletivo, mas um Corpo. De fato, é aquele Corpo do qual a família é uma imagem no nível natural. Se alguém vem a ele com a concepção errada de que ser membro da Igreja é o mesmo que ser membro no sentido degradado moderno — uma aglutinação de pessoas como se elas fossem moedas ou itens — ele seria corrigido, já na entrada, pela descoberta de que o líder desse corpo é tão diferente de seus membros que eles não compartilham com ele predicado algum a não ser por analogia. Somos convocados, desde o início, a nos associar como criaturas ao nosso Criador, como mortais ao imortal, como pecadores resgatados ao Redentor sem pecado. Sua presença, a interação entre ele e nós, deve ser sempre um fator inteiramente predominante na vida que devemos viver dentro do corpo, e qualquer concepção de comunhão cristã que não signifique prioritariamente comunhão com ele está fora de questão. Depois disso, parece quase trivial traçar com detalhes a diversidade de operações para a unidade do Espírito, mas ela estará ali muito claramente. Existem sacerdotes separados dos leigos, catecúmenos separados daqueles que estão em comunhão plena. Há a autoridade do marido sobre a esposa e de pais sobre os filhos. Existe, em formas muito sutis para considerar em termos de manifestação oficial, uma troca contínua de ministrações complementares. Estamos todos constantemente ensinando e aprendendo, perdoando e sendo perdoados, representando Cristo para as pessoas, quando intercedemos por elas, e representando as pessoas para Cristo, quando outros intercedem por nós. O sacrifício da privacidade pessoal, que é diariamente exigido de nós, é recompensado diariamente, cem vezes mais, no verdadeiro crescimento da personalidade que a vida do corpo encoraja. Aqueles que são membros uns dos outros se tornam tão diferentes quanto a mão e o ouvido. Essa é a razão por que as pessoas do mundo são tão monotonamente parecidas entre si, quando comparadas com a quase fantástica variedade dos cristãos. Obediência é o caminho para a liberdade, humildade é o caminho para o prazer, unidade é o caminho para a personalidade.

"Membresia", *O peso da glória*

Agosto

Recuperação de nossas verdadeiras desigualdades

21 DE AGOSTO

Você ouviu frequentemente que embora tenhamos diferentes posições no mundo, ainda assim somos todos iguais aos olhos de Deus. E claro, existem sentidos nos quais isso é verdadeiro. Deus é imparcial; seu amor para conosco não é medido por nossa posição social ou talentos intelectuais. No entanto, acredito que existe um sentido no qual essa máxima seja o inverso da verdade. Ouso dizer que a igualdade artificial é necessária no que diz respeito ao Estado, mas, na Igreja, retiramos esse disfarce, recuperamos as nossas desigualdades e somos, assim, encorajados e reanimados. [...]

Acredito que a autoridade dos pais sobre criança, do marido sobre mulher, do instruído sobre o simples, que tudo isso tenha sido uma parte do plano original tanto quanto a autoridade do ser humano sobre os animais. Acredito que se o ser humano não tivesse caído, Filmer estaria certo, e a monarquia patriarcal seria a única forma legal de governo, mas, uma vez que tivemos conhecimento do pecado, como o Lorde Acton diz: "todo poder corrompe, e o poder absoluto corrompe de forma absoluta". O único remédio tem sido a remoção dos poderes e a substituição da ficção legal da igualdade. [...]

Igualdade é um termo quantitativo e, portanto, o amor frequentemente nada sabe a respeito disso. A autoridade exercida com humildade e a obediência oferecida com prazer são as verdadeiras linhas nas quais nossos espíritos vivem. Até mesmo na vida das afeições, muito mais no corpo de Cristo, nós nos afastamos do mundo, que diz: "Eu sou tão bom quanto você". É como mudar da marcha para a dança.

É como tirar a nossa roupa. Nós nos tornamos, nas palavras de Chesterton, mais altos quando nos curvamos, e mais baixos quando instruímos. Tenho satisfação com o fato de que há momentos nos cultos de minha igreja quando o sacerdote fica de pé e eu me ajoelho. À medida que a democracia se torna mais completa no mundo exterior, e as oportunidades de reverência são sucessivamente removidas, o refrigério, a purificação e retornos revigorantes à diversidade, que a igreja nos oferece, se tornam cada vez mais necessários.

"Membresia", *O peso da glória*

Crucificação do eu natural

22 DE AGOSTO

Uma rejeição, ou na forte linguagem das Escrituras, uma crucificação do eu natural é o passaporte para a vida eterna. Nada que não tenha morrido há de ressuscitar. É desse modo que o cristianismo remove a antítese entre o individualismo e o coletivismo. Aí reside a enervante ambiguidade de nossa fé, como percebida pelos de fora. Ela resiste, de forma firme, ao individualismo natural; por outro lado, oferece como retorno, àqueles que abandonam o individualismo, uma possessão eterna de seu próprio ser pessoal, mesmo de seus corpos. Como meras entidades biológicas, cada um de nós nada vale com sua vontade separada para viver e para expandir; somos apenas comida de gado, mas, como órgãos no corpo de Cristo, como pedras e colunas no templo, temos a nossa identidade garantida e viveremos para nos lembrar de galáxias de um conto antigo.

Isso pode ser colocado de outra maneira. A personalidade é eterna e inviolável, mas não é um dado a partir do qual iniciamos. O individualismo no qual todos nós iniciamos é somente uma paródia ou sombra disso. A verdadeira personalidade está mais à frente — a que distância, para a maioria de nós, não ouso dizer, e a chave para tanto não está em nós. Não é algo que será alcançado por um desenvolvimento de dentro para fora. Assim como uma cor revela sua verdadeira qualidade quando é colocada, por um excelente artista, em seu lugar pré-selecionado entre certas outras, como um tempero revela seu verdadeiro sabor quando é inserido exatamente onde e quando um bom cozinheiro o quer entre os outros ingredientes, como um cão realmente se torna um cachorrinho de estimação somente quando ele toma seu lugar na casa de uma pessoa, também nós seremos verdadeiras pessoas quando tivermos sido, nós mesmos, colocados em nossos lugares.

"Membresia", *O peso da glória*

Personalidade é o dom de Cristo

23 DE AGOSTO

A começar pela doutrina que diz que cada individualidade tem um "valor infinito", nós, então, projetamos Deus como uma espécie de balcão de empregos, cujo negócio é encontrar carreiras apropriadas para as almas, círculos quadrados para parafusos quadrados. Na verdade, porém, o valor do indivíduo não está nele mesmo. Ele é capaz de receber valor. Ele o recebe pela união com Cristo. Não existe nenhuma ideia de encontrar um lugar para ele no templo vivo que fará justiça a seu valor inerente e lhe dará espaço para sua idiossincrasia natural. O lugar já estava lá. A pessoa foi criada para ele. Ele não será ele mesmo até chegar lá. Somente no Céu nós seremos pessoas realmente divinas, verdadeiras e eternas. [...]

Dizer isso é repetir aquilo que todos aqui já admitem saber — que somos salvos pela graça, que em nossa carne não habita nada de bom, que somos, o tempo todo, criaturas e não criadores, seres derivados, vivendo não de nós mesmos, mas a partir de Cristo. Se parece que compliquei uma questão simples, espero que você me perdoe. Estou ansioso por apresentar dois pontos. Tenho desejado tentar dissipar aquela adoração do indivíduo humano simplesmente como tal, que é muito anticristã, e é tão desenfreada no pensamento moderno, lado a lado com o coletivismo, pois um erro origina o outro e, longe de neutralizar, cada um agrava o outro erro. Quero dizer com isso a noção perniciosa (é possível ver isso na crítica literária) que cada um de nós começa com um tesouro, a *"personalidade"*, fechado dentro de si, e que o maior propósito da vida é expandi-lo e expressá-lo, mantendo-o longe de interferência, para ser "original". Isso é pelagianismo, ou pior, e criar as condições da própria destruição. Nenhuma pessoa que valoriza a originalidade jamais será *original*. No entanto, tente falar a verdade como você a vê, tente fazer cada parte de seu trabalho tão bem quanto possível, pelo trabalho em si, e aquilo que as pessoas denominam originalidade surgirá sem que seja buscado. Mesmo nesse nível, a submissão do indivíduo à função já estará em andamento para fazer com que a verdadeira personalidade venha à luz. E, em segundo lugar, eu queria mostrar que o cristianismo não está preocupado, no longo prazo, nem com indivíduos nem com comunidades. Não é o indivíduo nem a comunidade, como o pensamento popular entende, que irá herdar a vida eterna, nem o eu natural nem a massa coletiva, mas uma nova criatura.

"Membresia", *O peso da glória*

Agosto

São Bartolomeu, apóstolo

24 DE AGOSTO

Certamente Deus salva almas diferentes de maneiras diferentes. Pregar a conversão e a segurança eterna instantâneas como se fossem obrigatoriamente a experiência de todos os salvos parece-me muito perigoso; uma forma de levar uns à presunção e outros ao desespero. Quão diferentes foram os chamados dos discípulos! Eu discordo que, sendo alguém uma nova criatura, eu e você necessariamente o reconheceríamos como tal. É necessária santidade para detectar santidade.

The Collected Letters of C. S. Lewis, Volume III
[Coletânea de cartas de C. S. Lewis, volume III]
(6 de maio de 1962)

Crítica moderna

25 DE AGOSTO

Quais são as palavras-chave da crítica moderna? *Criativo*, com seu oposto *derivado*; *espontâneo*, com seu oposto *convencional*; *liberdade* contrastada com *regras*. Grandes autores são inovadores, pioneiros, exploradores; autores ruins se agrupam em escolas e seguem modelos. Ou ainda, grandes autores estão sempre "quebrando grilhões" e "rompendo laços". Eles têm personalidade, são "eles mesmos". Não sei com que frequência pensamos na implicação dessa linguagem em uma filosofia consistente; mas certamente temos uma imagem geral do trabalho ruim que flui da conformidade e do discipulado, e do trabalho bom irrompendo de certos centros de força explosiva — força aparentemente auto-originária — que chamamos homens de gênio.

O assunto do Céu

Bem, o Novo Testamento nada tem a nos dizer sobre literatura. Sei que há alguns que gostam de pensar em nosso Senhor como poeta e citam as parábolas para apoiar seu ponto de vista. Admito francamente que crer na Encarnação é crer que todo modo de excelência humana está implícito no caráter humano histórico de Cristo: a poesia, é claro, está incluída. Mas, se tudo tivesse sido desenvolvido, as limitações de uma única vida humana teriam sido transcendidas e ele não teria sido um homem; portanto, todas as excelências, salvo as espirituais, permaneceram em graus variados implícitos.

"Cristianismo e literatura", *Reflexões cristãs*

Tornando-nos espelhos limpos

26 DE AGOSTO

No Novo Testamento, a arte da vida em si é uma arte de imitação: podemos, crendo nisso, crer que a literatura, que deve se derivar da vida real, tem como objetivo ser "criativa", "original" e "espontânea". "Originalidade", no Novo Testamento, é claramente a prerrogativa exclusiva de Deus; mesmo dentro do ser triúno de Deus, ela parece estar confinada ao Pai. O dever e a felicidade de todos os outros seres estão na posição de serem derivados, de refletir como um espelho. Nada poderia ser mais estranho ao tom da Escritura do que a linguagem daqueles que descrevem um santo como um "gênio moral" ou um "gênio espiritual", insinuando assim que sua virtude ou espiritualidade é "criativa" ou "original". Se tenho lido o Novo Testamento corretamente, ele não deixa espaço para "criatividade", mesmo em um sentido modificado ou metafórico. Nosso destino parece estar completamente na direção oposta, em sermos o mínimo possível nós mesmos, em adquirir uma fragrância que não é nossa, mas que nos foi emprestada, em nos tornarmos espelhos limpos, cheios da imagem de um rosto que não é o nosso. Não estou aqui apoiando a doutrina da depravação total, e não digo que o Novo Testamento a apoie; apenas afirmo que o bem maior de uma criatura deve ser sua condição criacional — isto é, derivativa ou reflexiva —, boa. Em outras palavras, como evidenciado por Agostinho (*A cidade de Deus* XII, cap. I), o orgulho não só precede uma queda, mas é uma queda — uma queda da atenção dada pela criatura ao que é melhor, Deus, para o que é pior, a si.

"Cristianismo e literatura", *Reflexões cristãs*

Duas posturas com relação ao eu
27 DE AGOSTO

O incrédulo pode ter seu próprio temperamento e sua experiência da forma como eles acontecem e pode considerá-los merecedores de comunicação simplesmente porque são fatos ou, pior ainda, porque são seus. Para o cristão, seu próprio temperamento e sua experiência, como simples fato, e meramente por serem dele, não têm valor ou importância alguma: o cristão tratará com eles, se é que tratará, apenas porque eles são o meio pelo qual, ou a posição a partir da qual, algo universalmente lucrativo apareceu para ele. Podemos imaginar dois homens sentados em diferentes partes de uma igreja ou de um teatro. Ambos, quando saem, podem nos contar suas experiências, e ambos podem usar a primeira pessoa. Mas um deles está interessado em sua poltrona somente porque era dele — "Eu estava muito desconfortável", ele dirá. "Você não acredita no ar encanado que vem da porta naquele canto. E as pessoas! Tive de falar muito severamente com a mulher a minha frente." O outro nos dirá o que viu de seu assento, escolhendo descrever isso porque é isso que ele sabe, e porque cada assento deve dar a melhor visão de alguma coisa. "Você sabe", ele vai começar, "a moldura desses pilares se junta na parte de trás. Parece também que o desenho da parte de trás é mais antigo que o da frente." Aqui temos as atitudes expressionista e cristã com relação ao eu ou ao temperamento. Assim, tanto Agostinho quanto Rousseau escreveram *Confissões*; mas, para um, seu próprio temperamento é uma espécie de absoluto (*au moins je suis autre*), para o outro "é estreita habitação para vos receber; dilatai-a, Senhor. Ameaça ruína, restaurai-a". [...]

O escritor cristão pode ser autodidata ou original. Ele pode basear sua obra no "ser transitório" que ele é, não porque ele pensa que ela é valiosa (pois sabe que nele nada de bom habita), mas tão somente por causa da "visão" que apareceu a ela. Mas ele não preferirá fazer isso. Ele o fará se for o caso de ser aquilo que ele pode fazer melhor; mas, se seus talentos são tais que ele pode produzir uma boa obra escrevendo de uma forma estabelecida e lidando com experiências comuns a toda a sua raça, ele o fará com o mesmo prazer. Eu até acho que ele vai fazer desse modo com mais prazer. É para ele um argumento, não de força, mas de fraqueza, que ele deveria responder plenamente à visão apenas "a sua própria maneira". E sempre, a toda ideia e a todo método, ele perguntará, não "é meu?", mas "é bom?".

"Cristianismo e literatura", *Reflexões cristãs*

Santo Agostinho de Hipona

28 DE AGOSTO

Todos já reparamos como é difícil voltar nossos pensamentos para Deus quando tudo vai bem. Contudo, dizer que "temos tudo o que queremos" é terrível se "tudo" não inclui Deus. Nós consideramos Deus uma interrupção. Santo Agostinho disse, em algum lugar: "Deus quer nos dar algo, mas não pode, porque nossas mãos estão cheias. Não há lugar onde ele o possa colocar." Ou, nas palavras de um amigo meu: "Olhamos para Deus como o aviador olha para o paraquedas: ele está ali para emergências, mas esperamos nunca precisar usá-lo." Ora, Deus, que nos fez, sabe o que somos e está ciente de que nossa felicidade se encontra nele. Nós, porém, não a buscaremos nele enquanto estiver à nossa disposição qualquer outro recurso onde ela possa ser procurada de modo plausível. Enquanto aquilo a que chamamos de "nossa própria vida" permanecer agradável, não a entregaremos a ele. O que, então, Deus pode fazer em nosso benefício senão tornar "nossa vida" menos agradável e remover as fontes plausíveis da falsa felicidade? É justamente aqui, onde a providência divina parece, à primeira vista, ser mais cruel, que a humildade divina, o rebaixamento do Altíssimo merece o maior louvor.

The Problem of Pain [O problema do sofrimento], cap. 6

Emprego de nossos talentos

29 DE AGOSTO

Meu próprio trabalho profissional, embora condicionado por gostos e talentos, é imediatamente motivado pela necessidade de ganhar a vida. E, ao ganhar a vida, fiquei aliviado ao notar que o cristianismo, apesar de seus elementos revolucionários e apocalípticos, pode ser deliciosamente monótono. João Batista não proferiu palestras aos coletores de impostos e aos soldados sobre a necessidade imediata de virar de cabeça para baixo o sistema econômico e militar do mundo antigo; ele lhes disse que obedecessem à lei moral — como presumivelmente aprenderam com mães e babás — e os mandou de volta para seus empregos. Paulo aconselhou os tessalonicenses a cuidarem dos próprios negócios (1Tessalonissenses 4:11) e a não se tornarem intrometidos (2Tessalonissenses 3:11). A necessidade de dinheiro é, portanto, um *simpliciter* inocente, embora de modo algum esplêndido, motivo para qualquer ocupação. Os efésios foram avisados para trabalhar profissionalmente em algo que fosse "útil", ou bom (Efésios 4:28). Eu supunha que "bom" aqui não significasse muito mais do que "inofensivo", e eu estava certo de que isso não implicava nada muito elevado. Desde que, então, houvesse uma demanda por cultura e que a cultura não fosse realmente deletéria, concluí que eu estava justificado em ganhar a vida suprindo essa demanda — e que todos os outros que têm posições semelhantes à minha (membros seniores de Oxford, diretores de escola, autores profissionais, críticos, resenhistas) estavam igualmente justificados; especialmente se, como eu, eles tivessem pouco ou nenhum talento para qualquer outra carreira — se a "vocação" deles para uma profissão cultural consistisse no fato bruto de não estarem aptos para qualquer outra coisa.

"Cristianismo e cultura", *Reflexões cristãs*

Emprego lícito da cultura

30 DE AGOSTO

Mas a cultura é mesmo inofensiva? Certamente pode ser prejudicial, e muitas vezes é. Se um cristão se encontrasse na posição de inaugurar uma nova sociedade *in vacuo*, ele poderia decidir não introduzir algo cujo abuso fosse muito fácil e cuja utilização não fosse necessária de algum modo.

Agosto

Mas essa não é a nossa posição. O abuso da cultura já está presente, e continuará, quer os cristãos deixem de ser cultos, quer não. Portanto, é provavelmente melhor que as fileiras dos "vendedores de cultura" incluam alguns cristãos — como um antídoto. Pode até ser o dever de alguns cristãos serem vendedores de cultura. Não que eu tenha dito qualquer coisa a fim de mostrar que mesmo o uso lícito da cultura permanece altamente valorizado. O uso lícito pode não ser mais do que prazer inocente; mas, se o abuso é comum, a tarefa de resistir a esse abuso pode ser não apenas lícita, mas obrigatória. [...] Não quero dizer que um cristão deva pegar dinheiro para suprir uma coisa (cultura) e usar a oportunidade assim obtida para suprir uma coisa bem diferente (homilética e apologética). Isso é roubo. A mera presença de cristãos nas fileiras dos vendedores de cultura inevitavelmente fornecerá um antídoto. [...]

Quando pergunto o que a cultura me fez pessoalmente, a resposta mais óbvia é que ela me deu uma enorme quantidade de prazer. Não tenho a menor dúvida de que o prazer é, em si mesmo, um bem, e a dor, em si mesma, um mal; se assim não fosse, então, toda a tradição cristã sobre Céu e Inferno bem como a paixão de nosso Senhor parecerão não ter sentido. O prazer, então, é um bem; um prazer "pecaminoso" significa um bem oferecido, e aceito, em condições que envolvem uma violação da lei moral. Os prazeres da cultura não estão intrinsecamente ligados a tais condições. [...] Muitas vezes, como Newman viu, eles são uma excelente distração dos prazeres culposos. Podemos, portanto, desfrutar deles mesmos e, licitamente, até mesmo caridosamente, ensinar os outros a desfrutá-los.

"Cristianismo e cultura", *Reflexões cristãs*

O assunto do Céu

O caminho de alguns para Jerusalém

31 DE AGOSTO

Meu argumento geral pode ser [...] que a cultura é um depósito dos melhores valores (subcristãos), e que são, em si, valores da alma, não do espírito. Mas Deus criou a alma. Pode-se esperar, portanto, que os valores nela encontrados contenham alguma reflexão ou um prenúncio dos valores espirituais. Eles não salvarão homem algum. Eles se assemelham à vida regenerada apenas como a afeição se assemelha à caridade, ou a honra se assemelha à virtude, ou a Lua, ao Sol. Mas, apesar de "como" não ser "o mesmo", é melhor do que ser o contrário. A imitação pode se passar pela instauração. Para alguns, é um bom começo. Para outros, não é; a cultura não é o caminho de todos para Jerusalém, e, para alguns, é o caminho para sair.

Há outro modo pelo qual a cultura pode predispor à conversão. A dificuldade de converter um homem sem instrução nos dias de hoje está em sua complacência. A ciência popularizada, as convenções ou "inconvenções" de seu círculo imediato, programas partidários etc., encerram-no em um minúsculo universo sem janelas, que ele confunde com o único universo possível. Não há horizontes distantes, não há mistérios. Ele acha que tudo já foi resolvido. Uma pessoa culta, por outro lado, é quase obrigada a ter consciência de que a realidade é muito estranha e que a verdade última, seja ela qual for, *deve* ter as características da estranheza — *deve* ser algo que pareça remoto e fantástico para os incultos. [...] Com base nisso, concluo que a cultura tem um papel distinto a desempenhar no trazer certas almas para Cristo.

Nem todas as almas — há um caminho mais curto, e mais seguro, que sempre foi seguido por milhares de naturezas afetivas simples que começam, onde esperamos que terminem, com devoção à pessoa de Cristo.

"Cristianismo e cultura", *Reflexões cristãs*

Setembro

O assunto do Céu

Luz solar de segunda mão

1º DE SETEMBRO

A cultura tem algum papel a desempenhar na vida dos convertidos? Creio que sim, e de duas maneiras. (I) Se todos os valores culturais no caminho até o cristianismo eram prenúncios turvos e copias da verdade, ainda podemos reconhecê-los como tais. E, uma vez que devemos descansar e brincar, onde podemos fazer isso melhor do que aqui — nos subúrbios de Jerusalém? E lícito descansar nossos olhos ao luar — especialmente agora que sabemos sua origem, que e apenas luz do sol em segunda mão. (II) Se a vida puramente contemplativa e, ou não, desejável para qualquer um, certamente ela não é a vocação de todos. A maioria dos homens deve glorificar a Deus por fazer para sua glória algo que não e *per se* um ato de glorificação, mas que se torna um ao ser oferecido. Se, como agora espero, as atividades culturais são inocentes e até mesmo úteis, então, elas também (como a varredura da sala no poema de Herbert) podem ser feitas para o Senhor. O trabalho de uma faxineira e a obra de um poeta se tornam espirituais da mesma maneira e sob as mesmas condições.

"Cristianismo e cultura", *Reflexões cristãs*

Dois tipos de bem e mal

2 DE SETEMBRO

Existe algum tipo de bem que não seja bom? Existe algum bem que não agrade a Deus ou algum mal que não seja odioso para ele?" E se você me pressionar nessa linha de pensamento, acabo em dúvidas, mas não vou me livrar dessas dúvidas falsificando a pouca luz que já tenho. Essa pouca luz parece me compelir a dizer que há dois tipos de bem e de mal. O primeiro tipo, como virtude e vício ou amor e ódio, além de serem bons ou maus, tornam o possuidor bom ou mau. O segundo, não. Ele inclui coisas como beleza física ou fealdade, a posse ou a falta de senso de humor, força ou fraqueza, prazer ou dor. Mas os dois mais relevantes para nós são [...] o *eros* conjugal (distinto do *agápe*, que, claro, é um bem da primeira classe) e asseio pessoal. Certamente todos nós conhecemos pessoas que dizem que, de fato, este último era próximo da piedade, mas cuja atitude inconsciente fazia dele *parte* da piedade, e não uma pequena parte? E certamente concordamos que qualquer bem dessa segunda classe, por melhor que seja em seu próprio nível, torna-se um inimigo quando assume pretensões demoníacas e se ergue como um valor quase espiritual. Como M. de Rougemont nos disse recentemente, o *eros* conjugal "deixando de ser um deus, deixa de ser um demônio".

Toda a minha alegação é que na literatura, além do bem espiritual e do mal que ela carrega, há também um bem e um mal dessa segunda classe, um bem e um mal propriamente cultural ou literário, a que não deve ser permitido disfarçar-se de bem e mal da primeira classe. [...] Eu me deliciei com meu desjejum esta manhã, acho que isso foi uma coisa boa e não acho que fui condenado por Deus. Mas não me considero um bom homem por deliciar-me com isso.

"Cristianismo e cultura", *Reflexões cristãs*

São Gregório Magno

3 DE SETEMBRO

A glória de Deus e, como nosso único meio de glorificá-lo, a salvação das almas humanas são o verdadeiro objetivo da vida. Qual é, então, o valor da cultura? Isso não é, evidentemente, nenhuma questão nova; mas, como uma questão viva, era nova para mim. [...]

Encontrei o famoso ditado, atribuído a Gregório, de que nosso uso da cultura secular era comparável à ação dos israelitas em terem de ir aos filisteus para afiar suas foices.

Isso me parece um argumento bastante satisfatório e muito relevante para as condições modernas. Se quisermos converter nossos vizinhos incrédulos, devemos entender sua cultura. Nós devemos "vencê-los em seu próprio jogo". Mas é claro que, embora isso justificasse a cultura cristã (pelo menos para alguns cristãos cuja vocação está nessa direção) no momento, ela ficaria muito aquém das vindicações feitas pela cultura em nossa tradição moderna. Na visão gregoriana, a cultura é uma arma; e uma arma é essencialmente algo que deixamos de lado assim que pudermos fazê-lo com segurança.

"Cristianismo e cultura", *Reflexões cristãs*

Fazer tudo para a glória de Deus

4 DE SETEMBRO

A religião não pode ocupar o todo da vida no sentido de excluir todas as atividades naturais, pois é claro que, em certo sentido, deve ocupar a vida como um todo. Não há dúvida sobre uma acomodação entre as reivindicações de Deus e as reivindicações da cultura, da política, ou de qualquer outra coisa. A exigência de Deus é infinita e inexorável. Você pode recusá-la ou começar a tentar cumpri-la. Não existe caminho intermediário. Apesar disso, está claro que o cristianismo não exclui nenhuma das atividades humanas normais. O apóstolo Paulo diz às pessoas que vivam normalmente cumprindo suas tarefas. Ele até mesmo presume que cristãos compareçam a jantares e, o mais surpreendente, jantares patrocinados por pagãos. Nosso Senhor comparece a uma celebração de casamento e providencia vinho a partir de um milagre. Sob a proteção de sua Igreja, e na maioria dos séculos cristãos, o aprendizado e as artes floresceram. A solução para esse paradoxo, claro, é bem conhecida. "Assim, quer vocês comam, bebam ou façam qualquer outra coisa, façam tudo para a glória de Deus."

Todas as nossas atividades naturais serão aceitas, se forem oferecidas a Deus, mesmo a mais humilde delas; e todas elas, mesmo as mais nobres, serão pecaminosas se não forem dedicadas a Deus. Não é que o cristianismo simplesmente substitui nossa vida natural por uma nova vida; é antes uma nova organização que cultiva esses materiais naturais para seus próprios fins sobrenaturais.

"Aprendizado em tempos de guerra", *O peso da glória*

Nossa necessidade de conhecimento
5 DE SETEMBRO

Se o mundo todo fosse cristão, não importaria se o mundo todo não fosse educado. No entanto, do modo como as coisas são, uma vida cultural existirá fora da Igreja, independentemente se ela existe ou não dentro dela. Ser ignorante e simples agora — não sendo capaz de enfrentar os inimigos em seu próprio campo — seria derrubar nossas armas e trair nossos irmãos não educados, que não têm, sob Deus, nenhuma defesa contra os ataques intelectuais dos pagãos a não ser nós. É necessário que haja boa filosofia, se não por outra razão, porque a filosofia ruim precisa de uma resposta. O bom intelecto deve trabalhar não apenas contra o bom intelecto do outro lado, mas contra os confusos misticismos pagãos que negam o intelecto completamente. Acima de tudo, talvez, precisamos de um conhecimento íntimo do passado, não porque o passado tenha alguma magia em torno de si, mas porque não podemos estudar o futuro. Ainda assim, necessitamos de algo para contrapor o presente, para nos lembrar de que as pressuposições básicas têm sido muito diferentes em diferentes períodos e que muito daquilo que parece absoluto para os que não são educados é meramente modismo temporário. O homem que já viveu em muitos lugares tem menos possibilidades de ser enganado pelos erros de seu local de origem. O erudito vive em contextos diferentes e, portanto, tem a percepção mais aguçada a respeito da enxurrada de tolices que jorram da imprensa e dos microfones de seu próprio tempo.

"Aprendizado em tempos de guerra", *O peso da glória*

Teologia: a ciência de Deus

6 DE SETEMBRO

De certa forma, entendo bem por que as pessoas andam desanimadas com a Teologia. Lembro-me de que, quando estava dando uma palestra para os pilotos da Força Aérea Real, um oficial idoso e obstinado se levantou e disse: "Toda essa baboseira não me serve de nada. Mas, veja bem, também sou religioso. Eu sei que há um Deus. Eu senti sua presença lá fora, no deserto, à noite: o tremendo mistério. E é exatamente por isso que não acredito nas suas fórmulas e nos seus dogmas que se encaixam perfeitamente a respeito de Deus. Para qualquer um que tenha se encontrado com aquilo que é real, todos eles me parecem bastante insignificantes, pedantes e irreais!"

O fato é que, em certo sentido, até concordo com esse homem. Acredito que provavelmente ele tenha tido uma experiência real com Deus no deserto e, quando retornou dessa experiência para os credos cristãos, imagino que estava, de fato, voltando de algo real para algo menos real. De alguma forma, uma vez que uma pessoa tenha olhado para o oceano a partir da praia, e depois, olhado para um mapa do Atlântico, ela também terá se voltado de algo real para algo menos real, ou seja, voltando-se de ondas de verdade para um pedaço de papel colorido. Mas aí é que está a questão. Admito que o mapa seja apenas um pedaço de papel, mas há duas coisas das quais devemos nos lembrar a respeito dele. Em primeiro lugar, o mapa se baseia no que centenas ou até milhares de pessoas descobriram, navegando pelo oceano Atlântico real. Nesse sentido, tem por trás de si um grande volume de experiências que são tão reais quanto as que se poderia ter a partir da praia; só que, enquanto a sua experiência seria fruto de um único vislumbre, o mapa reúne e engloba todas as demais experiências. Em segundo lugar, se você quiser ir a algum lugar, o mapa é absolutamente necessário. Enquanto você se contentar com caminhadas na praia, suas próprias visões serão muito mais divertidas do que olhar para o mapa, mas o mapa terá mais utilidade do que as caminhadas na praia se você quiser ir aos Estados Unidos.

Cristianismo puro e simples, livro 4, cap. 1

Não saia para o mar sem um mapa

7 DE SETEMBRO

A Teologia é como um mapa. O simples aprender e pensar sobre as doutrinas cristãs, se você parar por aí, é algo menos real e menos empolgante do que o tipo de coisa que o meu amigo experimentou no deserto. As doutrinas não são Deus, ou seja, elas são apenas um tipo de mapa; todavia, o mapa é baseado na experiência de centenas de pessoas que tiveram contato real com Deus — experiências que, se comparadas a quaisquer emoções ou sentimentalismos piedosos que tenhamos, são muito elementares e confusas. E, em segundo lugar, se você quiser ir um pouco mais além, será obrigado a usar o mapa. Veja bem, o que aconteceu com aquele homem no deserto pode ter sido real e certamente foi empolgante, mas não deu em nada, ou seja, não o levou a lugar nenhum, e não há nada que se fazer com isso. Na verdade, essa é precisamente a razão por que uma religião vaga — sentir Deus na natureza e coisas semelhantes — é tão atraente. Ela é todo sentimento e nenhum trabalho, ou seja, é como olhar para as ondas a partir da praia. Mas você não consegue chegar a terras novas estudando o oceano desse jeito, e também não vai obter vida nova simplesmente sentindo a presença de Deus nas flores ou na música. Você não chegará a lugar nenhum se ficar examinando mapas sem sair ao mar, mas também não vai ficar muito seguro se sair ao mar sem um mapa.

Em outras palavras, a Teologia é prática, especialmente hoje em dia. Nos velhos tempos, quando havia menos instrução formal e debate, talvez fosse possível avançar com poucas e vagas ideias sobre Deus, mas hoje em dia, não. Todas as pessoas leem e ouvem questões sendo discutidas. Consequentemente, se você não dá ouvidos à Teologia, isso não vai significar ausência de ideias sobre Deus, mas sim a presença de um monte de ideias erradas sobre ele — ideias más, confusas, obsoletas. Pois uma grande quantidade de ideias sobre Deus, disseminadas hoje como se fossem novidades, não são nada além daquelas que os verdadeiros teólogos testaram séculos atrás e rejeitaram. Acreditar na religião popular do mundo moderno é um retrocesso — seria como acreditar que a Terra é plana.

Cristianismo puro e simples, livro 4, cap. 1

A criação

8 DE SETEMBRO

Não admitirei sem luta que, quando falo de Deus "publicando" ou "inventando" as criaturas, estou "diluindo o conceito de criação". Estou tentando dar a ele, por analogias remotas, um pouco de conteúdo. Sei que criar é definido como "fazer do nada", *ex nihilo*. Mas tomo isso como significando "*não* de qualquer material preexistente". Não pode significar que Deus faz o que Deus não pensou, ou que ele dá a Suas criaturas quaisquer poderes ou belezas que ele mesmo não possua. Ora, pensamos que até mesmo o trabalho humano se torna mais próximo da criação quando um fabricante "tirou tudo da cabeça".

Nem estou sugerindo uma teoria de "emanações". A diferença com respeito a uma "emanação" — literalmente um transbordamento, um gotejamento — é que essa sugere algo involuntário. Mas minhas palavras — *publicar* e *inventar* — servem para sugerir um ato.

Esse ato, como é para Deus, deve sempre permanecer totalmente inconcebível para o homem. Pois nós — mesmo nossos poetas e músicos e inventores — nunca, no sentido último, *criamos*. Nós só construímos. Nós sempre temos materiais com que construir. Tudo o que podemos saber sobre o ato de criação é derivado do que conseguimos coletar sobre a relação das criaturas com seu Criador.

Cartas a Malcolm, cap. 14

O assunto do Céu

Onipotência divina

9 DE SETEMBRO

Onipotência significa "poder para fazer tudo ou todas as coisas". E, na Bíblia, lemos: "para Deus todas as coisas são possíveis". É bastante comum, ao se discutir com um incrédulo, ouvi-lo dizer que Deus, se existisse e fosse bom, faria isto ou aquilo; e então, quando afirmamos que a ação proposta é impossível, recebemos a réplica: "Mas eu achei que Deus fosse capaz de fazer qualquer coisa". Isso suscita a questão da impossibilidade.

No uso comum da palavra, *impossível* costuma implicar uma frase suprimida que começa com a expressão *a menos que*. Por exemplo, é impossível avistar a rua de onde estou sentado escrevendo neste momento; isto é, é impossível ver a rua *a menos que* eu suba ao andar superior, onde estarei em uma posição elevada o suficiente para olhar por cima do prédio que interfere em minha visão agora. Se eu tivesse quebrado a perna, alegaria: "Mas é impossível subir ao andar superior" — querendo dizer, entretanto, que é impossível *a menos que* alguns amigos apareçam para me carregar. Agora avancemos para um plano diferente de impossibilidade, dizendo: "É absolutamente impossível ver a rua *enquanto* eu permanecer onde estou e *enquanto* o prédio que interfere em minha visão permanecer onde está." Alguém poderia acrescentar: "a menos que a natureza do espaço ou da visão seja diferente." Não sei o que os melhores filósofos e cientistas diriam diante disso, mas eu teria de responder: "Não sei se o espaço e a visão *poderiam* ter a natureza que você sugere." Ora, é evidente que a palavra *poderiam* aqui se refere a algum tipo absoluto de possibilidade ou impossibilidade, diferente das possibilidades e impossibilidades relativas que consideramos antes. Não sei se a capacidade de enxergar através dos objetos é, nesse novo sentido, possível ou não, pois não sei se é autocontraditória ou não. Todavia, sei muito bem que, se for autocontraditória, é absolutamente impossível. Aquilo que é absolutamente impossível também pode ser chamado de intrinsecamente impossível, pois traz em si mesmo sua impossibilidade.

The Problem of Pain [O problema do sofrimento], cap. 2

Onipotência e contrassenso

10 DE SETEMBRO

Onipotência significa poder para fazer tudo o que é intrinsecamente possível; não para fazer o que é intrinsecamente impossível. É possível atribuir milagres a Deus, mas não contrassensos — e isso não é limitar o poder dele. Caso afirme que "Deus pode dar livre-arbítrio a uma criatura e, ao mesmo tempo, negar-lhe o livre-arbítrio", você não conseguiu dizer *coisa alguma* sobre Deus: combinações absurdas de palavras não adquirem sentido de uma hora para outra simplesmente porque as introduzimos com estas duas outras: "Deus pode". Continua sendo verdadeiro o fato de que todas as *coisas* são possíveis para Deus, pois impossibilidades intrínsecas não são coisas, mas nulidades. Não é mais possível a Deus do que à mais fraca de suas criaturas optar, ao mesmo tempo, por duas alternativas que se excluem mutuamente; não porque seu poder se depara com um obstáculo, mas porque contrassensos continuam sendo contrassensos mesmo quando dizem respeito a Deus.

The Problem of Pain [O problema do sofrimento], cap. 2

O assunto do Céu

Contexto da liberdade

11 DE SETEMBRO

Não há razão para supor que a autoconsciência, o reconhecimento de uma criatura por si mesma como um "eu", possa existir exceto em contraste com um "outro", algo que não seja o "eu". É em um ambiente — e preferivelmente um ambiente social, um ambiente de outros eus — que a consciência de mim mesmo se destaca. Isso suscitaria uma dificuldade quanto à percepção de Deus se fôssemos meros teístas. Sendo cristãos, aprendemos, com a doutrina da bendita Trindade, que algo análogo à "sociedade" existe no ser divino desde a eternidade — que Deus é amor, não simplesmente no sentido da forma platônica de amor, mas porque, dentro dele, as reciprocidades concretas do amor existem desde antes de todos os mundos e são assim transferidas às criaturas.

Mais uma vez, a liberdade de uma criatura deve significar liberdade de escolha: e escolha implica a existência de coisas a serem escolhidas. Uma criatura sem ambiente não teria escolhas a fazer: logo, essa liberdade, tal como a autoconsciência (se é que não são a mesma coisa), exige novamente a presença de algo além do "eu" para o eu.

The Problem of Pain [O problema do sofrimento], cap. 2

Competição ou cortesia

12 DE SETEMBRO

Se a natureza fixa da matéria impede que ela seja sempre, e em todas as suas disposições, igualmente agradável até mesmo para uma única alma, muito menos é possível à matéria do universo, a qualquer momento, estar distribuída de modo a ser igualmente conveniente e agradável a cada membro de uma sociedade. Se uma pessoa que viaja em determinada direção está descendo o monte, outra pessoa que segue na direção oposta está necessariamente subindo o monte. Se uma pedra estiver onde eu quero que esteja, ela não poderá, exceto por coincidência, estar onde você quer que ela esteja. E isso está muito longe de ser um mal: pelo contrário, produz ocasião para todos os atos de cortesia, respeito e generosidade por meio dos quais o amor, o bom humor e a modéstia se expressam. Porém, isso com certeza deixa aberto o caminho para um grande mal: o da competição e hostilidade. E, se as almas forem livres, não é possível impedi-las de lidar com o problema por meio de competição em vez de cortesia. E, uma vez que tenham partido para a hostilidade, elas podem explorar a natureza fixa da matéria com o fim de machucar umas às outras. A natureza permanente da madeira que nos permite usá-la como viga também nos permite usá-la para golpear o próximo na cabeça. A natureza permanente da matéria em geral significa que, quando os seres humanos brigam, a vitória costuma ser daqueles que dispõem de mais armas, habilidades e números, mesmo que sua causa seja injusta.

The Problem of Pain [O problema do sofrimento], cap. 2

Leis fixas e a escolha humana

13 DE SETEMBRO

Faz parte da fé cristã o fato de que Deus pode modificar e modifica, quando necessário, o comportamento da matéria, produzindo aquilo a que chamamos de milagres. Contudo,

O assunto do Céu

o próprioconceito de um mundo comum e, portanto, estável exige que tais ocasiões sejam extremamente raras. Em um jogo de xadrez, podemos fazer certas concessões arbitrárias ao oponente; as concessões, em relação às regras normais do jogo, comparam-se aos milagres em relação às leis da natureza. Podemos privar-nos de uma torre ou permitir que o adversário desfaça uma jogada inadvertida. Mas, se cedêssemos em tudo aquilo que fosse conveniente para ele — se todas as suas jogadas fossem revogáveis, e todas as nossas peças desaparecessem sempre que a posição delas no tabuleiro o desagradasse —, não poderia haver jogo. O mesmo acontece com a vida das almas no mundo: as leis fixas, as consequências da obrigatoriedade causal e toda a ordem natural representam os limites dentro dos quais a vida comum está confinada e também a condição única sob a qual esta vida é possível. Se tentarmos excluir a possibilidade de sofrimento que a ordem da natureza e a existência do livre-arbítrio implicam, excluiremos a própria vida.

The Problem of Pain [O problema do sofrimento], cap. 2

Mundos possíveis

14 DE SETEMBRO

Conforme avançamos em nosso raciocínio, a unidade do ato criativo e a impossibilidade de remendar a criação como se este ou aquele elemento pudesse ser removidodela tornam-se mais evidentes. Talvez este não seja o "o melhor de todos os universos possíveis", maso único possível. Mundos possíveis só podem significar "mundos que Deus poderia ter feito, mas não fez". A ideia do que Deus "poderia" ter feito envolve um conceito excessivamente antropomórfico da liberdade divina.

Seja lá o que a liberdade humana signifique, a liberdade divina não pode significar indeterminação com respeito à escolha de alternativas. A bondade perfeita não pode jamais hesitar quanto ao fim a ser alcançado, e a sabedoria perfeita não pode hesitar quanto aos meios mais adequados para alcançar este fim. A liberdade de Deus consiste no fato de que nenhuma outra causa além dele mesmo produz seus atos e que nenhum obstáculo externo os impede — que sua própria bondade é a raiz da qual todos eles brotam e sua própria onipotência é o ar em que todos eles florescem. [...]

Não tentarei provar que criar foi melhor do que não criar: desconheço escala humana capaz de pesar uma questão tão portentosa como essa. Certas comparações entre um e outro estado de ser são possíveis, mas tentar comparar ser e não ser é vão. "Seria melhor para mim se eu não existisse" — "para mim" em que sentido? Como poderia eu, se não existisse, beneficiar-me do fato de não existir?

The Problem of Pain [O problema do sofrimento], cap. 2

Deus pretende dar-nos aquilo de que necessitamos

15 DE SETEMBRO

Somos chamados a "revestir-nos de Cristo", a tornar-nos como Deus. Isto é, quer o queiramos quer não, Deus pretende dar-nos aquilo de que necessitamos, não aquilo que agora julgamos querer. Mais uma vez, somos constrangidos pelo intolerável cumprimento, pelo amor excessivo, não pela falta de amor.

No entanto, pode ser que até mesmo esse ponto de vista esteja aquém da verdade. O fato não é que Deus nos fez arbitrariamente de modo a ser nosso único bem. Na verdade, Deus é o único bem de todas as criaturas; e cada uma delas deve, necessariamente, encontrar o bem para si no tipo e grau de fruição divina próprios de sua natureza. O tipo e o grau podem variar de acordo com a natureza da criatura; dizer, porém, que pode haver qualquer outro bem é um sonho ateísta. George MacDonald, em uma passagem que não consigo encontrar agora, representa Deus dizendo o seguinte aos homens: "Vocês devem ser fortes com a minha força e abençoados com a minha bênção, *pois isso é o que tenho para dar.*" Esta é a suma de toda a questão. Deus dá aquilo que tem, não o que não tem: ele dá a felicidade que existe, não a felicidade que não existe. Há apenas três alternativas: ser Deus; ser como Deus e partilhar de sua bondade em resposta a ele como criatura; ou ser infeliz. Se não aprendermos a comer o único alimento produzido no universo, o único alimento que qualquer universo possível jamais poderá produzir, padeceremos eternamente de fome.

The Problem of Pain [O problema do sofrimento], cap. 3

Livre-arbítrio

16 DE SETEMBRO

Algumas pessoas acham que são capazes de imaginar uma criatura livre, mas impedida de fazer o mal; eu não consigo. Se alguém é livre para ser bom, também é livre para ser mau. Por que então Deus concede o livre-arbítrio? Porque o livre-arbítrio, embora possibilite o mal, também é a única coisa que torna possível todo o amor, toda a bondade ou toda a alegria. Um mundo de autômatos — de criaturas que trabalhassem feito máquinas — dificilmente valeria a pena ser criado. A felicidade que Deus designou para suas criaturas superiores é a felicidade de estar em união com ele e umas com as outras livre e voluntariamente, em um êxtase de amor e prazer que, quando comparado com o amor mais arrebatador entre um homem e uma mulher nesta Terra, este último seria água com açúcar. E para isso eles têm de ser livres.

Cristianismo puro e simples, livro 2, cap. 3

Satanás

17 DE SETEMBRO

Como o Poder das Trevas se corrompeu? Aqui, sem dúvida, fazemos uma pergunta para a qual os seres humanos não podem dar uma resposta com absoluta certeza, entretanto, pode-se oferecer uma hipótese razoável (e tradicional) com base em nossa própria experiência de corrupção. No momento em que você tem um ego, surge a possibilidade de colocar a si mesmo em primeiro lugar — de querer ser o centro —, que é o desejo, na verdade, de ser Deus. Esse foi o pecado de Satanás, e esse foi o pecado que ele ensinou à humanidade. Algumas pessoas acham que a queda do homem teve algo a ver com sexo, mas isso é um equívoco. (A história do livro do Gênesis afirma, antes, que em decorrência da Queda, a nossa natureza sexual se corrompeu; mas como resultado dela, não sua causa.) O que Satanás pôs na mente de nossos ancestrais remotos foi a ideia de que eles poderiam "ser como deuses" — como se pudessem estruturar-se por si mesmos, como se tivessem criado a si mesmos —, ser os seus próprios mestres — inventar uma espécie de felicidade para si fora de Deus, à parte de Deus.

E dessa tentativa desesperada veio praticamente tudo o que chamamos de história humana — dinheiro, pobreza, ambição, guerra, prostituição, classes, impérios, escravidão —, a longa e terrível história do homem tentando encontrar felicidade em algo diferente de Deus.

Cristianismo puro e simples, livro 2, cap. 3

Satanás e Miguel

18 DE SETEMBRO

A pergunta mais comum é se realmente "acredito no Diabo".

Bem, se por "Diabo" você quer dizer uma potência oposta a Deus e, como Deus, autoexistente desde toda a eternidade, a resposta certamente é "Não". Com a exceção de Deus, não há outro ser incriado. Deus não tem um oposto. Nenhum ser poderia jamais alcançar uma "perfeita maldade" oposta à perfeita bondade de Deus; pois ao retirar todo tipo de coisa boa (inteligência, volição, memória, energia e a existência em si) nada sobraria nele.

A pergunta correta é se eu acredito em diabos. Sim, creio. Com isso quero dizer, creio em anjos e creio que alguns deles, pelo abuso do livre arbítrio deles, tornaram-se inimigos de Deus e, consequentemente, nossos também. A esses podemos chamar de diabos. Eles não diferem em sua natureza dos anjos bons, mas a natureza deles é depravada. *Diabo* é o oposto de *anjo* na medida em que Homem Mau é o oposto de Homem Bom. Satanás, o líder ou ditador dos diabos, é o oposto de Miguel, não de Deus.

Prefácio à edição de 1961 de *Cartas de um diabo a seu aprendiz*

Setembro

Argumento contra o dualismo

19 DE SETEMBRO

Se o dualismo for verdadeiro, o poder do mal precisa necessariamente ser algo que gosta da maldade em si. Mas, na realidade, não temos experiência de ninguém que goste da maldade só porque ela é má. O mais perto que podemos chegar disso é a crueldade, mas, na vida real, as pessoas são cruéis por uma de duas razões — ou porque são sádicas, isto é, porque têm uma perversão sexual que faz da crueldade uma causa de prazer sexual para elas, ou então por causa de alguma vantagem que possam tirar disso — dinheiro, poder ou segurança. Mas prazer, dinheiro, poder e segurança são, em essência, coisas boas. A maldade consiste em persegui-las usando o método errado, ou da forma errada, ou com muita intensidade. Não quero dizer com isso, obviamente, que as pessoas que agem assim não sejam desesperadamente más. O que quero dizer é que a maldade, se você a examinar de perto, acaba se revelando como a busca por algum bem, mas da maneira errada. Você pode ser bom só por amor à bondade, mas não pode ser mau só por amor à maldade. É possível ser bondoso mesmo quando você não está se sentindo bondoso e isso não lhe proporciona prazer algum, simplesmente pelo fato de a bondade ser a atitude correta; mas ninguém jamais cometeu uma crueldade simplesmente porque a crueldade é errada — e sim porque a crueldade é prazerosa ou útil para aquele que faz uso dela. Em outras palavras, a maldade não pode ter sucesso nem mesmo em ser má, da mesma forma que a bondade consegue ser boa. A bondade é o que é, por assim dizer; a maldade não passa de bondade corrompida. Além disso, é necessário existir algo bom antes que se possa corrompê-lo.

Cristianismo puro e simples, livro 2, cap. 2

Cegueira satânica

20 DE SETEMBRO

Satanás é o personagem mais bem elaborado na obra de Milton. Não é difícil descobrir por quê. Dentre os principais personagens que Milton procurou retratar, Satanás é incomparavelmente o mais fácil. Se pedirmos a cem poetas que narrem a mesma história, Satanás será o melhor personagem em noventa dessas narrações. Nos escritos de todos os autores, salvo alguns poucos, os personagens "bons" são os que fazem menos sucesso; e todos aqueles que já tentaram escrever até mesmo as histórias mais simples deveriam saber o motivo disso. A fim de criar um personagem pior do que nós mesmos, basta liberar, na imaginação, algumas paixões negativas que estão sempre ansiando por ser satisfeitas na vida real. No momento em que as amarras escapam, o Satanás, o Iago e a Becky Sharp dentro de cada um de nós estão sempre prontos para sair e desfrutar, nos nossos livros, daquela folga que lhes tentamos negar em nossa vida. Quando, porém, tentamos elaborar um personagem melhor do que nós mesmos, tudo o que podemos fazer é identificar os melhores momentos que já vivemos e representá-los de uma forma mais prolongada e expressa em ações. Já as virtudes realmente elevadas que não possuímos, entretanto, não podem ser representadas, exceto de uma maneira puramente externa. Nós, na verdade, não sabemos qual é a sensação de ser alguém muito melhor do que nós mesmos. Tal cenário interior é algo que nunca vimos, e, quando tentamos imaginá-lo, cometemos gafes. É por meio dos personagens "bons" que os romancistas fazem, sem saber, as revelações mais impressionantes sobre si mesmos. O Céu entende o Inferno, mas o Inferno não entende o Céu; e todos nós, à nossa medida, compartilhamos da cegueira satânica ou, pelo menos, napoleônica. A fim de projetar-nos em um personagem iníquo, basta pararmos de fazer algo — e algo do qual já estamos cansados de fazer. A fim de projetar-nos em um personagem bom, temos de fazer o que não podemos e tornar-nos aquilo que não somos. [...] O Satanás dentro de Milton é o que lhe possibilita elaborar bem esse personagem, e o Satanás dentro de nós é o que nos possibilita recebê-lo.

A Preface to "Paradise Lost"
[Prefácio ao "Paraíso Perdido"], cap. 13

Pecado

21 DE SETEMBRO

Ainda é Deus falando quando um mentiroso ou um blasfemo fala? Em certo sentido, quase sim. À parte de Deus, esse homem não poderia falar nada; não há palavras que não sejam derivadas da Palavra; nenhum ato que não seja derivado daquele que é *Actus purus*. E, de fato, a única maneira pela qual posso tornar real para mim mesmo o que a teologia ensina sobre a hediondez do pecado é lembrar que todo pecado é a distorção de uma energia soprada em nós — uma energia que, se não tivesse sido distorcida, teria florescido em um desses atos santos pelos quais "Deus fez" e "eu fiz" são ambas descrições verdadeiras. Envenenamos o vinho quando ele o verte em nós; assassinamos uma melodia que ele poderia tocar usando-nos como instrumento. Caricaturamos o autorretrato que ele pintaria. Portanto, todo pecado, seja qual for, é um sacrilégio.

Cartas a Malcolm, cap. 13

A Queda

22 DE SETEMBRO

Eles queriam, como costumamos dizer, ser "donos de si mesmos". Mas isso significa viver uma mentira, porque, na verdade, não somos donos de nós mesmos. Eles queriam um lugar no universo sobre o qual pudessem dizer a Deus: "Isso é da nossa conta, não sua." Porém, não existe um lugar assim. Eles queriam ser substantivos, mas eram — e serão eternamente — meros adjetivos. Não temos ideia em que ato específico, ou série de atos, esse desejo contraditório, impossível, encontrou expressão. Até onde sei, pode ter sido no ato literal de comer uma fruta, mas a questão não é importante.

Esse ato de obstinação por parte da criatura, que constitui uma absoluta falsidade em relação à sua posição de criatura, é o único pecado que pode ser concebido como queda. Afinal, a dificuldade com respeito ao primeiro pecado é que ele deve ser hediondo, caso contrário suas consequências não seriam tão terríveis, e, ao mesmo tempo, deve ser algo que um ser livre das tentações do homem caído fosse capaz de cometer. O ato de abandonar Deus e voltar-se para o eu satisfaz ambas as condições. É um pecado possível até mesmo ao homem paradisíaco, pois a simples existência de um eu — o mero fato de o chamarmos "eu" — apresenta, desde o princípio, o perigo da autoidolatria. Uma vez que eu sou eu, preciso realizar um ato de rendição, por menor ou mais fácil que seja, a fim de viver para Deus e não para mim mesmo. Esse é, se assim preferir, o "ponto fraco" na própria natureza da criação, o risco que Deus aparentemente acredita que vale a pena correr. O pecado, contudo, foi hediondo porque o eu que o homem paradisíaco teve de render não continha uma resistência natural à rendição. Suas *condições*, por assim dizer, eram um organismo psicofísico inteiramente sujeito à vontade — e uma vontade inteiramente disposta, não compelida — de voltar-se para Deus. A rendição que ele praticava antes da Queda não envolvia esforço algum, apenas a deliciosa superação de uma aderência ínfima ao eu que se alegrava em ser superada — e uma vaga analogia disso pode ser vista nas entregas mútuas e extasiadas dos amantes ainda hoje. Ele não enfrentava, portanto, qualquer *tentação* (no sentido que damos a essa palavra) para escolher o eu — nenhuma paixão ou inclinação voltada de modo obstinado para isso —, nada além do mero fato de que o eu era *ele* mesmo.

The Problem of Pain [O problema do sofrimento], cap. 5

A perda da natureza original do homem

23 DE SETEMBRO

Até esse momento, o espírito humano esteve em pleno controle do organismo humano. Ele, sem dúvida, esperava reter esse controle quando deixou de obedecer a Deus. Contudo, sua autoridade sobre o organismo era uma autoridade delegada, a qual foi perdida quando ele deixou de ser o delegado de Deus. Por se desligar, até onde pôde, da fonte de seu ser, ele também se desligou da fonte de poder. Afinal, quando dizemos, a respeito de coisas criadas, que A domina sobre B, isso significa que Deus domina sobre B por meio de A. Duvido que fosse intrinsecamente possível para Deus continuar a dominar o organismo *por meio* do espírito humano sendo que este se encontrava em rebelião contra ele. Pelo menos, não foi o que Deus fez. Ele começou a dominar o organismo de uma forma mais externa; não mais pelas leis do espírito, mas pelas leis da natureza. Assim, os órgãos, não mais governados pela vontade do homem, caíram sob o controle das leis bioquímicas comuns e passaram a sofrer todas as consequências das interações dessas leis no sentido de dor, senilidade e morte. Além disso, desejos começaram a surgir na mente do homem, não segundo sua razão, mas simplesmente conforme os fatos bioquímicos e ambientais os provocavam. A própria mente sujeitou-se às leis psicológicas de associação e outras que Deus havia feito para governar a psicologia dos antropoides superiores. E a vontade, levada pela maré da simples natureza, não teve outro recurso senão refrear alguns dos novos pensamentos e desejos à força, e esses rebeldes inconformados tornaram-se o subconsciente como o conhecemos hoje. O processo não foi, entendo, comparável à mera deterioração que agora pode ocorrer no homem; foi uma perda de posição como *espécie*. O que o homem perdeu com a Queda foi sua natureza original específica: "você é pó, e ao pó voltará".

The Problem of Pain [O problema do sofrimento], cap. 5

Nossos desejos rebeldes e o sofrimento

24 DE SETEMBRO

O bem apropriado a uma criatura é entregar-se ao seu Criador — colocar em prática, de modo intelectual, volitivo e emocional, o relacionamento que já existe pelo mero fato de ela ser uma criatura. Quando o faz, ela é boa e feliz. A fim de que não seja considerado uma provação, esse tipo de bem começa em um nível muito acima das criaturas. O próprio

Deus Filho, desde a eternidade, oferece a Deus Pai, em obediência filial, o ser que o Pai, em amor paternal, gera eternamente no Filho. Esse é o padrão que o homem foi feito para seguir — e que o homem paradisíaco seguiu. Onde quer que a vontade concedida pelo Criador é perfeitamente retribuída dessa maneira, em obediência deleitosa e deleitável pela criatura, tem-se, sem dúvida, o Céu, e daí provém o Espírito Santo. No mundo como o conhecemos, o problema reside em como recuperar essa entrega. Nós não somos meras criaturas imperfeitas que precisam ser aperfeiçoadas; somos, conforme disse Newman, rebeldes que precisam depor as armas. A primeira resposta, portanto, quando se pergunta o motivo de nossa cura ser dolorosa, é que render a vontade, por tanto tempo reivindicada por nós, é, em si, uma dor cruciante, independentemente de onde ou como isso seja feito.

The Problem of Pain [O problema do sofrimento], cap. 6

Megafone de Deus

25 DE SETEMBRO

O espírito humano nem sequer tenta render a vontade própria enquanto tudo parece estar bem com ela. Ora, tanto o erro quanto o pecado têm esta propriedade: quanto mais profundos são, menos a vítima suspeita de sua existência — são um mal mascarado. Já o sofrimento é um mal desmascarado, indiscutível; todo homem sabe que algo está errado quando é ferido. [...] E o sofrimento é não apenas um mal imediatamente identificável, como um mal impossível de ser ignorado. Podemos descansar satisfeitos em nossos pecados e disparates; e, ao ver glutões devorando alimentos extremamente refinados como se não tivessem consciência do que estão comendo, concordamos que é possível ignorar até mesmo o prazer. O sofrimento, porém, insiste em receber atenção. Deus sussurra em nossos prazeres, fala em nossa consciência, mas grita em nossos sofrimentos: esse é seu megafone para despertar um mundo surdo.

The Problem of Pain [O problema do sofrimento], cap. 6

Sofrimento como oportunidade de correção

26 DE SETEMBRO

Quando nossos ancestrais se referiam aos sofrimentos e dores como "vingança" de Deus contra o pecado, eles não estavam necessariamente atribuindo paixões malignas a Deus; talvez estivessem reconhecendo o elemento bom presente no conceito de retribuição. Até que o homem iníquo descubra que o mal se encontra indiscutivelmente presente em sua existência, sob a forma de sofrimento, ele está envolto em ilusão. Quando o sofrimento o desperta, ele toma consciência de que, de uma forma ou de outra, está "em oposição" ao verdadeiro universo. Ele, então, ora se rebela (com a possibilidade de uma maior clareza e um arrependimento mais profundo em um estágio posterior), ora procura fazer um ajuste, o qual, se for levado adiante, o conduzirá à religião. É verdade que nenhum dos dois efeitos é tão certo agora como o era na época em que a existência de Deus (ou mesmo dos deuses) era mais amplamente reconhecida, mas, mesmo em nossos dias, nós vemos isso acontecendo. Até os ateus se rebelam e expressam, como Hardy e Housman, seu ódio contra Deus embora (ou porque) ele, a seu ver, não exista; e outros ateus, como o Sr. Huxley, são compelidos pelo sofrimento a suscitar todo o problema da existência e a buscar alguma maneira de chegar a um acordo com ele, a qual, mesmo não sendo cristã, é quase infinitamente superior ao contentamento ilusório de uma vida profana. Não há dúvida de que o sofrimento, como megafone de Deus, é um instrumento terrível; afinal, ele pode levar à rebelião final e incontrita. Contudo, oferece a única oportunidade que o iníquo pode ter para corrigir-se. Ele remove o véu; finca a bandeira da verdade na fortaleza da alma rebelde.

The Problem of Pain [O problema do sofrimento], cap. 6

Humildade divina

27 DE SETEMBRO

Ficamos perplexos ao ver desgraças acontecendo com pessoas decentes, inofensivas e dignas; com mães de família competentes e esforçadas ou pequenos comerciantes diligentes e prósperos; com aqueles que se muito empenharam, com honestidade, para conquistar seu modesto quinhão de felicidade e pareciam estar começando a desfrutar dele com todo direito. Ora, como posso expressar com suficiente delicadeza o que precisa ser dito aqui? Não me importa se, aos olhos dos leitores hostis, eu soe como o responsável por todos os sofrimentos que procuro explicar — assim como, até hoje, todos falam como se Santo Agostinho *quisesse* que as crianças não batizadas fossem para o Inferno. Muito me importa, porém, se eu desviar alguém da verdade. Imploro ao leitor que tente acreditar, por um momento que seja, que Deus, criador daquelas pessoas dignas, talvez esteja realmente certo ao pensar que sua modesta prosperidade e a felicidade de seus filhos não são o suficiente para torná-las benditas; que tudo isso as deixará no final e que, se não tiverem aprendido a conhecê-lo, serão almas desgraçadas. E, por essa razão, ele as aflige, advertindo-as de antemão sobre uma insuficiência que, um dia, terão de descobrir. A vida, para essas pessoas e suas famílias, interpõe-se entre elas mesmas e o reconhecimento de sua necessidade; portanto, ele torna essa vida menos agradável. Eu chamo isso de humildade divina porque é uma atitude medíocre render-nos a Deus quando o navio está afundando debaixo dos nossos pés; é medíocre achegar-nos a ele como último recurso, oferecer tudo aquilo que temos quando não vale mais a pena retê-lo.

The Problem of Pain [O problema do sofrimento], cap. 6

A necessidade de tribulação

28 DE SETEMBRO

Encontro-me avançando pela estrada da vida, acomodado em minha condição caída comum, absorto na ideia de um encontro alegre com amigos que acontecerá amanhã ou em um pouco de trabalho que estimula minha vaidade hoje, em um feriado ou um livro novo. De repente, porém, uma dor abdominal aguda indicando uma doença grave ou uma manchete no jornal apresentando uma ameaça à humanidade derruba meu castelo de cartas. Em um primeiro momento, sinto-me abalado, e todas as minhas pequenas alegrias parecem meros brinquedos quebrados. Então, com vagar e relutância, pouco a pouco, tento me colocar no estado de espírito em que eu deveria estar o tempo todo. Lembro-me de que todos esses brinquedos nunca tiveram o propósito de apossar-se do meu coração, que meu verdadeiro bem está em um outro mundo e que meu único tesouro real é Cristo.

E talvez, pela graça de Deus, eu obtenha êxito, tornando-me, por um dia ou dois, uma criatura que depende conscientemente de Deus e extrai sua força das fontes certas. Todavia, no momento em que a ameaça é retirada, toda a minha natureza corre de volta para os brinquedos: fico até ansioso, que Deus me perdoe, por banir de minha mente a única coisa que me sustentou durante a ameaça, porque ela está agora associada à angústia daqueles poucos dias. Fica, portanto, muito clara a terrível necessidade de tribulação. Deus me teve por apenas 48 horas e, mesmo assim, porque ameaçou tirar tudo de mim. Basta que ele embainhe a espada por um instante para que eu me comporte como um cachorrinho quando o tão odiado banho termina: sacudo-me o melhor que posso e saio correndo para reaver o conforto de minha sujeira — se não for no monturo mais próximo, que seja no primeiro canteiro de flores que encontrar. É por isso que as tribulações não podem cessar até que Deus ora nos encontre transformados, ora constate que não há esperança de transformação para nós agora.

The Problem of Pain [O problema do sofrimento], cap. 6

São Miguel e todos os anjos
29 DE SETEMBRO

Todos os anjos, tanto os "bons" quanto os maus — ou "caídos", aos quais chamamos demônios —, são igualmente sobrenaturais em relação a *esta* natureza espaçotemporal; isto é, se encontram fora dela e têm poderes e um modo de existência que ela não poderia prover. No entanto, os anjos bons têm uma vida que é sobrenatural em outro sentido também: eles, por amor e vontade própria, renderam a deusas "naturezas" que ele mesmo lhes deu por ocasião de sua criação. Todas as criaturas, naturalmente, vivem de Deus, no sentido que ele as fez e as mantém em existência a cada momento. Contudo, existe um outro tipo mais elevado de "vida de Deus", que só pode ser concedido a uma criatura que voluntariamente se entrega a ele. Essa vida os anjos bons têm, e os anjos maus não têm; e ela é absolutamente sobrenatural porque nenhuma criatura, em mundo algum, pode tê-la pelo simples fato de ser o tipo de criatura que é.

Miracles [Milagres], Apêndice A

São Jerônimo

30 DE SETEMBRO

Não alego que a criação da natureza por Deus possa ser provada com tanto rigor quanto a própria existência dele, mas isso me parece extremamente provável — tão provável, que quem quer que aborde a questão com a mente aberta seria incapaz de cogitar qualquer outra hipótese. Raramente encontramos pessoas que aceitam a existência de um Deus sobrenatural e, ao mesmo tempo, negam que ele seja o Criador. Toda a evidência que temos aponta para essa direção, e dificuldades começam a surgir por todo lado quando tentamos acreditar em outra coisa. Ainda não conheci uma teoria filosófica que apresentasse uma melhoria radical das palavras de Gênesis: "No princípio Deus criou os céus e a terra." Digo melhoria "radical" porque a história de Gênesis — conforme disse Jerônimo há muito tempo — é contada em forma "de poesia popular" ou, como diríamos hoje, na forma de um conto folclórico. Mas, quando a comparamos às lendas de criação de outros povos — com todos aqueles absurdos encantadores

Setembro

em que gigantes a serem dilacerados e dilúvios a serem suspensos existem *antes* da criação —, a profundidade e originalidade desse conto folclórico hebraico logo se torna evidente. O conceito de *criação*, no sentido rigoroso da palavra, é completamente captado ali.

Miracles [Milagres], cap. 4

Outubro

O assunto do Céu

A lei da natureza humana

1º DE OUTUBRO

Todos já viram pessoas brigando. Às vezes a discussão soa engraçada e, às vezes, simplesmente desagradável; mas como quer que soe, acredito que possamos aprender algo muito importante dando ouvidos ao tipo de coisa que elas falam. Elas dizem coisas do tipo: "Como você se sentiria se alguém fizesse o mesmo com você?" — "Esse lugar é meu, eu cheguei primeiro" — "Deixe-o em paz, ele não está incomodando você" — "Você empurrou primeiro" — "Dê-me um pedaço de sua laranja, eu lhe dei um pedaço da minha" — "Vamos lá, você prometeu!" As pessoas dizem coisas assim todos os dias, tanto as bem-educadas como as mal-educadas, e tanto crianças como adultos.

Agora, o que me interessa em comentários desse tipo é que a pessoa que os faz não está dizendo simplesmente que o comportamento do outro não lhe esteja agradando. Ela está apelando para um tipo de padrão de comportamento que espera que o outro conheça. E este último raramente responde: "Que se dane o seu padrão". Quase sempre ele tenta convencer a pessoa de que o que esteve fazendo não infringe o padrão de verdade ou que, no caso de infringir, haja alguma desculpa especial. [...] Tudo nos leva a crer que ambas as partes tinham algum tipo de Lei ou Regra de justiça, comportamento digno ou moral, ou coisa do tipo, sobre o qual realmente concordam. E eles concordaram. Se não o tivessem feito, poderiam até mesmo lutar como animais, mas não conseguiriam brigar no sentido humano da palavra. O intuito da briga é mostrar que o outro está errado; mas não teria sentido fazer isso a menos que você e ele tivessem algum acordo sobre o que é certo e errado, da mesma forma como não teria sentido dizer que o jogador de futebol cometeu uma falta se não houvesse algum acordo sobre as regras de futebol.

Cristianismo puro e simples, livro 1, cap. 1

Certo e errado

2 DE OUTUBRO

O fato mais impressionante é o seguinte: mesmo que você consiga encontrar uma pessoa que afirme com toda a certeza que não crê que haja realmente o certo e o errado, essa mesma pessoa vai apelar para isso logo em seguida. Ela poderá até quebrar a promessa que fez a você, mas, se você tentar quebrar a sua com ela, num piscar de olhos ela ficará reclamando que "não é justo". Uma nação pode até dizer que não liga para os tratados; mas então, no momento seguinte, ela passa a expor o seu caso, dizendo que aquele tratado particular que os outros querem quebrar era injusto. Entretanto, se os tratados não interessam, se não há tal coisa como o certo e o errado — em outras palavras, se não há Lei Natural —, a lei da natureza humana, qual seria a diferença entre um tratado justo e um injusto? Não foram elas mesmas que se traíram, mostrando que, por mais que falem contra a regra, conhecem a Lei Natural como qualquer outra pessoa?

Parece, então, que seremos forçados a aceitar que existe o certo e o errado. As pessoas podem muitas vezes enganar-se sobre eles, da mesma forma que as pessoas às vezes erram os cálculos; mas isso não é uma mera questão de gosto ou opinião, mas de tabuada.

Cristianismo puro e simples, livro 1, cap. 1

O assunto do Céu

A lei moral e o instinto

3 DE OUTUBRO

Suponha que você ouça um grito por socorro de uma pessoa que esteja em perigo. Provavelmente você terá dois desejos — o de prestar ajuda (por causa de seu instinto gregário) e outro de manter-se fora de perigo (por conta do instinto de autopreservação), mas encontrará dentro de si, além desses dois impulsos, uma terceira coisa que lhe diz que você deve seguir o impulso de ajudar e suprimir o impulso de fugir. Agora, essa coisa que faz você julgar entre dois instintos e que decide qual dos dois deve ser encorajado não pode ser nenhum deles propriamente dito. Da mesma forma, você poderia dizer que a partitura musical que lhe diz que, em dado momento, deve tocar uma nota no piano, e não outra, equivale a uma das notas do teclado. A Lei Moral nos diz qual é o tom que devemos tocar, ao passo que nossos instintos não passam de teclas.

Outra forma de se reconhecer que Lei Moral não se reduz a um dos nossos instintos é a seguinte: sempre que dois instintos estão em conflito e não há nada na mente de uma criatura além disso, obviamente o mais forte dos dois prevalecerá. Todavia, nos momentos em que estamos mais conscientes da Lei Moral, normalmente parece que ela recomenda que optemos pelo lado mais fraco dos dois impulsos. Você provavelmente *deseja* ficar em segurança mais do que deseja ajudar uma pessoa que esteja se afogando, mas a Lei Moral lhe diz para ajudá-la assim mesmo, e certamente muitas vezes nos diz para tentar tornar o impulso certo mais forte do que era naturalmente, não é mesmo? Ou seja, muitas vezes sentimos que é nosso dever estimular o instinto gregário, despertando nossa imaginação e provocando nossa comiseração e assim por diante, a fim de termos força para fazer a coisa certa. Mas é claro que não estaremos agindo *por* instinto quando começamos a tornar um instinto mais forte do que era. Aquilo que lhe diz: "Seu instinto gregário está adormecido. Desperte-o!", isso não pode *ser* o próprio instinto gregário. O que lhe diz qual nota do piano você deve tocar mais alto não pode ser essa própria nota.

Cristianismo puro e simples, livro 1, cap. 2

São Francisco de Assis
4 DE OUTUBRO

O ser humano tem defendido três perspectivas sobre o seu corpo. Primeiro, aquela dos pagãos acéticos que chamam o corpo de prisão ou "túmulo" da alma. Segundo a de cristãos como Fisher, para quem o corpo era um " um saco de estrume", comida para os vermes, sujo, vergonhoso, uma fonte que produz nada além de tentação aos homens maus e humilhação aos bons. Há os neopagãos (que raramente conhecem grego), os nudistas, os que sofrem com os deuses tenebrosos, para quem o corpo é glorioso. Mas, em terceiro, temos a perspectiva de São Francisco, que chamou seu corpo de "Irmão Burro". Todas as três perspectivas poderiam, quem sabe, ser defendidas; mas eu aposto meu dinheiro em São Francisco.

"Irmão Burro" é maravilhosamente adequado, pois ninguém com bom senso engrandece ou odeia um jumento. É um animal útil, forte, preguiçoso, obstinado, paciente, amável e capaz de deixar qualquer um furioso. Merece, por vezes, a vara e, por outras, uma cenoura; é tanto patético como absurdamente belo. Assim também é o corpo.

Os quatro amores, cap. 4

O assunto do Céu

A lei moral é universal

5 DE OUTUBRO

Os chineses [...] falam de uma coisa grandiosa (a maior de todas) chamada *Tao*. Trata-se da realidade que vai além de todas as situações, o abismo que havia antes do próprio Criador. Trata-se da Natureza, do Caminho, da Estrada, da Via. Trata-se do Caminho pelo qual o universo caminha, do qual emergem as coisas de forma eterna, silenciosa e tranquila para o espaço e o tempo. Trata-se também da Via que todo homem deve trilhar, imitando o progresso cósmico e supercósmico, conformando todas as atividades àquele grande exemplar. "No ritual", dizem os analectos, "é a harmonia com a Natureza que é louvada". À semelhança disso, os judeus antigos louvam a Lei como "verdadeira".

Passarei a me referir a essa concepção, em todas as suas formas — seja a platônica, aristotélica, estoica, cristã ou oriental em igual medida —, breve e simplesmente como "o *Tao*". [...] é a doutrina do valor objetivo, a convicção de que certas atitudes são realmente verdadeiras, e outras realmente falsas em relação ao que é o universo e o que somos. Aqueles que conhecem o *Tao* podem sustentar que chamar as crianças de adoráveis ou os velhinhos de veneráveis não significa simplesmente registrar um fato psicológico sobre nossas próprias emoções parentais ou filiais naquele momento, mas reconhecer certa qualidade que *demanda* uma resposta, independentemente se a demos ou não. [...] E porque nossas aprovações e desaprovações são, portanto, reconhecimentos de valores objetivos ou respostas a uma ordem objetiva, os estados emocionais podem estar em harmonia com a razão (quando sentimos gosto por aquilo que merece aprovação) ou em desarmonia com ela (quando percebemos que deveríamos

Outubro

gostar de algo, mas não conseguimos fazê-lo). Nenhuma emoção é, em si mesma, um juízo; nesse sentido, todas as emoções e sentimentos são alógicas, mas elas podem ser racionais ou irracionais quando se conformam ou deixam de se conformar à razão. O coração nunca toma o lugar da mente; mas ele pode, e deve, obedecer-lhe.

A abolição do homem, cap. 1

A única fonte de todos os juízos de valor

6 DE OUTUBRO

Isso que eu chamei de *Tao*, por questão de conveniência, e que os outros podem chamar de Lei Natural, Moralidade Tradicional, Primeiros Princípios da Razão Prática ou Primeiras Trivialidades, não é um de uma série de sistemas de valor possíveis. Trata-se da única fonte de todos os juízos de valor. Se ela for rejeitada, todos os valores terão sido rejeitados. Se qualquer desses valores for observado, ela também será observada. O esforço por refutá-la e para erigir um novo sistema de valores no seu lugar é um contrassenso. Nunca houve e nunca haverá um juízo de valor radicalmente novo na história do mundo. O que hoje se constituem em novos sistemas ou (como eles costumam chamá-los agora) "ideologias", não passam de fragmentos do próprio *Tao*, arbitrariamente deslocados do seu contexto mais amplo e depois levados à loucura em seu isolamento, sendo que a sua validade continua, ainda assim, a ser devida ao *Tao* e a ele somente. Se o meu dever para com meus pais é uma superstição, então o meu dever para com a posteridade também é. Se a justiça é uma superstição, então o mesmo vale para o meu dever para com o meu país ou minha raça. Se seguir no rastro do conhecimento científico é um valor real, o mesmo vale para a fidelidade conjugal. A rebelião de novas ideologias contra o *Tao* é a rebelião dos ramos contra a árvore; se os rebeldes tiverem sucesso, acabarão descobrindo que terão acarretado a destruição de si mesmos. A mente humana não tem mais poder de inventar um novo valor do que de imaginar uma nova cor primária ou até de criar um novo Sol e um novo céu, no qual ele possa se mover.

A abolição do homem, cap. 2

A lei moral se torna estagnada?

7 DE OUTUBRO

A mente moderna tem duas linhas de defesa. [...] A segunda exclama que nos amarrar a um código moral imutável é cortar todo o progresso e aquiescer com a "estagnação". [...]

Vamos tirá-la do poder emocional ilegítimo que se deriva da palavra *estagnação* com sua sugestão de poças e charcos cobertos. Se ficar parada muito tempo, a água fede. Para inferir daí que aquilo que permanece muito tempo deve ser prejudicial é ser vítima da metáfora. O espaço não fede já que preservou suas três dimensões desde o começo. O quadrado da hipotenusa não ficou mofado por ter continuado igual à soma dos quadrados dos outros dois lados. O amor não é desonrado pela constância e, quando lavamos as mãos, procuramos a estagnação e "fazer o relógio voltar", restaurando artificialmente nossas mãos ao *status quo* em que começaram o dia e resistindo à tendência natural de eventos que aumentariam sua sujeira constantemente, de nosso nascimento a nossa morte. Pois o termo emotivo *estagnado* vai substituir o termo descritivo *permanente*. Um padrão moral permanente impede o progresso? Pelo contrário; sem a aceitação de um padrão imutável, o progresso é impossível. Se o bem é um ponto fixo, é, pelo menos, possível que nos aproximemos mais e mais dele; mas, se a estação é tão móvel quanto o trem, como o trem pode progredir em direção a ela? Nossas ideias de bem podem mudar, mas não podem mudar nem para melhor nem para pior se não houver um bem absoluto e imutável do qual elas possam se aproximar ou do qual possam recuar. Podemos continuar obtendo uma soma cada vez mais quase correta apenas se a única resposta perfeitamente correta for *estagnada*.

"O veneno do subjetivismo", *Reflexões cristãs*

Por trás da lei moral — uma Pessoa
8 DE OUTUBRO

O cristianismo diz às pessoas que devem se arrepender e lhes promete perdão, por isso ele não tem nada a dizer (até onde sei) àquelas pessoas que acham que não têm do que se arrepender e que não sentem que precisam de perdão. Somente depois que você percebe que existe uma Lei Moral real e um poder por trás dessa lei, e se dá conta de que violou tal lei e cometeu alguns erros contra esse Poder — é só depois de tudo isso, e nenhum instante antes disso —, que o cristianismo começa a falar a sua língua. Quando você sabe que está doente, dá ouvidos ao médico. Quando tiver se dado conta de que nossa condição é desesperadora, começará a compreender do que os cristãos estão falando. Eles explicam como chegamos ao nosso estado presente tanto de ódio quanto de amor à bondade, além de também explicar como Deus pode ser essa mente impessoal por trás da Lei Moral e, ainda assim, ser ao mesmo tempo uma pessoa. Eles lhe contam como as exigências dessa lei, que nem eu nem você conseguimos cumprir, foram cumpridas no nosso lugar, como o próprio Deus se tornou um ser humano para salvar a humanidade da desaprovação de Deus. [...] Claro que concordo que a religião cristã é, no longo prazo, algo que confere um consolo inexprimível. Mas ela não começa pelo consolo, e sim com a consternação que tenho descrito, e não adianta de nada tentar obter esse consolo sem antes passar por tal desalento e consternação. Na religião, da mesma forma que na guerra e em todo o restante, o consolo é algo que você não consegue alcançar quando está buscando-o diretamente. Se você sair em busca da verdade, poderá encontrar consolo no final: se sair em busca de consolo, não alcançará nem o consolo nem a verdade — apenas conversa mole e ilusões, para começo de conversa, as quais acabarão em desespero.

Cristianismo puro e simples, livro 1, cap. 5

Ateísmo

9 DE OUTUBRO

Meu argumento contra Deus havia sido que o universo parecia muito cruel e injusto. Mas de onde eu havia tirado essa ideia de *justo* e *injusto*? Uma pessoa só chama uma linha de torta se tiver alguma ideia do que é uma linha reta. Com o que eu estava comparando esse universo quando o chamei de injusto? Se o espetáculo todo estava ruim e sem sentido do início ao fim, por assim dizer, por que eu, que supostamente era parte do espetáculo, estaria reagindo de forma tão violenta a ele? Uma pessoa se sente molhada depois de cair na água porque ela não é um animal aquático; já um peixe não se sentiria molhado. É claro que eu poderia desistir da ideia de justiça, dizendo que não passa de uma ideia particular, mas, se fizesse isso, meu argumento contra Deus também teria entrado em colapso — pois seria o mesmo que dizer que o mundo era realmente injusto, e não simplesmente que ele não fora criado para satisfazer meus caprichos pessoais. Assim, no mesmo ato de tentar provar que Deus não existe — em outras palavras, que toda a realidade era sem sentido — descobri que era forçado a admitir que uma parte da realidade — qual seja minha ideia de justiça — era, sim, dotada de sentido. Consequentemente, o ateísmo se revela muito simplista. Se o universo inteiro não tem sentido, não teríamos como descobrir que ele não tem sentido: semelhantemente, se não houvesse luz no universo e, assim, nenhuma criatura dotada de olhos, jamais saberíamos que ele é escuro. A palavra *escuridão* seria desprovida de sentido.

Cristianismo puro e simples, livro 2, cap. 1

Evolucionismo universal

10 DE OUTUBRO

Por evolucionismo universal quero dizer a crença de que a própria fórmula do processo universal vai do imperfeito para o perfeito, de um começo pequeno para um fim grandioso, do rudimentar para o elaborado, a crença que faz com que as pessoas achem natural pensar que a moralidade tem origem em tabus selvagens, que o sentimento adulto em desajustes sexuais infantis, o pensamento, no instinto, a mente, na matéria, o orgânico, no inorgânico e o cosmos, no caos. Esse talvez seja o exercício mental mais profundo no mundo contemporâneo. Mas me parece imensamente implausível, pois faz do curso geral da natureza algo tão dessemelhante das partes da natureza conforme nós a podemos observar. Você deve se lembrar da velha charada que pergunta se o ovo veio da galinha, ou a galinha, do ovo. A concordância moderna no evolucionismo universal é um tipo de ilusão de ótica produzida pela atenção exclusiva à emergência da galinha do ovo. Fomos ensinados desde crianças a observar como o carvalho perfeito cresce da bolota e a esquecer que a própria bolota caiu de um carvalho perfeito. Somos constantemente lembrados de que um ser humano adulto era um embrião, nunca que a vida do embrião veio de dois seres humanos adultos. Gostamos de observar que o motor rápido de hoje é descendente da locomotiva *Rocket*; também não lembramos, igualmente, que a *Rocket* não se originou de um motor mais rudimentar, mas de algo muito mais perfeito e complicado — um homem genial. A obviedade ou naturalidade que a maioria das pessoas parece encontrar na ideia do evolucionismo emergente parece ser uma alucinação pura.

"Teologia é poesia?", *O peso da glória*

A Força Vital

11 DE OUTUBRO

Uma razão por que muitas pessoas julgam a Evolução Criativa tão atraente é que ela nos dá muito do conforto emocional de crer em Deus sem assumir as consequências menos agradáveis disso. Quando você estiver se sentindo bem-disposto, o Sol estiver brilhando e você não quiser acreditar que o universo todo seja uma mera dança mecânica de átomos, é reconfortante pensar nessa grande Força misteriosa agindo ao longo dos séculos e carregando-o em sua crista. Se, por outro lado, você desejar fazer algo um tanto desprezível, a Força Vital, sendo apenas uma força cega, sem moral e desprovida de intelecto, nunca vai interferir na sua vida da mesma forma que aquele Deus inquietante, sobre o qual aprendemos quando éramos crianças. A Força Vital é uma espécie de Deus domesticado. Você pode acioná-la quando bem entender sem que ela o incomode. Você tem todas as emoções da religião e nenhum custo. Será a Força Vital a maior obra do desejo reprimido que o mundo já viu?

Cristianismo puro e simples, livro 1, cap. 4

Tudismo

12 DE OUTUBRO

Você precisa se reeducar de verdade: deve se esforçar constantemente para erradicar da mente o tipo de pensamento segundo o qual todos fomos educados. [...] Ele é chamado tecnicamente de *Monismo*; mas talvez o leitor menos esclarecido entenda melhor se eu o chamar de *Tudismo*. Com isso, me refiro à crença de que "tudo", ou "o conjunto", deve ser existir por si mesmo, deve ser mais importante do que qualquer coisa específica e deve conter todas as coisas específicas de modo que elas não sejam realmente muito diferentes umas das outras — que não sejam simplesmente "unidas", mas uma. Deste modo, o Tudista, se começa com Deus, torna-se panteísta; afinal, não deve haver coisa alguma que não seja Deus. Se começa com a natureza, torna-se naturalista; afinal, não deve haver coisa alguma que não seja natureza. Ele acha que tudo é, no final de contas, "meramente" um precursor, um desenvolvimento, uma relíquia, uma ocorrência ou um disfarce de tudo mais. Acredito que esta filosofia seja profundamente falsa. Certo modernista disse que a realidade é "incorrigivelmente plural". Acho que ele está certo. Todas as coisas vêm de Uma. Todas as coisas estão relacionadas — relacionadas de maneiras diferentes e complicadas. Todas as coisas, porém, não são uma. A palavra *tudo* deveria significar simplesmente o total (um total a ser alcançado, se soubéssemos o bastante, pela enumeração) de todas as coisas que existem em determinado momento. Ela não deve receber uma inicial maiúscula na mente; não deve (sob a influência do pensamento visual) ser transformada em uma espécie de tanque onde as coisas específicas afundam ou em um bolo no qual elas equivalem aos pedaços de fruta. As coisas reais são agudas e nodosas e complicadas e diferentes. O Tudismo é congenial à nossa mente por ser a filosofia natural de uma era totalitária, conscrita e de produção em massa. É por isso que devemos estar sempre alertas contra ele.

Miracles [Milagres], cap. 17

As coisas reais não são simples

13 DE OUTUBRO

Não espere de mim uma religião simplista. Afinal de contas, as coisas reais não são simples. Elas até parecem simples, mas não são. A mesa à qual estou sentado parece simples: mas é só perguntar para um cientista e ele lhe dirá do que ela é feita de verdade — tudo sobre os átomos e como os raios luminosos se refletem nela, atingindo o meu olho, e o que eles fazem com o nervo óptico e o que fazem no meu cérebro — e, é claro, você perceberá que o que chamamos de "ver uma mesa" nos conduz a mistérios e complicações infindáveis. Imaginar uma criança fazendo suas orações infantis parece ser algo simples. E, se você se contentar em parar por aí, talvez seja. Mas, se não — e o mundo moderno normalmente não para por aí —, e se quisermos ir em frente e perguntar o que está acontecendo realmente, devemos estar preparados para uma resposta mais complicada. Se pedirmos mais que o simplismo, seria tolice se queixar de que esse algo a mais não é simples.

Não raro, entretanto, esse procedimento tolo é adotado por pessoas que não são nada bobas, mas que, consciente ou inconscientemente, querem destruir o cristianismo. Essas pessoas forjaram uma versão do cristianismo que é mais adequada a uma criança de seis anos e fazem dela um alvo de ataque. Quando você tenta explicar a doutrina cristã como ela realmente é sustentada por um adulto instruído, as pessoas se queixam de que você está dando nó na cabeça delas, que tudo isso é complicado demais e que, se houvesse um Deus de verdade, elas têm certeza de que ele teria feito a "religião" ficar simples, porque a simplicidade é tão bela, e por aí vai. Você precisa estar alerta contra essas pessoas, pois elas vão mudar de ideia toda hora e só vão fazer você perder seu tempo. Note ainda como é absurda a ideia que elas têm de um Deus que "faz a religião ficar simples"; como se a "religião" fosse algo que Deus tivesse inventado, e não a sua afirmação de certos fatos bastante inalteráveis sobre a sua própria natureza.

Cristianismo puro e simples, livro 2, cap. 2

Imprevisibilidade da realidade

14 DE OUTUBRO

Pela minha experiência, a realidade, além de ser complicada, normalmente é esquisita. Ela não é pura, nem é óbvia, nem é o que você esperava. Por exemplo, uma vez que você tenha entendido que a Terra e todos os outros planetas giram em torno do Sol, esperaria naturalmente que todos os planetas tivessem sido feitos para combinar — que todos tivessem distâncias iguais entre si, por exemplo, ou distâncias que aumentassem de forma regular; ou tivessem o mesmo tamanho; ou se tornassem maiores ou menores à medida que se distanciassem do Sol. Na verdade, não se pode encontrar combinação ou razão (que seja observável) nem quanto aos tamanhos, nem quanto às distâncias; e alguns deles têm uma lua, um tem quatro, um tem duas, alguns não têm nem uma, e um tem um anel.

A realidade, na verdade, geralmente é algo que você não teria imaginado, e esse é um dos motivos pelos quais eu acredito no cristianismo. Trata-se de uma religião que você jamais teria imaginado. Se ela nos oferecesse apenas o tipo de universo que sempre teríamos esperado, eu teria a impressão de que ela é uma de nossas invenções. Mas, na verdade, a religião cristã não é o tipo de coisa que alguém teria inventado, uma vez que apresenta precisamente o tipo de mudanças que as coisas reais demonstram. Então, vamos deixar para trás todas aquelas filosofias infantilizadas — aquelas respostas simplistas —, porque o problema não é simples e a resposta também não o será.

Cristianismo puro e simples, livro 2, cap. 2

Guerra santa

15 DE OUTUBRO

Uma das coisas que me surpreenderam, quando li o Novo Testamento pela primeira vez de forma séria, foi o fato de ele falar tanto sobre o Poder das Trevas no universo — um espírito mau poderoso, que se supunha ser o poder que estava por trás da morte, da doença e do pecado. A diferença é que o cristianismo acredita que esse Poder das Trevas foi criado por Deus e que era bom por ocasião de sua criação, mas se corrompeu. O cristianismo concorda com o dualismo na acepção de que este universo está em guerra, mas discorda que essa seja uma guerra entre poderes independentes. Ele a considera, antes, uma guerra civil, uma rebelião, e que estamos vivendo em uma parte do universo que está ocupada pelos rebeldes.

Um território ocupado pelo inimigo — eis o que é o mundo. E o cristianismo é a história de como o rei legítimo aportou, você poderia dizer até que aportou disfarçado, e nos chama para participar da grande campanha de sabotagem. Quando você vai à igreja, na verdade está captando ondas secretas da rádio de nossos aliados: eis por que o inimigo está tão ansioso por nos impedir de ir até lá. Ele faz isso jogando com nosso preconceito, com nossa preguiça e esnobismo intelectual. Eu sei que alguém vai me perguntar: "Você está mesmo querendo dizer, a essa hora do dia, que devemos reintroduzir nosso bom e velho amigo, o diabo — com cascos, chifres e tudo?" Bem, o que a hora do dia tem a ver com isso eu não sei, e não entrei nos detalhes do casco e do chifre, mas, de resto, minha resposta é: "Sim, estou". Não estou reivindicando saber nada sobre a sua aparência pessoal. Se alguém realmente deseja conhecê-lo melhor, eu diria a essa pessoa: "Não se preocupe. Se você realmente quiser, vai fazê-lo. Resta saber apenas se você vai gostar dele".

Cristianismo puro e simples, livro 2, cap. 2

O assunto do Céu

Política de Maldanado sobre as aparências

16 DE OUTUBRO

Nossa política para o momento é de nos mantermos ocultos. Claro que isso nem sempre foi assim. Na verdade, estamos nos deparando com um dilema curioso. Quando os seres humanos deixam de acreditar em nossa existência, perdemos todas as consequências prazerosas do terrorismo direto e deixamos de produzir bruxos. Por outro lado, quando eles acreditam em nós, não temos como torná-los materialistas e céticos. Pelo menos por enquanto. Tenho muita esperança de que iremos aprender em pouco tempo como apelar aos sentimentos e transformar em mito a ciência deles a ponto de aquilo que é, com efeito, uma crença em nós (embora não com esse nome) se infiltrará de mansinho, enquanto a mente humana permanecerá fechada à crença na existência do Inimigo. A "Energia Vital", a veneração do sexo e alguns aspectos da Psicanálise poderão ser bem úteis aqui. Se conseguirmos realizar nosso trabalho perfeito — o bruxo materialista, o homem que não usa, antes, cultua verdadeiramente ao que ele chama vagamente de "Forças" ao mesmo tempo que nega a existência de "espíritos" —, então o fim da guerra estará às portas. Mas, nesse meio tempo, deveremos obedecer às ordens recebidas. Não acho que você terá muita dificuldade para manter o paciente na escuridão. O fato de que os "demônios" são figuras predominantemente *cômicas* na imaginação moderna irá ajudá-lo. Se qualquer suspeita tênue de sua existência começar a surgir na mente dele, sugira uma imagem de uma entidade em trajes vermelhos e convença-o de que, já que ele não pode acreditar nessas coisas (trata-se de um velho método de manual para confundi-los), também não poderá acreditar em você.

Cartas de um diabo a seu aprendiz, cap. 7

O preço do livre-arbítrio

17 DE OUTUBRO

Então, os cristãos acreditam que um poder do mal se tornou o príncipe do mundo no presente, e é claro que isso gera problemas. Esse estado das coisas está ou não de acordo com a vontade de Deus? Se estiver, você dirá que ele é um Deus estranho; e, se não estiver, como é que alguma coisa pode acontecer contrária à vontade de um ser dotado de poder absoluto? [...]

Deus criou coisas dotadas de livre-arbítrio, e isso significa criaturas que têm a opção de fazer o bem ou o mal. Algumas pessoas acham que são capazes de imaginar uma criatura livre, mas impedida de fazer o mal; eu não consigo. Se alguém é livre para ser bom, também é livre para ser mau. [...] É claro que Deus sabia o que iria acontecer se a liberdade fosse usada de forma errada: aparentemente, ele achou que valia a pena arriscar. Talvez nos sintamos inclinados a discordar dele, mas quem somos nós para discordar de Deus? Ele é a fonte da qual vem todo o nosso poder de raciocínio: você não poderia estar certo e ele, errado, da mesma forma que um riacho não pode correr no sentido contrário à sua própria nascente. Quando você está argumentando contra ele, está argumentando contra o poder que permite a própria argumentação — é como cortar fora o galho da árvore em que você está sentado. Se Deus acha que esse estado de guerra do universo é um preço que vale a pena pagar pelo livre-arbítrio — isto é, por criar um mundo vivo, em que as criaturas podem fazer o bem ou causar danos reais e em que algo de real importância pode acontecer, em vez de um mundo de marionetes, que só se move quando ele mexe as cordas —, então podemos supor que vale mesmo a pena pagar o preço.

Cristianismo puro e simples, livro 2, cap. 3

São Lucas, evangelista

18 DE OUTUBRO

Certamente não há dificuldade com a oração no Getsêmani com base no fato de que, se os discípulos estivessem dormindo, eles não poderiam tê-la ouvido e, portanto, não poderiam tê-la registrado? As palavras que eles gravaram não demoraram mais do que três segundos para serem proferidas. Ele estava apenas a uma pequena distância. O silêncio da noite os cercava. E podemos ter certeza de que Ele orou em voz alta. As pessoas faziam tudo em voz alta naqueles dias. [...]

Há um exemplo bastante cômico da mesma coisa em Atos 24. Os judeus haviam conseguido um orador profissional chamado Tértulo para conduzir a acusação contra São Paulo. O discurso registrado por Lucas usa 84 palavras em grego, se eu tiver contado corretamente. Oitenta e quatro palavras são excessivamente poucas para um defensor grego em uma ocasião tão importante. Pode-se presumir, então, que elas são *précis*? Mas daquelas oitenta e poucas palavras, quarenta são usadas para expressões de cortesia ao tribunal — o que, em um registro *précis* tão pequeno, não deveria ter constado de maneira alguma. É fácil imaginar o que aconteceu. Lucas, embora fosse um excelente narrador, não era bom repórter. Ele começa tentando memorizar, ou transcrever, todo o discurso na íntegra. E ele consegue reproduzir certa porção do exórdio. (O estilo inconfundível. Somente um *retor* praticante falava dessa maneira.) Mas ele logo é vencido. O restante do discurso é apenas representado por um resumo ridiculamente inadequado. Mas ele não nos diz o que aconteceu, e, assim, parece atribuir a Tértulo uma apresentação que teria soado como ruína profissional.

Cartas a Malcolm, cap. 9

Resposta de Deus a um mundo caído
19 DE OUTUBRO

E o que foi que Deus fez? Antes de tudo, ele nos conferiu consciência, o sentido do certo e do errado, e por toda a história houve pessoas tentando (algumas muito intensamente) obedecer-lhe. Nenhuma delas foi bem-sucedida. Em segundo lugar, ele enviou à humanidade o que eu chamo de bons sonhos: estou me referindo àquelas histórias esquisitas espalhadas pelas religiões gentias sobre um deus que morre e volta à vida, e, por sua morte, de alguma forma concedeu nova vida ao ser humano. Em terceiro lugar, ele selecionou um povo em particular e passou vários séculos incutindo na cabeça deles o tipo de Deus que ele é — que não havia nenhum igual a ele e que ele exigia uma conduta correta. Os judeus são esse povo, e o Antigo Testamento nos oferece o relato de como ocorreu esse processo de incutir.

Mas o verdadeiro choque ainda estava por vir. Eis que da descendência desse povo subitamente surge um homem que anda por aí dizendo que é Deus. Ele alega ter poder para perdoar pecados. Diz que sempre existiu. Afirma que está vindo julgar o mundo no fim dos tempos. Agora, vamos deixar bem clara uma coisa. Entre os povos panteístas, como são os indianos, qualquer um poderia dizer que fazia parte de Deus ou que é um com Deus; não há nada de muito estranho nisso. Mas esse homem, pelo fato de ser judeu, não poderia estar se referindo a esse tipo de Deus. Deus, na linguagem deles, significava o ser que está fora do mundo, o Criador e aquele que é infinitamente diferente de tudo. E, quando você entende isso, verá que as palavras ditas por esse homem eram, simplesmente, os pronunciamentos mais chocantes já enunciados por lábios humanos.

Cristianismo puro e simples, livro 2, cap. 3

Uma afirmação extraordinária
20 DE OUTUBRO

Há um elemento nessa reivindicação que tende a passar despercebido por nós, porque o ouvimos tantas vezes que já não nos damos conta mais de suas consequências. Eu me refiro à alegação de perdoar pecados — quaisquer pecados. Agora, a menos que seja o próprio Deus falando, tal pronunciamento é tão absurdo que se torna cômico. Todos entendemos que uma pessoa pode perdoar ofensas contra si mesma. Você pisou no meu calo e eu lhe perdoo, você roubou o meu dinheiro e eu lhe perdoo. Mas o que diríamos de uma pessoa que, não tendo sido pisada ou roubada, anunciasse que perdoa essas ofensas cometidas contra outra pessoa? Insensatez estúpida seria a descrição mais gentil que poderíamos fazer de sua conduta. Entretanto, foi isso o que Jesus fez. Ele disse às pessoas que os seus pecados estavam perdoados sem nunca sequer consultar aquelas às quais esses pecados lesaram. Ele se comportou, sem hesitar, como se fosse a parte mais afetada, a pessoa mais ofendida em todas as ofensas. Isso só faria sentido se ele realmente fosse o Deus cujas leis estão sendo infringidas e cujo amor é ferido a cada pecado cometido. Na boca de qualquer outra pessoa que não seja Deus, as palavras implicariam o que eu só posso considerar uma tremenda imbecilidade e presunção sem precedentes na história.

Cristianismo puro e simples, livro 2, cap. 3

A alternativa surpreendente
21 DE OUTUBRO

Cristo diz que ele é "humilde e manso", e nós acreditamos nele; e não percebemos que, se ele fosse meramente um homem, a humildade e a mansidão são as últimas características que poderíamos atribuir a alguns dos seus ditos.

Quero evitar aqui que alguém diga a enorme tolice que muitos costumam dizer a respeito dele: "Estou pronto para aceitar a Jesus como um grande mestre de moral, mas não aceito sua reivindicação de ser Deus". Esse é o tipo de coisa que não se deve dizer. Um homem que fosse meramente um ser humano e dissesse o tipo de coisa que Jesus disse não seria um grande mestre de moral. De duas uma, ou ele seria um lunático — do nível de alguém que afirmasse ser um ovo frito —, ou então seria o diabo em pessoa. Faça a sua escolha. Ou esse homem era, e é, o Filho de Deus; ou então um louco ou algo pior. Você pode descartá-lo como sendo um tolo ou pode cuspir nele e matá-lo como a um demônio; ou, então, poderá cair de joelhos a seus pés e chamá-lo de Senhor e Deus. Mas não me venha com essa conversa mole de ele ter sido um grande mestre de moral, pois ele não nos deu essa alternativa, nem tinha essa pretensão.

Cristianismo puro e simples, livro 2, cap. 3

O assunto do Céu

O ensinamento de nosso Senhor
22 DE OUTUBRO

Talvez tenhamos esperado ou preferido que uma luz não refratada nos transmitisse a verdade suprema de forma sistemática — algo que pudéssemos catalogar, memorizar e utilizar com a confiabilidade de uma tabuada. É possível respeitar — e, em determinados momentos, invejar — a visão que os fundamentalistas têm da Bíblia e a visão que os católicos romanos têm da Igreja. Contudo, existe um raciocínio contra o qual devemos nos precaver em ambas estas posições, a saber: Deus fez o que é melhor; isto é o melhor; portanto, Deus fez isto. Afinal, somos mortais e não sabemos o que é melhor para nós, e é perigoso prescrever o que Deus deve ter feito — especialmente quando não podemos, por mais que tentemos, obrigá-lo a ter feito determinada coisa.

Podemos observar que o ensinamento de nosso próprio Senhor, no qual não há imperfeição alguma, não nos é dado da forma inequívoca, infalível e sistemática que talvez tenhamos esperado ou desejado. Ele não escreveu um livro. Temos apenas falas relatadas, sendo a maioria delas proferida na forma de respostas a perguntas, moldadas, até certo grau, pelo contexto original. E, quando as reunimos, não podemos reduzi-las a um sistema. Ele prega; não discursa. Ele utiliza paradoxos, provérbios, exageros, parábolas, ironias e, até mesmo (não falto aqui com reverência), "gracejos". Ele profere máximas que, tal como provérbios populares, se forem consideradas rigorosamente, podem parecer contradições. Seu ensinamento, portanto, não pode ser captado somente pelo intelecto; não pode ser "adquirido" como se fosse um "conhecimento". Se tentarmos fazer isso, chegaremos à conclusão de que o Senhor é o mais elusivo dos mestres. Ele quase nunca dava uma resposta direta a uma pergunta direta. Ele não pode ser, da forma que gostaríamos, "colocado contra a parede". Tentar fazer isso é (mais uma vez, falo sem qualquer irreverência) como tentar engarrafar um raio de sol.

Reflections on the Psalms [Reflexões sobre Salmos], cap. 11

O penitente perfeito

23 DE OUTUBRO

Deus aportou em seu mundo ocupado pelo inimigo em forma humana. E agora, qual foi o propósito disso tudo? O que ele veio fazer? Bem, veio ensinar, é claro; mas assim que você se puser a ler o Novo Testamento ou qualquer outro escrito cristão, descobrirá que eles estão constantemente falando de algo bem diferente — de sua morte e ressurreição. É óbvio que os cristãos acreditam que o ponto central da história esteja aqui. Eles pensam que a coisa mais importante que ele veio fazer na Terra foi sofrer e ser morto.

Ora, antes de me tornar cristão, tinha a impressão de que a primeira coisa em que os cristãos tinham de acreditar era uma teoria particular sobre qual era o sentido dessa morte. De acordo com essa teoria, Deus queria punir os homens por terem desertado e se juntado ao Grande Rebelde, mas Cristo se voluntariou para ser punido no lugar deles e, assim, Deus permitiu que escapássemos da punição. [...] O que eu reconheci mais tarde foi que o cristianismo não equivalia a essa teoria nem a outra qualquer. A crença central do cristianismo é que a morte de Cristo de alguma forma nos colocou em ordem com Deus e nos permitiu ter um novo começo. Teorias sobre como isso foi feito são outra história. Diversas teorias já foram formuladas sobre como isso funciona; mas se há algo com que todos os cristãos concordam é que funcionou. Vou contar a vocês como penso que funciona. Toda pessoa sensata sabe que, se você está cansado e com fome, uma boa refeição vai lhe fazer bem. Mas a teoria moderna da nutrição — toda voltada para vitaminas e proteínas — diz outra coisa. As pessoas jantavam e se sentiam bem muito antes de qualquer pessoa ter ouvido falar da teoria das vitaminas, então, se essa teoria for abandonada algum dia, elas vão continuar jantando da mesma forma. As teorias sobre a morte de Cristo não equivalem ao cristianismo: elas são explicações sobre como as coisas funcionam.

Cristianismo puro e simples, livro 2, cap. 4

O sacrifício perfeito

24 DE OUTUBRO

A morte de Cristo é precisamente aquele ponto da história no qual algo absolutamente inimaginável vindo de fora se mostrou em nosso próprio mundo. E, se não conseguimos expressar em imagens nem mesmo os átomos dos quais nosso mundo é constituído, não dá para esperar que estejamos em condições de retratar esse evento sublime. De fato, se acreditássemos que podemos compreendê-lo completamente, esse fato preciso se mostraria diferente do que professava ser — o inconcebível, o não criado, algo que está além da natureza e que cai nela como um raio. Você poderia perguntar de que isso adianta se não podemos compreendê-lo. Mas a resposta a isso é fácil. Uma pessoa pode jantar sem entender exatamente como o alimento a nutre. Da mesma forma, uma pessoa pode aceitar o que Cristo fez por ela sem compreender como isso foi possível: na verdade, ela não terá condições de compreendê-lo enquanto não o aceitar.

Ouvimos que Cristo morreu por nós, e que a sua morte lavou os nossos pecados, e que, ao morrer, ele anulou a própria morte. Essa é a fórmula. Eis aí o cristianismo. É nisso que se deve acreditar. Quaisquer teorias que construímos sobre como a morte de Cristo fez isso, aos meus olhos, são francamente dispensáveis, visto que não passam de esquemas ou diagramas que devem ser descartados assim que deixarem de nos ajudar, e, mesmo que ajudem de alguma maneira, não devem ser confundidos com a realidade em si.

Cristianismo puro e simples, livro 2, cap. 4

Batismo, fé, Santa Comunhão
25 DE OUTUBRO

Cristo entregou-se e humilhou-se de forma perfeita: perfeita porque ele era Deus, entregou-se e humilhou-se porque era homem. Agora, a crença cristã diz que, se alguém compartilha a humildade e o sofrimento de Cristo de alguma forma, também temos de compartilhar de sua conquista da morte e encontrar nova vida depois de termos morrido, e, nisso, nos tornarmos criaturas perfeitas e perfeitamente felizes. Isso significa muito mais do que simplesmente seguir seus ensinamentos. As pessoas muitas vezes se perguntam quando será dado o próximo passo da evolução — o passo para além do ser humano — mas, na visão cristã, ele já foi dado. Em Cristo, uma nova espécie de ser humano surgiu, e a nova vida que começa com ele deve ser posta dentro de nós. Como isso deve ser feito? [...]

Há três coisas que infundiram a vida de Cristo em nós: o batismo, a fé e a ação misteriosa a que os diferentes cristãos dão nomes diferentes — a Santa Comunhão, a Eucaristia, a Santa Ceia. Esses, pelo menos, são os três métodos mais comuns. Não estou dizendo que não possa haver casos especiais, nos quais ela tenha sido infundida sem um ou mais desses elementos. Não tenho tempo para entrar em casos especiais, e tampouco tenho conhecimento suficiente para isso. Se você estivesse tentando explicar a alguém, em poucos minutos, como chegar a Edimburgo, indicaria os trens; é verdade que ele poderia ir até lá de barco ou de avião, mas você dificilmente pensaria nisso. [...] Qualquer um que queira ensinar a doutrina cristã vai, na verdade, recomendar que todos os três elementos sejam usados, e isso é suficiente para o nosso presente propósito.

Cristianismo puro e simples, livro 2, cap. 5

Cristo em nós

26 DE OUTUBRO

Não se iluda. Não estou estabelecendo o batismo, a fé e a Santa Ceia como práticas que serão suficientes para substituir seus esforços para imitar a Cristo. Sua vida natural é derivada de seus pais; mas isso não significa que ela será mantida se você não fizer nada em prol dela. Você poderá perdê-la por negligência ou poderá pôr um fim a ela cometendo suicídio. Você precisa alimentá-la e cuidar dela; mas lembre-se sempre de que não é você que a está constituindo, ou seja, o que você está fazendo é somente preservar uma vida que recebeu de alguém. Do mesmo modo, um cristão pode perder a vida em Cristo que foi posta nele, e ele tem de esforçar-se para mantê-la. Mas até mesmo o melhor dos cristãos que já viveram não estará agindo por esforço próprio — ele estará apenas alimentando ou protegendo a vida que nunca poderia ter adquirido por esforço próprio. E isso tem consequências práticas, pois, enquanto a vida natural estiver em seu corpo, ela se empenhará em conservar esse corpo. Um corpo vivo não é aquele que nunca se fere, mas aquele que é capaz de curar-se a si mesmo até certo ponto. Semelhantemente, um cristão não é uma pessoa que nunca comete erros, mas uma pessoa capaz de se arrepender e dar a volta por cima, começando tudo de novo depois de todo o tropeço que der — porque a vida em Cristo está dentro dele, curando-o o tempo todo, capacitando-o a imitar (até certo ponto) o tipo de morte voluntária que Cristo, em pessoa, assumiu.

Cristianismo puro e simples, livro 2, cap. 5

Acreditar por autoridade

27 DE OUTUBRO

Temos de tomar a realidade como ela se apresenta a nós, e não tagarelar sobre como ela deveria ser ou como esperávamos que fosse. Mas, embora eu não entenda por que as coisas são assim, posso lhe dizer por que creio que sejam. Já expliquei por que tenho de crer que Jesus foi (e é) Deus, e parece tão claro quanto qualquer outro fato histórico que a nova vida tenha sido comunicada da maneira como ele ensinou aos seus seguidores. Em outras palavras, creio nisso com base em sua autoridade. Não tenha medo da palavra "autoridade", pois acreditar em coisas com base na autoridade não significa nada mais do que acreditar nelas porque você considera a pessoa que as contou a você confiável. Noventa e nove por cento das coisas nas quais acreditamos são baseadas na autoridade de alguém. Eu acredito que haja um lugar chamado Nova York, apesar de não o ter visto com meus próprios olhos, e não poderia provar por meio de um raciocínio abstrato que tal lugar exista necessariamente. Acredito nele porque pessoas confiáveis me falaram dele. O homem comum acredita no Sistema Solar, em átomos, em evolução e em circulação do sangue com base na autoridade — porque os cientistas dizem que essas coisas existem. Toda e qualquer afirmação histórica sobre a face da Terra é crida com base no princípio de autoridade. Nenhum de nós viu a conquista da Normandia ou a derrota da Invencível Armada. Nenhum de nós poderia prová-las pela lógica pura, da mesma forma que se podem provar coisas na matemática. Acreditamos nelas simplesmente porque pessoas que as viram deixaram relatos escritos sobre esses acontecimentos; ou seja, com base na autoridade. Alguém que duvida da autoridade nos demais assuntos, da mesma forma que as pessoas fazem com aqueles fatos relativos à religião, deveria se contentar em não saber nada de nada.

Cristianismo puro e simples, livro 2, cap. 5

São Simão e São Judas, apóstolos

28 DE OUTUBRO

O argumento de Lúcio é que os evangelistas teriam inserido a doutrina da expiação no evangelho se tão somente tivessem um motivo para fazê-lo, mas, uma vez que não inseriram, é porque nosso Senhor não a ensinou. Ora, já que sabemos, com base nas epístolas, que os apóstolos (os quais literalmente o conheceram) *ensinaram* essa doutrina em seu nome *imediatamente* após sua morte, é evidente que ele a *ensinou*; caso contrário, eles agiram com extrema liberdade. Mas, se as pessoas logo após sua morte interpretavam essa doutrina tão livremente, por que as pessoas que escreveram muito mais tarde (quando tal liberdade seria mais desculpável pelo lapso de memória em um escritor honesto e mais suscetível de passar despercebida em um escritor desonesto) se tornariam tão mais precisas? Os relatos de um acontecimento não costumam ficar cada vez mais precisos com o passar do tempo. Seja como for, se eliminarmos o conceito de sacrifício do cristianismo, privamos tanto o judaísmo quanto o paganismo de qualquer significado.

The Collected Letters of C. S. Lewis, Volume II
[Coletânea de cartas de C. S. Lewis, volume II]
(10 de janeiro de 1932)

Cristo age por intermédio de sua Igreja

29 DE OUTUBRO

Quando os cristãos dizem que a vida de Cristo está dentro deles, não estão se referindo simplesmente a algo mental ou moral. Quando eles falam de estar "em Cristo", ou de Cristo estar "neles", essa não é simplesmente uma forma de dizer que eles estejam pensando em Cristo ou tentando imitá-lo. Eles querem dizer que Cristo está realmente operando por meio deles; que toda a massa de cristãos compõe o organismo físico por meio do qual Cristo atua — que nós somos os seus dedos e músculos, as células do seu corpo, e talvez isso explique algumas coisas. Explica por que essa vida nova é difundida não apenas por atos puramente mentais, como a fé, mas também por atos corpóreos, como o batismo e a Santa Ceia. Não se trata apenas da difusão de uma ideia; trata-se de algo mais parecido com a evolução — um fato biológico ou suprabiológico. Não vale a pena tentar ser mais espiritual do que Deus, pois ele nunca pretendeu que o ser humano fosse uma criatura puramente espiritual; por isso ele usa coisas materiais como pão e vinho para incutir nova vida em nós. Podemos até achar que isso é muito rudimentar e pouco espiritual, mas Deus não acha; ele inventou o ato de comer, ele gosta da matéria. Foi ele mesmo quem a inventou.

Cristianismo puro e simples, livro 2, cap. 5

Personalidade de Jesus

30 DE OUTUBRO

Se há algo que é comum a todos os crentes, e até mesmo a muitos incrédulos, é a percepção de que nos Evangelhos eles encontraram uma personalidade. Há personagens que sabemos serem históricos, mas de quem não sentimos ter conhecimento pessoal, conhecimento por familiaridade; tais são Alexandre, Átila ou Guilherme de Orange. Há outros que não reivindicam a realidade histórica, aos quais, não obstante, conhecemos como conhecemos a pessoas reais: Falstaff, Tio Toby, Sr. Pickwick. Mas há apenas três personagens que, vindicando o primeiro tipo de realidade, têm, na realidade, também o segundo. E certamente todos sabem quem são: o Sócrates de Platão, o Jesus dos Evangelhos e Johnson de Boswell. Nossa familiaridade com eles se mostra de muitas maneiras. Quando olhamos para os evangelhos apócrifos, constantemente nos pegamos dizendo sobre esse ou aquele *logion*: "Não. É um bom ditado, mas não é dele. Não foi assim que ele falou" — como fazemos com tudo o que é pseudojohnsoniano. Não ficamos nem um pouco perturbados com os contrastes dentro de cada personagem: a

Outubro

união, em Sócrates, de risinhos nervosos tolos e obscenos sobre a pederastia grega com o mais elevado fervor místico e o mais simples bom senso; em Johnson, de profunda gravidade e melancolia com aquele amor de diversão e absurdo que Boswell nunca entendeu, embora Fanny Burney o tenha feito; em Jesus, de perspicácia camponesa, severidade intolerante e ternura irresistível. Tão forte é o sabor da personalidade que, mesmo quando ele diz coisas que, a partir de qualquer outra suposição que não a da encarnação divina no sentido mais amplo, seria pavorosamente arrogante, ainda assim nós — e muitos incrédulos também — aceitamos sua própria avaliação quando ele diz: "Sou manso e humilde de coração". Mesmo aquelas passagens no Novo Testamento que superficialmente, e em intenção, dizem mais respeito à natureza divina, e menos à humana, colocam-nos face a face com a personalidade. Não tenho certeza se elas não fazem isso mais do que quaisquer outras. "Vimos a sua glória, glória como do Unigênito vindo do Pai, cheio de graça e de verdade [...], o que contemplamos e as nossas mãos apalparam".

"Teologia moderna e crítica bíblica", *Reflexões cristãs*

É preciso decidir

31 DE OUTUBRO

Por que Deus aportou sob disfarce neste mundo ocupado pelo inimigo e iniciou uma espécie de sociedade secreta para sabotar o diabo? Por que ele não invade com força total? Será que é porque ele não é forte o suficiente? Bem, os cristãos pensam que ele virá com força total, só não sabemos quando. Mas podemos imaginar o porquê de sua demora. Ele quer nos dar uma chance de aderir ao seu lado de forma

O assunto do Céu

voluntária. Não suponho que você e eu teríamos em alta conta um francês que esperasse que os aliados invadissem a Alemanha para só então anunciar que estava do nosso lado. A invasão de Deus é iminente, mas eu me pergunto se as pessoas que pedem para Deus interferir aberta e diretamente no nosso mundo se dão conta do que estão pedindo. Quando isso acontecer, será o fim do mundo. Quando o autor se apresenta no palco é porque a peça acabou. Deus fará a invasão, tudo bem, mas qual é a vantagem de você dizer que está do lado dele apenas quando vir todo o mundo natural se dissolvendo como num sonho ou algo parecido — algo que você nunca imaginou antes — irrompendo com força; algo tão magnífico para alguns e tão terrível para outros, que não reste nenhuma alternativa para qualquer um de nós? Dessa vez Deus virá sem disfarce; algo tão impressionante que causará reações de amor ou horror irresistível a toda criatura. Então, será tarde demais para escolher o seu lado. Não adianta dizer que você decidiu deitar quando já é impossível ficar em pé. Essa já não será hora de escolher; será hora de descobrir de qual lado realmente nós escolhemos ficar, quer tenhamos dado conta disso antes, quer não. A hora é agora, hoje mesmo, neste instante, de escolher o lado certo. Deus está se delongando para nos dar essa chance. E ela tem prazo de validade. É pegar ou largar.

Cristianismo puro e simples, livro 2, cap. 5

Novembro

O assunto do Céu

Todos os Santos

1º DE NOVEMBRO

Se você pode pedir as orações dos vivos, por que você não deveria pedir as orações dos mortos? Há claramente também um grande perigo. Em alguma prática popular, vemos isso nos levar a uma imagem infinitamente ingênua do Céu como um tribunal terrestre, onde os suplicantes terão de ser sábios para puxar os fios corretos, descobrir os melhores "canais" e unirem-se aos grupos de pressão mais influentes. Mas eu não tenho relação nenhuma com nada disso. [...] O consolador é que, enquanto a cristandade está dividida sobre a racionalidade, e mesmo a legalidade, de orar *aos* santos, todos concordamos em orar *com* eles. "Portanto, com os Anjos e Arcanjos, e com toda a milícia celestial." [...] Aquele *com* sempre foi aceito teoricamente. Mas é bem diferente quando alguém se conscientiza dele em um momento apropriado e deseja associar seu próprio insignificante gorjeio à voz dos grandes santos e (esperamos) de nossos entes queridos que já morreram. Eles podem suprimir algumas das características mais feias de nossas orações e ressaltar qualquer minúsculo valor que elas tenham.

Cartas a Malcolm, cap. 3

Finados

2 DE NOVEMBRO

Claro que eu oro pelos mortos. A ação é tão espontânea, quase inevitável, que somente o argumento teológico mais coercivo contra ela me deteria. E sei que o restante de minhas orações mal sobreviveria se as feitas pelos mortos fossem proibidas.

Em nossa idade, a maioria das pessoas que amamos está morta. Que tipo de relação com Deus eu poderia ter se o que mais amo não pudesse ser mencionado para Ele?

Na visão protestante tradicional, os mortos estão todos ou condenados ou salvos. Se estão condenados, a oração por eles é inútil. Se estão salvos, é igualmente inútil. Deus já fez tudo por eles. O que mais podemos pedir?

Mas não cremos que Deus já fez e já está fazendo tudo o que pode pelos vivos? O que mais podemos pedir? Ainda assim, é-nos dito que peçamos.

"Sim", alguém responderá, "mas os vivos ainda estão na estrada. Mais provações, desenvolvimentos, possibilidades de erro esperam por eles. Porém os salvos já foram aperfeiçoados. Eles terminaram a corrida. Orar por eles pressupõe que o progresso e a dificuldade ainda são possíveis. Na verdade, você está apresentando algo como o Purgatório."

Bem, suponho que esteja. Embora, até mesmo no Céu, algum aumento perpétuo da beatitude, alcançado por uma autorrendição continuamente mais extática, sem a possibilidade de fracasso, mas não, talvez, sem seus próprios ardores e esforços — pois o deleite também tem suas severidades e encostas íngremes, como os amantes bem o sabem — pode supor-se que há.

Cartas a Malcolm, cap. 20

Fazer e gerar

3 DE NOVEMBRO

O que nos choca mais no cristianismo é a afirmação de que, ao nos associarmos a Cristo, podemos "nos tornar filhos de Deus". A questão é: "Será que já não somos filhos de Deus?

O assunto do Céu

Certamente a paternidade de Deus é uma das ideias centrais do cristianismo". Bem, em certo sentido, não há dúvida de que já somos filhos de Deus. Quero dizer, Deus nos trouxe à existência, nos ama e zela por nós, e, nesse sentido, é como um pai. Mas, quando a Bíblia fala de nos "tornarmos" filhos de Deus, obviamente quer dizer algo diferente, e isso nos leva ao centro da Teologia.

Um dos credos diz que Cristo é o Filho de Deus "gerado, não criado"; e acrescenta-se "gerado pelo seu Pai antes de todos os mundos". Por favor, entenda que isso não tem nada a ver com o fato de que, quando Cristo nasceu na Terra como homem, ele era filho de uma virgem. Não estamos refletindo neste momento sobre o nascimento virginal, mas estamos falando de algo que aconteceu antes sequer de a natureza ter sido criada, antes de o tempo ter início. "Antes de todos os mundos" Cristo foi gerado, não criado. O que isso significa? [...]

Gerar é se tornar pai ou mãe de alguém, ao passo que criar é fazer. E a diferença é esta: quando você gera, concebe algo do mesmo tipo que você. Um homem gera bebês humanos, um castor gera castorzinhos e uma ave gera ovos, que se transformam em pequenos pássaros. Mas, quando você cria alguma coisa, faz algo diferente de si mesmo. Uma ave faz um ninho, um castor constrói uma barragem, um homem faz um rádio — ou ele pode fazer algo mais parecido com ele do que um rádio, como uma estátua. Se ele for um escultor suficientemente talentoso, poderá fazer uma estátua que seja bem parecida com ele. Mas, é claro que não é um homem real; ela só se parece com uma pessoa. Ela não consegue respirar ou pensar — em suma, não está viva.

Cristianismo puro e simples, livro 4, cap. 1

Novembro

Vida biológica e vida espiritual

4 DE NOVEMBRO

O que o homem, em sua condição natural, não possui, é a vida espiritual — o tipo de vida superior e diferente que existe em Deus. Usamos a mesma palavra, "vida", para ambas as coisas; mas, se você pensasse que ambos têm de ser o mesmo tipo de coisa, seria como pensar que a "grandeza" do espaço e a "grandeza" de Deus fossem o mesmo tipo de grandeza. Na realidade, a diferença entre a vida biológica e a vida espiritual é tão relevante que eu vou lhes dar dois nomes diferentes. O tipo biológico que vem até nós por meio da natureza e que (como tudo o mais na natureza) está sempre tendendo a entrar em corrupção e se dissipar, de modo que só é capaz de se sustentar por subsídios incessantes da natureza na forma de ar, água, comida etc., é *Bios*. A vida espiritual, que está em Deus desde toda a eternidade e que fez todo o universo natural, é *Zoé*. É certo que *Bios* tem uma semelhança meio vaga ou simbólica com *Zoé*, mas apenas o tipo de semelhança que há entre a foto e o lugar, ou a estátua e um ser humano. Uma pessoa que deixasse de ter *Bios* para ter *Zoé* teria de ter passado por uma transformação tão radical quanto uma estátua que deixasse de ser pedra esculpida para um ser humano real.

É disso precisamente que o cristianismo se ocupa. Este mundo é uma grande loja de esculturas, nós somos as estátuas e há rumores por aí de que alguns de nós, algum dia, despertaremos para a vida.

Cristianismo puro e simples, livro 4, cap. 1

O assunto do Céu

Além da personalidade

5 DE NOVEMBRO

Hoje em dia, a maioria das pessoas diz: "Creio em Deus, mas não num Deus pessoal". Elas intuem que o mistério por trás de todas as demais coisas tem de ser mais do que uma pessoa, e nisso os cristãos concordam. Mas os cristãos são o único povo que oferece alguma ideia de como seria o ser que está além da personalidade. Todas as outras pessoas, embora digam que Deus esteja além da personalidade, na verdade, pensam nele como algo impessoal: isto é, como algo menos do que pessoal. Se você está à procura de algo suprapessoal, algo que é mais do que uma pessoa, então não será uma questão de escolha entre a ideia cristã e as outras ideias: a ideia cristã é a única disponível no mercado.

Além do mais, algumas pessoas pensam que, depois desta vida, ou, quem sabe, depois de várias vidas, as almas humanas sejam "absorvidas" em Deus. Mas, quando elas tentam explicar o que queriam dizer, parece que estão pensando nessa absorção em Deus como se fosse algo material sendo absorvido por outra coisa. Elas dizem que é como uma gota de água escorrendo para o oceano. Mas é claro que esse seria o fim da gota. Se for isso que acontece conosco, então ser absorvido é como deixar de existir. Apenas os cristãos têm alguma ideia de como as almas humanas podem ser levadas à vida de Deus e, ainda assim, permanecerem elas mesmas — aliás, elas permanecem muito mais elas mesmas do que antes.

Cristianismo puro e simples, livro 4, cap. 2

Novembro

O início da Igreja

6 DE NOVEMBRO

As pessoas já conheciam Deus de uma forma vaga, então, veio um homem que alegava ser Deus e, ainda assim, não era o tipo de pessoa que se poderia dispensar como um lunático. Ele os fez acreditar nele. Essas pessoas se encontraram com ele novamente depois de o terem visto morto e, então, depois de terem formado uma pequena sociedade ou comunidade, encontraram Deus de alguma forma dentro delas, direcionando-as e capacitando-as a fazer coisas que não conseguiam fazer antes. E, quando elas entenderam tudo isso, descobriram que haviam chegado a uma definição cristã do Deus tripessoal. [...]

Quando sua proposta é conhecer a Deus, é ele que tem que tomar a iniciativa. Se ele não se revelar, nada que fizermos vai possibilitar que o encontremos. E, de fato, Deus se mostra muito mais para algumas pessoas do que para outras — não porque ele tenha favoritos, mas porque é impossível para ele revelar-se a uma pessoa cuja mente e cujo caráter estão em péssimas condições. O mesmo ocorre com a luz do sol, que, embora não tenha favoritos, não pode ser refletida em um espelho sujo de forma tão clara quanto em um espelho limpo. [...] Deus só pode se revelar como ele realmente é para pessoas reais, e isso não significa simplesmente para pessoas que são individualmente boas, mas para pessoas que são unidas em um corpo, que amam umas às outras e ajudam umas às outras, revelando-o umas às outras. Pois é assim que Deus pretendeu que a humanidade fosse: como os músicos de uma banda ou como os órgãos de um corpo.

Cristianismo puro e simples, livro 4, cap. 2

O assunto do Céu

Nosso "desvelamento" diante de Deus

7 DE NOVEMBRO

Somos sempre completamente e, portanto, igualmente conhecidos por Deus. Esse é o nosso destino, gostemos dele ou não. Mas, embora esse conhecimento nunca varie, a qualidade do sermos conhecidos pode variar. Uma escola de pensamento sustenta que "a liberdade é uma necessidade voluntária". Não importa se eles estão certos ou não. Tomo essa ideia apenas como uma analogia. Ordinariamente, ser conhecido por Deus é estar, para esse propósito, na categoria das coisas. Somos, como as minhocas, os repolhos e as nebulosas, objetos do conhecimento Divino. Mas quando (a) tomamos consciência do fato — o fato que diz respeito a nós, não a generalização — e (b) concordamos com toda a nossa disposição de sermos assim conhecidos, então, consideramos a nós mesmos, em relação a Deus, não como coisas, mas como pessoas. Nós somos desvelados. Não que algum véu pudesse ter frustrado a visão dele. A mudança está em nós. O passivo se muda em ativo. Em vez de sermos meramente conhecidos, mostramo-nos, falamos, oferecemo-nos para sermos vistos.

Colocar-nos, assim, em uma posição segura por nós mesmos diante de Deus poderia, em si e sem garantia, ser nada além de presunção e ilusão. Mas somos ensinados que não é assim; que é Deus quem nos dá essa posição. Pois é pelo Espírito Santo que clamamos "Pai". Ao desvelar-nos, ao confessar nossos pecados e "fazer conhecidos" nossos pedidos, assumimos a alta posição de pessoas diante dele. E ele, descendo, se torna uma Pessoa para nós.

Cartas a Malcolm, cap. 4

Novembro

Tempo e além do tempo

8 DE NOVEMBRO

Nossa vida acontece momento a momento. Um instante desaparece antes de o próximo surgir, e cabe pouca coisa em cada um. É assim que funciona o tempo, e é claro que você e eu partimos do pressuposto de que essa série temporal — esse arranjo de passado, presente e futuro — não é simplesmente a forma como a vida ocorre [...].

É quase certo que Deus não esteja no tempo, pois sua vida não consiste em momentos que se seguem sucessivamente. Se um milhão de pessoas está orando para ele às dez e trinta da noite de hoje, ele não precisa ouvi-los todos em um fragmento de tempo que chamamos de 22h30. Essa hora particular — como toda e qualquer hora, desde o princípio do mundo — será sempre presente para ele. Dizendo de outro modo, ele tem toda a eternidade para dar ouvidos à oração-relâmpago lançada para ele por um piloto cujo avião está prestes a cair e explodir.

Isso é difícil de entender, eu sei, mas me deixe tentar ilustrar com algo que, embora não seja igual, é bem parecido com isso. Suponha que eu esteja escrevendo um romance e afirme: "Assim que Maria parou de trabalhar, ouviu uma batida na porta!" Para Maria, que vive nos tempos imaginários da minha história, não havia intervalo entre parar de trabalhar e ouvir a batida, mas eu, que sou o criador de Maria, não vivo absolutamente nesse tempo imaginário. Entre escrever a primeira parte daquela oração e a segunda, eu poderia ter ficado sentado por três horas, imerso em pensamentos sobre Maria. Poderia pensar nela como se ela fosse o único personagem do livro e por quanto tempo eu desejasse, e as horas que eu gastasse fazendo isso não apareceriam de maneira nenhuma no tempo de Maria (o tempo no interior da história).

Cristianismo puro e simples, livro 4, cap. 3

A atenção infinita de Deus

9 DE NOVEMBRO

Deus não tem de correr para acompanhar o fluxo do tempo do universo, da mesma forma que um autor não tem de correr junto com o tempo imaginário do seu próprio romance. Deus tem uma atenção infinita para dedicar a cada um de nós e não nos trata como uma massa informe. Você está tão a sós com ele quanto se fosse o único ser que ele já criou. Quando Cristo morreu, ele morreu por você individualmente, como se você fosse o único ser humano do mundo.

A limitação da minha ilustração é a seguinte: nela, o autor sai da sequência temporal (a do romance) somente quando passa para outra sequência temporal (a real). Mas Deus, conforme creio, não vive em nenhuma sequência temporal. Sua vida não é um driblar de vários momentos como a nossa: para ele, por assim dizer, ainda é 1920 e já é 1960. Pois ele é o próprio existir.

Se você imaginar o tempo como uma linha reta, ao longo da qual possamos viajar, então, tem de imaginar Deus como a página toda em que a linha está traçada. Todos os pontos da linha são alcançados um a um: temos de deixar A para trás a fim de alcançar B, e não podemos atingir C enquanto não deixarmos B para trás. Deus, por sua vez, seja vindo de cima, seja vindo de fora ou de todo o redor, contém toda a linha e a vê por completo.

Cristianismo puro e simples, livro 4, cap. 3

Nossa confusão quanto ao tempo

10 DE NOVEMBRO

Antes de eu me tornar um cristão, uma das minhas objeções era a seguinte: os cristãos dizem que o Deus eterno, que está em todo o lugar e mantém o universo funcionando, um dia tornou-se humano. Muito bem, então, dizia eu, como é que o universo todo continuou funcionando quando ele era um bebê ou estava dormindo? Como é que ele poderia ser Deus, que sabe de todas as coisas, e, ao mesmo tempo, um homem que perguntava aos seus discípulos: "Quem foi que me tocou?" Você vai notar que o pulo do gato está nas palavras que se remetem ao *tempo*: "*Quando* ele era um bebê — como ele poderia *ao mesmo tempo*?" Em outras palavras, estava partindo do pressuposto de que a vida de Cristo enquanto Deus estava no tempo e que sua vida como o homem, Jesus, da Palestina, foi um período mais curto destacado do tempo — da mesma forma que o período que eu passei no exército foi um tempo mais curto destacado do todo da minha vida. E eis aí a tendência geral de como a maioria de nós pensa com respeito a Deus. Imaginamos Deus vivendo ao longo de um período em que sua vida humana ainda estava no futuro; em seguida, vem um período em que passou a ser presente; depois, ingressando num período em que ele poderia olhar para trás e vê-lo como algo pertencente ao passado. Mas provavelmente essas ideias não correspondem a nada em termos de fatos reais. Não se pode tentar enquadrar a vida terrena de Cristo em quaisquer relações de tempo com a sua vida como Deus, pois ela está para além do tempo e do espaço. Sugiro que, na realidade, trata-se de uma verdade eterna sobre Deus que a natureza e a experiência humana de fraqueza, de sono e de ignorância estejam, de alguma forma, inclusas em toda a sua vida divina; e afirmo que essa é uma verdade eterna sobre a sua natureza. Essa vida humana em Deus é, do nosso ponto de vista, um período particular na história do nosso mundo (do ano do nascimento de Jesus até a sua crucificação); portanto, imaginamos que também seja um período da história da própria existência de Deus. Entretanto, Deus não tem história, pois ele é completa e absolutamente real demais para ter uma. Até porque certamente ter história significa perder parte da nossa realidade (porque ela já deslizou para o passado) e não ter ainda a segunda parte (porque ela ainda está no futuro); na verdade, ter história é não ter nada além de fragmentos do presente que se vão antes de você poder falar sobre ele. Deus nos guarde de pensar nele dessa forma. Até mesmo nós podemos ter a esperança de não sermos relegados a isso.

Cristianismo puro e simples, livro 4, cap. 3

O eterno "agora"

11 DE NOVEMBRO

Todos aqueles que acreditam em Deus creem que ele sabe o que eu e você faremos amanhã. Mas, se ele sabe que vou fazer isto ou aquilo, como é que posso ter a liberdade de fazer outra coisa? Bem, surge aqui mais uma vez a dificuldade de pensar que Deus progrida ao longo de uma linha do tempo, da mesma forma que nós, com a única diferença de que ele é capaz de enxergar o futuro e nós, não. Bem, se isso fosse verdade, se Deus *previsse* nossos atos, seria muito difícil entender como podemos ter a liberdade de não os praticar. Mas suponha que Deus esteja fora e além da linha do tempo. Nesse caso, o que nós chamamos de "amanhã" é visível para ele da mesma forma que o que chamamos de "hoje". Todos os dias são "agora" para ele. Ou seja, ele não se lembra de você fazendo coisas ontem; ele simplesmente vê você fazendo essas coisas, pois, embora você tenha perdido para sempre o dia de ontem, ele não perdeu. Ele não "prevê" você fazendo coisas amanhã. Ele simplesmente o vê realizando-as, pois, embora o amanhã ainda não ocorreu para você, já é para ele. Você nunca supôs que suas ações neste momento fossem menos livres só porque Deus sabe o que você está fazendo. Bem, ele conhece as suas ações futuras exatamente da mesma forma — porque ele já está no futuro e pode simplesmente observá-las. Em certo sentido, ele não saberá da sua ação enquanto você não agir, porém, no momento em que você tiver agido, já será "agora" para ele.

Cristianismo puro e simples, livro 4, cap. 3

Oração e "predestinação"

12 DE NOVEMBRO

Quando estamos orando sobre o resultado, digamos, de uma batalha ou de uma consulta médica, costuma vir à nossa mente o pensamento de que (se tão somente o soubéssemos!) o final já está decidido, de uma forma ou de outra. Não creio que esta seja uma boa razão para deixarmos de orar. O resultado certamente já foi decidido — em certo sentido, foi decidido "antes de todos os mundos". No entanto, uma das coisas que foram levadas em consideração ao decidi-lo e, portanto, uma das coisas que realmente levarão ao resultado, pode ser justamente essa oração que estamos fazendo agora. Assim, por mais chocante que pareça, chego à conclusão de que, ao meio-dia, podemos ser as causas parciais de um acontecimento que ocorre às dez da manhã. (Isso seria mais fácil para alguns cientistas do que para o pensamento popular.) A imaginação tentará, sem dúvida, pregar-nos toda sorte de peças neste ponto. Ela perguntará: "Então, se eu parar de orar, Deus pode voltar no tempo e alterar o que já aconteceu?" Não. O acontecimento já se realizou, e uma de suas causas foi o fato de você estar fazendo tais perguntas em vez de orar. Ela perguntará: "Então, se eu começar a orar, Deus pode voltar no tempo e alterar o que já aconteceu?" Não. O acontecimento já se realizou, e uma de suas causas foi a oração atual. Assim sendo, as coisas realmente dependem da minha decisão. Meu ato voluntário contribui para a forma cósmica. Esta contribuição é feita na eternidade "antes de todos os mundos"; a consciência de ter contribuído, porém, chega a mim em um ponto específico da ordem temporal.

Miracles [Milagres], Apêndice B

A eficácia da oração

13 DE NOVEMBRO

Há alguns anos, levantei certa manhã com a intenção de cortar o cabelo para me preparar para uma visita a Londres, e a primeira carta que abri deixou claro que eu não precisava ir a Londres. Então, decidi deixar de lado o corte de cabelo. Mas, então, começou o mais inexplicável incomodozinho em minha mente, quase como uma voz dizendo: "Corte o cabelo mesmo assim. Vá e corte." Por fim, não aguentei mais. Eu fui. Meu barbeiro àquela época era um moço cristão, um homem com muitos problemas a quem meu irmão e eu às vezes ajudávamos. No momento em que abri a porta do salão, ele disse: "Oh, eu estava orando para que você viesse hoje."

Novembro

E, de fato, se eu tivesse ido um ou dois dias mais tarde, eu não teria sido útil para ele.

Isso me impressionou; ainda me impressiona. Mas é claro que não se pode provar rigorosamente uma conexão causal entre as orações do barbeiro e minha visita. Pode ser telepatia. [...]

Surge, então, a questão: "Que tipo de evidência *provaria* a eficácia da oração?" Aquilo pelo que oramos pode acontecer, mas como você pode saber que não aconteceria de um jeito ou de outro? Mesmo que a coisa seja indiscutivelmente milagrosa, não daria para concluir que o milagre ocorreu por causa de suas orações. A resposta certamente é que uma prova empírica irrefutável, como a que temos nas ciências, nunca poderá ser alcançada.

Algumas coisas são comprovadas pela uniformidade ininterrupta de nossas experiências. A lei da gravitação é estabelecida pelo fato de que, em nossa experiência, todos os corpos, sem exceção, obedecem a ela. Mas, mesmo se todas as coisas pelas quais as pessoas oram acontecerem, o que não ocorre, isso não provaria o que os cristãos chamam de eficácia da oração. Pois oração é um pedido. A essência do pedido, distinto da compulsão, é que ele pode ou não ser atendido. E se um Ser infinitamente sábio ouve os pedidos de criaturas finitas e tolas, é claro que ele às vezes lhes atende e às vezes os recusa.

"A eficácia da oração", *A última noite do mundo*

A oração não é um "truque"

14 DE NOVEMBRO

Há, sem dúvida, passagens no Novo Testamento que podem parecer, à primeira vista, prometer que nossas orações serão invariavelmente atendidas. Mas não é possível que seja isso o que elas realmente significam. Pois, no âmago da história, encontramos um exemplo flagrante do contrário. No Getsêmani, o mais santo de todos os peticionários orou três vezes para que certo cálice fosse afastado dele. Isso não aconteceu. Depois disso, a ideia de que a oração é recomendada a nós como uma espécie de truque infalível pode ser descartada.

Outras coisas são provadas não apenas pela experiência, mas por aquelas experiências artificialmente planejadas que chamamos de experimentos. Isso poderia ser feito com respeito à oração? Eu vou passar por cima da objeção de que nenhum cristão poderia participar desse projeto, por ter ele sido proibido: "Você não deve realizar experimentos com relação a Deus, seu Mestre." Proibida ou não, a coisa é mesmo possível?

Eu já vi a seguinte proposta: uma equipe de pessoas — quanto mais, melhor — deveria concordar em orar com toda a força, durante um período de seis semanas, por todos os pacientes do Hospital A e não orar por qualquer dos pacientes do Hospital B. Então, você poderia somar os resultados e ver se A teve mais curas e menos mortes. [...]

O problema é que eu não vejo como qualquer oração real poderia continuar sob tais condições. "Palavras sem pensamentos nunca chegam ao Céu", diz o rei em *Hamlet*. Simplesmente dizer orações não é orar; se assim fosse, um time de papagaios corretamente treinados serviria tão bem quanto os homens para nosso experimento. Você não pode orar pela recuperação de enfermos a menos que o fim que tenha em vista seja a recuperação deles. Mas pode não ter motivos para desejar a recuperação de todos os pacientes em um hospital e de nenhum em outro. Você não está fazendo isso para que o sofrimento seja aliviado; está fazendo isso para descobrir o que acontece. O propósito real e o propósito nominal de suas orações estão em desacordo.

"A eficácia da oração", *A última noite do mundo*

Oração como pedido

15 DE NOVEMBRO

Fazemos pedidos a nossos semelhantes tanto quanto a Deus: pedimos o sal, pedimos um aumento salarial, pedimos a um amigo para alimentar o gato enquanto estamos fora curtindo férias, pedimos uma mulher em casamento. Às vezes conseguimos o que pedimos, e às vezes, não. Mas, quando somos atendidos, não é tão fácil, como se poderia supor, provar, com certeza científica, uma conexão causal entre o pedir e o receber.

Seu vizinho pode ser uma pessoa bondosa que não deixaria seu gato morrer de fome mesmo que você tivesse se esquecido de combinar alguma coisa com ele. Seu empregador só está tão disposto a atender ao seu pedido de aumento pois está ciente de que você poderia ganhar mais de uma empresa concorrente; portanto, é bem provável que já pretendia segurá-lo por meio de um aumento. Quanto à jovem que consente se casar com você — tem certeza de que ela já não havia decidido fazê-lo? Seu pedido, veja bem, pode ter sido o resultado, não a causa, da decisão dela. Certa conversa importante poderia nunca ter ocorrido, a menos que ela tivesse a intenção de tê-la.

Assim, em certa medida, a mesma dúvida que paira sobre a eficácia de nossas orações a Deus também paira sobre nossas orações aos homens. O que quer que obtenhamos, poderíamos ter obtido de qualquer maneira. Mas apenas, como eu digo, até certo ponto. Nosso vizinho, o chefe e a esposa podem nos dizer que agiram porque pedimos; e podemos conhecê-los tão bem a ponto de estarmos certos, primeiro, de que eles estão dizendo o que acreditam ser verdade e, em segundo lugar, que eles entendem os próprios motivos bem o suficiente para estarem certos. Mas observe que, quando isso acontece, nossa certeza não foi obtida pelos métodos da ciência. Não tentamos o experimento de controle de recusar o aumento ou interromper o noivado e, em seguida, fazer nosso pedido novamente diante de novas condições. Nossa certeza é bem diferente daquela que vem do conhecimento científico. Nasce de nossa relação com as outras partes; não de conhecer coisas sobre elas, mas de *conhecê-las*.

"A eficácia da oração", *A última noite do mundo*

A oração funciona?

16 DE NOVEMBRO

Nossa certeza — se alcançarmos uma certeza — de que Deus sempre ouve nossas orações, e às vezes as atende, e que as aparentes concessões não são meramente fortuitas, só pode vir do mesmo modo. Não é uma questão de tabular sucessos e fracassos e tentar decidir se os sucessos são numerosos demais para serem contabilizados como acaso. Aqueles que mais bem conhecem um homem sabem se, quando ele fez o que lhe pediram, ele o fez porque lhe pediram. Acho que os que melhor conhecem a Deus saberão melhor se ele me mandou para a barbearia porque o barbeiro orou.

Até agora temos lidado com toda a questão da maneira errada e no nível errado. A própria questão "A oração funciona?" cria um modo de pensar errado desde o início. "Funciona": como se fosse mágica, ou uma máquina — algo que funciona automaticamente. A oração só pode ser uma de duas coisas: ou uma ilusão completa, ou um contato pessoal entre pessoas embrionárias e incompletas (nós mesmos) e a Pessoa totalmente concreta. (Oração no sentido de petição, de pedir coisas, é uma pequena parte disso; confissão e penitência são seu princípio; a adoração, seu santuário; a presença e a visão e o deleite de Deus, seu pão e vinho.) Nela Deus se mostra a nós. Que ele responde às orações é um corolário — não necessariamente o mais importante — dessa revelação. O que ele faz é aprendido daquilo que ele é.

"A eficácia da oração", *A última noite do mundo*

Abdicação divina

17 DE NOVEMBRO

"Deus", disse Pascal, "instituiu a oração a fim de emprestar a suas criaturas a dignidade da causalidade". Mas não só a oração; sempre que agimos, ele nos empresta essa dignidade. Não é realmente mais estranho, nem menos estranho, que minhas orações devam afetar o curso dos acontecimentos do que minhas outras ações devam fazê-lo. Elas não aconselharam ou mudaram a mente de Deus — isto é, seu propósito total. Mas esse propósito será realizado de diferentes maneiras, de acordo com as ações, incluindo as orações de suas criaturas.

Pois ele parece não fazer nada de si mesmo que possa delegar a suas criaturas. Ele nos ordena fazer devagar e desajeitadamente o que poderia fazer perfeitamente e num piscar de olhos. Ele nos permite negligenciar o que ele quer que façamos, ou fracassar nisso. Talvez não compreendamos plenamente o problema, por assim dizer, de permitir que vontades livres coexistam com a Onipotência. Isso parece envolver a todo momento quase uma espécie de abdicação divina. Nós não somos meros receptores ou espectadores. Temos o privilégio de participar do jogo ou somos compelidos a colaborar no trabalho, "a empunhar nossos pequenos tridentes". Esse maravilhoso processo é simplesmente criação acontecendo diante de nossos olhos? É assim que (sem nenhuma matéria) Deus faz alguma coisa — de fato, faz deuses — do nada.

"A eficácia da oração", *A última noite do mundo*

Um ato contínuo de Deus

18 DE NOVEMBRO

O que ofereço pode ser, no melhor dos casos, apenas um modelo ou símbolo mental. Tudo o que dizemos sobre esses assuntos deve ser meramente analógico e parabólico. A realidade é, sem dúvida, não compreensível por nossas faculdades. Mas podemos, em alguma medida, tentar superar as analogias ruins e as parábolas ruins. A oração não é uma máquina. Não é mágica. Não é um conselho oferecido a Deus. Nosso ato, quando oramos, não deve, mais do que todos os nossos outros atos, ser separado do contínuo ato do próprio Deus, no qual somente todas as causas finitas operam.

Seria ainda pior pensar naqueles que recebem aquilo pelo que oram como uma espécie de favoritos da corte, pessoas que têm influência no trono. A oração recusada de Cristo no Getsêmani é resposta suficiente para isso. E não me atrevo a deixar de fora a dura palavra que ouvi, certa vez, de um cristão experiente: "Tenho visto muitas respostas impressionantes à oração, e mais de uma que eu considerei milagrosa. Mas elas geralmente vêm no começo: antes da conversão ou logo depois dela. Conforme a vida cristã prossegue, elas tendem a ser mais raras. As recusas, também, não são apenas mais frequentes; elas se tornam mais inconfundíveis, mais enfáticas."

Deus, então, abandona quem melhor o serve? Bem, aquele que o serviu melhor disse, perto de sua torturante morte: "Por que me abandonaste?" Quando Deus se tornou homem, esse Homem, entre todos os outros, foi o menos consolado por Deus na hora de sua maior necessidade. Há um mistério aqui que, mesmo que eu tivesse o poder, talvez não tivesse coragem de explorar. Enquanto isso, pessoas comuns como eu e você, se nossas orações às vezes são respondidas, acima de toda esperança e probabilidade, é melhor não tirarmos conclusões precipitadas para nossa própria vantagem. Se fôssemos mais fortes, poderíamos ser tratados com menos ternura. Se fôssemos mais corajosos, poderíamos ser enviados, com muito menos ajuda, para defender posições muito mais desesperadoras na grande batalha.

"A eficácia da oração", *A última noite do mundo*

Remontando

19 DE NOVEMBRO

Estou começando a ter consciência de que precisamos de um ato preliminar de submissão, não apenas a possíveis aflições futuras, mas também a possíveis bênçãos futuras. Sei que soa fantástico, mas pense sobre isso. Parece-me que muitas vezes, quase de mau humor, rejeitamos o bem que Deus nos oferece porque, naquele momento, esperávamos um bem diferente. Você sabe o que eu quero dizer? Em todos os níveis de nossa vida — em nossa experiência religiosa, em nossa experiência gastronômica, erótica, estética e social —, estamos sempre remontando a uma ocasião que nos pareceu alcançar a perfeição, estabelecendo-a como uma norma e depreciando, por comparação, todas as outras ocasiões. Mas essas outras ocasiões, suspeito agora, estão muitas vezes cheias de novas bênçãos próprias se tão somente nos abríssemos para elas. Deus nos mostra uma nova faceta da glória, e nos recusamos a olhar para ela porque ainda estamos olhando para a antiga. E, é claro, não a obtemos. Você não pode, na vigésima leitura, ter novamente a experiência de ler *Lícidas* pela primeira vez. Mas, a experiência que você tiver poderá ser, a sua maneira, boa.

Cartas a Malcolm, cap. 5

Bis!

20 DE NOVEMBRO

Muitas pessoas religiosas lamentam que o fervor inicial de sua conversão tenha morrido. Elas pensam — às vezes, com razão, mas, eu acredito, nem sempre — que seus pecados são responsáveis por isso. Elas podem até mesmo tentar, por lamentáveis esforços de vontade, reviver o que agora parecem ter sido os dias de ouro. Mas esse fervor — a palavra a destacar é *esses* — foi planejado para sempre durar?

Seria precipitado dizer que há alguma oração a que Deus *nunca* atende. Mas a candidata mais forte é a oração que podemos expressar em uma única palavra: *encore*. E como pode o Infinito repetir a si mesmo? Todo espaço e todo tempo são muito pequenos para que Ele se expresse neles só *uma vez*.

E a piada, ou tragédia, de tudo isso é que esses momentos gloriosos do passado, que são tão atormentadores se os erigimos como norma, são inteiramente nutritivos, saudáveis e encantadores se nos contentarmos em aceitá-los pelo que são: lembranças. Colocados adequadamente para repousar em um passado que não tentamos, de modo miserável, evocar, eles manifestarão crescimentos extraordinários. Deixe os bulbos por conta própria, e as novas flores aparecerão. Desenterre-os e espere, acariciando-os e cheirando-os, obter as flores do ano passado, e você não conseguirá nada. "Se a semente não morrer [...]".

Cartas a Malcolm, cap. 5

A oração que precede todas as orações

21 DE NOVEMBRO

O momento de oração é, para mim — ou envolve "para mim" como condição —, a consciência, a consciência redespertada, de que esse "mundo real" e esse "eu real" estão muito longe de serem realidades mais profundas. Não posso, em carne e osso, sair de cena, seja para ir aos bastidores ou me sentar no fosso da orquestra; mas lembro que essas regiões existem. E também me lembro de que meu eu aparente — esse palhaço ou herói ou super — sob sua maquilagem é uma pessoa real com uma vida fora do palco. A pessoa dramática não poderia caminhar pelo palco a menos que ela ocultasse uma pessoa real: a menos que o eu real e desconhecido exista,

O assunto do Céu

eu nem mesmo poderia cometer erros sobre o eu imaginado. E, em oração, esse eu real esforça-se para falar, ao menos uma vez, de seu ser real, e para dirigir-se a, ao menos uma vez, não aos outros atores, mas — como eu vou chamá-lo? O Autor, porque Ele inventou a todos nós? O Produtor, porque Ele controla tudo? Ou a Audiência, pois Ele observa, e julgará, a atuação?

A tentativa não é escapar do espaço e do tempo e da minha situação de criatura como um sujeito que enfrenta objetos. É mais modesta: redespertar a consciência a respeito dessa situação. Se isso puder ser feito, não há necessidade de ir a qualquer outro lugar. Essa situação em si é, a todo momento, uma possível teofania. Aqui está o solo sagrado; a Sarça está queimando agora.

Claro que essa tentativa pode ser acompanhada com quase todos os graus de sucesso ou fracasso. A oração que precede todas as orações é: "Que seja o verdadeiro eu quem fala. Que seja o verdadeiro Tu a quem eu falo". Infinitamente vários são os níveis a partir dos quais oramos. A intensidade emocional não é, em si mesma, prova de profundidade espiritual. Se orarmos com terror, oraremos sinceramente; isso só prova que o terror é uma emoção sincera. Somente o próprio Deus pode descer o balde nas profundezas de nós. E, por outro lado, Ele deve constantemente trabalhar como o iconoclasta. Cada ideia sobre Ele que formamos, Ele deve, por misericórdia, despedaçar. O mais bendito resultado da oração seria alguém erguer-se pensando: "Mas eu nunca soube antes. Eu nunca sonhei...". Suponho que tenha sido em um momento assim que Tomás de Aquino falou a respeito de toda sua própria teologia: "Isso me lembra a palha".

Cartas a Malcolm, cap. 15

Novembro

Santa Cecília, padroeira da música eclesiástica

22 DE NOVEMBRO

Há duas situações musicais sobre as quais, eu penso, podemos estar confiantes de que repousa uma bênção. Uma é aquela em que um sacerdote ou um organista, ele próprio um homem de gosto treinado e delicado, sacrifica humilde e caridosamente seus (esteticamente corretos) desejos e dá às pessoas uma comida mais humilde e inferior do que ele gostaria, na crença (mesmo, como pode ser, a crença errônea) de que ele pode, desse modo, levá-las a Deus. A outra é aquela em que o leigo estúpido e sem cultura musical, humilde e pacientemente e, acima de tudo, silenciosamente, ouve música que ele não pode, ou não pode plenamente, apreciar na crença de que ela, de alguma forma, glorifica a Deus e de que, se ela não o edifica, isso deve ser seu próprio defeito. Nem o intelectual nem o popular podem ficar muito deslocados. Para ambos, a música sacra terá sido um meio de graça; não a música de que eles gostam, mas a música de que eles não gostam. Ambos ofereceram, sacrificaram seu gosto no mais pleno sentido. Mas, onde a situação oposta surge, onde o músico está cheio do orgulho com a habilidade ou do vírus da emulação e olha com desprezo a congregação que não sabe apreciar, ou onde o não musical, complacentemente entrincheirado em sua própria ignorância e conservadorismo, olha com a hostilidade inquieta e ressentida de um complexo de inferioridade com respeito a todos os que tentam aprimorar seu gosto — nesse caso, podemos estar certos, tudo o que ambos oferecem é sem bênção e o espírito que os move não é o Espírito Santo.

"Sobre música sacra", *Reflexões cristãs*

O assunto do Céu

Bendito par de sereias — voz e verso
23 DE NOVEMBRO

Parece-me que devemos definir com bastante cuidado o modo, ou modos, pelo qual a música pode glorificar a Deus. Há, como sugeri acima, um sentido em que todos os agentes naturais, mesmo os inanimados, glorificam continuamente a Deus revelando os poderes que ele lhes deu. E nesse sentido nós, como agentes naturais, fazemos o mesmo. Nesse nível, podemos dizer que nossas ações perversas, na medida em que exibem nossas habilidade e força, glorificam a Deus, assim como nossas boas ações. Uma peça musical excelentemente executada, como uma operação natural que revela, em um grau muito alto, os poderes peculiares dados ao homem, sempre glorificará a Deus, seja qual for a intenção dos intérpretes. Mas isso é uma espécie de glorificação que compartilhamos com "os seres que se movem nas águas", com "as fontes", com "os gelos e a neve". O que é procurado em nós, como homens, é outro tipo de glorificação, aquela que depende da intenção. Quão fácil ou quão difícil pode ser para um coral todo preservar essa intenção em meio a todas as discussões e decisões, todas as correções e decepções, todas as tentações de orgulho, de rivalidade e de ambição, que precedem a apresentação de uma grande obra, eu (naturalmente) não sei. Mas é da intenção que tudo depende. Quando ela é alcançada, acho que os artistas são os mais invejáveis dos homens; privilegiados mortais para honrar a Deus como anjos e, por alguns momentos de glória, para ver espírito e carne, deleite e labor, habilidade e adoração, o natural e o sobrenatural, todos fundidos naquela unidade que eles tinham antes da Queda.

"Sobre música sacra", *Reflexões cristãs*

Novembro

Homem ou coelho?

24 DE NOVEMBRO

"É possível ter uma boa vida sem crer no cristianismo?" Esta é a questão sobre a qual me pediram para escrever, mas, antes mesmo de tentar respondê-la, tenho uma observação a fazer. Ela parece ter sido feita por alguém que diz o seguinte para si mesmo: "Eu não me importo se o cristianismo é, de fato, verdadeiro ou não. Não estou interessado em descobrir se o verdadeiro universo é mais parecido com a definição cristã do que com a dos materialistas. Só estou interessado em viver uma boa vida. Escolherei minhas crenças não porque as considero verdadeiras, mas porque as considero úteis." Francamente, acho difícil concordar com esta mentalidade. Uma das coisas que distinguem o homem dos outros animais é que ele deseja conhecer as coisas, descobrir como a realidade é — apenas por descobrir. Quando esse desejo é totalmente extinto, creio que a pessoa se tornou menos humana. E eu não acho que nenhum de vocês deixou de sentir esse desejo. O mais provável é que pregadores insensatos, por estarem sempre explicitando a utilidade do cristianismo e como ele é bom para a sociedade, tenham levado vocês a se esquecerem de que o cristianismo não é um medicamento patenteado. O cristianismo alega explicar *fatos* — isto é, dizer como o universo realmente é. A explicação do universo que ele oferece pode ser verdadeira ou não, e, uma vez que a questão se apresenta diante de nós, nossa curiosidade natural nos faz querer saber a resposta. Se o cristianismo for falso, nenhum homem sincero desejará crer nele, por mais proveitoso que seja; se for verdadeiro, todos os homens sinceros desejarão crer, mesmo que ele não os ajude de modo algum.

"Homem ou coelho?", *Deus no banco dos réus*

O assunto do Céu

O cristão e o materialista

25 DE NOVEMBRO

Há, entretanto, um bom número de coisas que ambos os homens concordam em fazer por seus semelhantes. Ambos aprovam a existência de redes de esgoto eficientes, bons hospitais e alimentação saudável, por exemplo. Porém, cedo ou tarde, a divergência de crenças produz diferenças nas propostas práticas. Ambos, por exemplo, talvez se preocupem muito com a educação, mas o tipo de educação que eles desejam para as pessoas obviamente é bem diferente. Diante de determinada ação proposta, o materialista se limitaria a perguntar: "Isso aumentará a felicidade da maioria?", e o cristão precisaria interferir: "Mesmo que aumente a felicidade da maioria, nós não podemos fazer isso. É injusto." E, o tempo todo, uma grande diferença permearia a política deles. Para o materialista, conceitos como nações, classes e civilizações recebem mais importância do que indivíduos, porque os indivíduos vivem apenas setenta e poucos anos, ao passo que o grupo pode durar séculos. Mas, para o cristão, os indivíduos são mais importantes porque vivem eternamente; as raças, civilizações e outros agrupamentos do gênero são, em comparação, criaturas que duram um único dia. Os cristãos e os materialistas nutrem diferentes crenças a respeito do universo, e a razão não pode estar em ambos os lados. Aquele que está errado agirá necessariamente de uma maneira que não condiz com o verdadeiro universo. Logo, na melhor das intenções, ele vai conduzir seus semelhantes à destruição.

"Homem ou coelho?", *Deus no banco dos réus*

Novembro

A questão diante de todos nós

26 DE NOVEMBRO

A questão que se apresenta a cada um de nós não é "É possível que *alguém* tenha uma boa vida sem o cristianismo?", mas, antes: "*Eu* posso?" Todos sabemos da existência de homens bons que não foram cristãos; homens como Sócrates e Confúcio, que nunca ouviram falar do assunto, e homens como J. S. Mill, que, com toda a sinceridade, não conseguiram crer. Supondo que o cristianismo seja verdadeiro, esses homens estavam em um estado de ignorância sincera, ou erro sincero. Se suas intenções tiverem sido de fato tão boas como suponho (pois, é claro, não tenho acesso ao íntimo de seu coração), eu espero e acredito que o poder e a misericórdia de Deus remediarão os males que a ignorância deles causaria naturalmente a si próprios e àqueles que influenciaram. No entanto, o indivíduo que me pergunta "Não posso ter uma boa vida sem crer no cristianismo?" claramente não está na mesma posição. Se ele não tivesse ouvido falar do cristianismo, não estaria fazendo esta pergunta. E, se, depois de ter ouvido falar dele e o considerado com seriedade, chegasse à conclusão de que não é verdadeiro, então também não estaria fazendo a pergunta. O homem que faz esta pergunta já ouviu falar do cristianismo e não está absolutamente certo de que ele não seja verdadeiro. Sua pergunta, na verdade, é esta: "Será que preciso me preocupar com isso? Não seria mais fácil apenas fugir do assunto, não cutucar onça com vara curta e continuar sendo 'bom'? Por acaso boas intenções não são suficientes para manter-me seguro e inculpável sem que eu precise bater àquela porta aterradora e descobrir se há alguém dentro ou não?"

Nesse caso, talvez bastasse responder que o indivíduo, na verdade, está pedindo permissão para continuar sendo "bom" mesmo sem fazer seu melhor para descobrir o que significa ser *bom*. A questão, porém, não se resume a isso. Não precisamos procurar saber se Deus o punirá por sua covardia e preguiça; elas mesmas o punirão. O homem está em fuga.

"Homem ou coelho?", *Deus no banco dos réus*

O esquivo

27 DE NOVEMBRO

O homem que permanece na condição de incrédulo por tais motivos não está em um estado de erro sincero. Ele está em um estado de erro insincero, e esta insinceridade permeará todos os seus pensamentos e ações — haverá, em decorrência disso, certa volubilidade, uma vaga preocupação ao fundo, um embotamento de toda a sua perspicácia mental. Ele terá perdido sua virgindade intelectual. A rejeição sincera de Cristo, por mais errada que seja, é perdoada e curada: "Todo aquele que disser uma palavra contra o Filho do homem será perdoado". Porém, *esquivar-se* do Filho do homem, virar o rosto, fingir que não viu, voltar a atenção subitamente para algo do outro lado da rua, deixar o telefone fora do gancho porque ele pode estar do outro lado da linha, não abrir determinada correspondência com caligrafia estranha porque há a chance de ter sido escrita por ele — esta é uma história bem diferente. Talvez você ainda não saiba ao certo se deve ser cristão, mas sabe muito bem que deve ser um homem, não uma avestruz escondendo a cabeça na areia.

Mesmo assim — pois a honra intelectual muito decaiu em nossa época —, eu ainda ouço alguém lutando com a questão: "Será que isso me ajudaria? Será que me faria feliz? Você realmente acha que eu seria melhor se fosse cristão?"

Bem, se você quer mesmo ouvir uma resposta, eu diria "sim". Porém, eu não gosto de interferir neste ponto. Eis aqui uma porta atrás da qual, segundo algumas pessoas, o segredo do universo o aguarda. Ou isso é verdade, ou não é. E, se não for, o que a porta realmente esconde é simplesmente a maior fraude, o "conto do vigário" mais colossal de que se tem registro. Por acaso não é obviamente o trabalho de todo homem (que é homem, não coelho) tentar descobrir isso e, então, dedicar todas as suas energias para ora servir a este tremendo segredo, ora expor e destruir esta imensa farsa? Confrontado com tamanha questão, será que você é mesmo capaz de permanecer totalmente absorto em seu próprio "desenvolvimento moral"?

"Homem ou coelho?", *Deus no banco dos réus*

O coelho deve desaparecer

28 DE NOVEMBRO

O cristianismo, portanto, lhe fará bem — muito mais do que você sempre quis ou esperou. E o primeiro bem que ele lhe fará será martelar em sua cabeça (e você não gostará *disso*!) o fato de que aquilo que foi até agora chamado de "bem" — tudo aquilo relacionado a "viver uma vida decente" e "ser bom" — não é a questão magnífica e crucial que você imaginava. Ele lhe ensinará que, na verdade, você não pode ser "bom" (não por 24 horas) por seu próprio esforço moral. E, depois, lhe ensinará que, mesmo se pudesse, você ainda não teria alcançado o propósito para o qual foi criado. A simples *moralidade* não é o fim da vida. Você foi feito para algo bem diferente disso. [...] As pessoas que estão sempre considerando a possibilidade de uma vida decente sem Cristo não sabem o que

O assunto do Céu

é a vida; se soubessem, estariam cientes de que "uma vida decente" é um mero mecanismo em comparação com aquilo para o qual nós, homens, realmente fomos feitos. A moralidade é indispensável, mas a Vida Divina, que se entrega a nós e que nos chama para ser deuses, reserva-nos algo que engolfará a moralidade. Nós seremos refeitos. Todo o coelho que há em nós desaparecerá — o coelho preocupado, escrupuloso e ético, bem como o covarde e o mundano. Nós sangraremos e guincharemos à medida em que punhados de pelo forem arrancados; e, então, surpreendentemente, encontraremos ali embaixo algo que nunca havíamos imaginado: um Homem verdadeiro, um deus eterno, um filho de Deus, forte, radiante, sábio, belo e envolto em alegria.

"Homem ou coelho?", *Deus no banco dos réus*

Moral — não um fim em si mesma

29 DE NOVEMBRO

Penso que todos os cristãos concordariam comigo se eu dissesse que, embora o cristianismo pareça, à primeira vista, resumir-se a moralidade, deveres, regras, culpa e virtude, ainda assim ele nos leva adiante, para fora de tudo isso, para algo que vai além. Podemos ter, assim, o vislumbre de um país onde não se fala sobre essas coisas, exceto, quem sabe, em uma piada. Lá, todos seriam cheios do que podemos chamar de bondade, como um espelho que se enche de luz. Mas eles não o chamariam de bondade. Não o chamariam de nada. Eles não estariam nem sequer pensando sobre isso, pois estariam ocupados demais olhando para a fonte de onde tudo isso provém. Mas, nesse momento, chegaríamos perto do ponto em que a estrada cruza a margem deste mundo.

Novembro

Nenhum olho pode enxergar muito além disso; mas muitos olhos conseguem enxergar muito além dos meus.

Cristianismo puro e simples, livro 3, cap. 12

Santo André, apóstolo
30 DE NOVEMBRO

Quem investiga os registros da história descobre que os cristãos que fizeram mais pelo mundo presente foram justamente aqueles que mais pensaram no porvir. Os próprios apóstolos, que possibilitaram a conversão do Império Romano, os grandes homens que construíram a Idade Média, os protestantes ingleses que aboliram a escravidão, todos deixaram a sua marca na Terra justamente porque suas mentes estavam ocupadas com o Céu. Desde que os cristãos deixaram de pensar amplamente no mundo vindouro, tornaram-se ineficazes neste mundo. Aspire ao Céu, e terá a Terra de "lambuja"; aspire à Terra, e não terá nenhum dos dois. Parece uma regra estranha, mas algo semelhante pode ser observado em outros campos. A saúde é uma grande bênção, mas, na mesma hora em que você faz dela seu objetivo supremo e direto, você se torna um hipocondríaco que fica imaginando o que pode estar errado com você. Você só terá chance de ter boa saúde se desejar outras coisas além disso — comida, jogos, diversão, ar puro. Da mesma forma, nunca devemos querer salvar a civilização enquanto ela for o nosso objetivo principal. Temos de aprender a desejar outra coisa ainda mais do que desejamos isso.

Cristianismo puro e simples, livro 3, cap. 10

Dezembro

Advento

1º DE DEZEMBRO

Imagine-se como uma casa viva. Deus entra para reconstruir essa casa. A princípio, talvez você consiga entender o que ele está fazendo. Ele está consertando os ralos e tirando as goteiras do teto, e assim por diante; você sabe que esses trabalhos precisavam ser feitos e, portanto, não está surpreso. Mas depois ele passa a demolir a casa de uma forma que lhe causa uma dor terrível e isso não parece fazer nenhum sentido. O que ele estaria tentando fazer? A explicação é que ele está construindo uma casa bem diferente daquela que você tinha imaginado — construindo uma nova ala aqui, colocando um andar a mais ali, subindo colunas e criando pátios. Você achava que seria transformado em uma cabaninha modesta, mas ele está construindo um palácio e, além disso, pretende vir e viver nele pessoalmente.

Cristianismo puro e simples, livro 4, cap. 9

O funcionamento das coisas agora

2 DE DEZEMBRO

O Filho de Deus se tornou homem para permitir aos homens se tornarem filhos de Deus. Nós não sabemos — em todo o caso, eu não sei — como as coisas poderiam ter sido se a humanidade nunca tivesse se rebelado contra Deus e aderido ao inimigo. Talvez toda pessoa vivesse "em Cristo" e partilhasse da vida do Filho de Deus desde o momento de seu nascimento. Quem sabe a vida que chamamos de *Bios*, ou vida natural, teria sido desenhada para dentro da vida que chamamos *Zoé*, a vida não criada, instantânea e imediatamente.

Mas isso é pura especulação. Neste momento, você e eu estamos mais preocupados é com o funcionamento das coisas.

E o atual estado das coisas é o seguinte. No presente, os dois tipos de vida não são apenas diferentes (coisa que eles sempre teriam sido), mas, na verdade, opostos. A vida natural em cada um de nós é algo autocentrado, algo que deseja ser paparicado e admirado para tirar proveito de outras vidas e explorar o universo todo. E, especialmente, algo que deseja ser deixado por conta própria: manter-se longe de tudo que é melhor, mais forte ou mais elevado do que esse algo, qualquer coisa que possa fazê-lo se sentir pequeno. Tem medo da luz e do ar do mundo espiritual, da mesma forma que as pessoas que foram criadas na sujeira têm medo do banho. E, de certa forma, isso é assim mesmo, pois nossa vida natural sabe que, se a vida espiritual encontrá-la, todo o egocentrismo e a vontade própria serão mortos, e por isso vamos lutar com unhas e dentes para evitar que isso aconteça.

Cristianismo puro e simples, livro 4, cap. 5

Soldados de brinquedo obstinados
3 DE DEZEMBRO

Será que você já pensou, quando criança, como seria divertido se os seus brinquedos ganhassem vida? Bem, suponha que você realmente conseguisse despertá-los para a vida. Imagine transformar um soldadinho de chumbo em um homenzinho real — isso significaria a transformação do chumbo em carne. E suponha que o soldadinho de chumbo não gostasse nada disso. Ele não está interessado em ser de carne, e tudo o que ele consegue enxergar é que o seu chumbo está sendo desintegrado. Ele pensará que você está matando-o e fará tudo o que puder para impedi-lo. Em outras palavras, se ele puder evitar, jamais se transformará num homem.

Não tenho como saber o que você teria feito com um soldadinho de chumbo desses, mas o que Deus fez conosco foi o seguinte. A Segunda Pessoa em Deus, o Filho, tornou-se homem: nasceu no mundo como um humano de verdade — um homem real, de certa estatura, com cabelos de uma cor específica, falando uma língua particular e tendo um peso específico. O Ser eterno, que sabe de tudo e que criou todo o universo, não só se tornou homem, mas (antes disso) se tornou um bebê, e, antes disso, um feto dentro do corpo de uma mulher. Se você quiser imaginar algo parecido, pense em como se sentiria caso se transformar em uma lesma ou um caranguejo.

Cristianismo puro e simples, livro 4, cap. 5

O primeiro homem de verdade

4 DE DEZEMBRO

O resultado disso foi que passou a existir um homem que era, de verdade, o que todos os outros seres humanos pretendiam ser: um homem em quem a vida criada, derivada de sua mãe, passou a ser completa e perfeitamente uma vida gerada. A criatura humana natural nele foi completamente assumida pelo Filho divino. Assim, em um caso particular, a humanidade chegou aonde deveria chegar: passou a partilhar da vida de Cristo. E como toda dificuldade para nós se resume no fato de que a vida natural precisa, em certo sentido, ser "morta", ele escolheu uma carreira terrena que significava o aniquilamento dos seus desejos humanos a todo o momento — a pobreza, a falta de compreensão de sua própria família, a traição da parte de um dos seus amigos mais íntimos, a zombaria e o espancamento por parte das autoridades militares e a execução pela tortura. E então, depois de ter sido morto — em certo sentido, morto diariamente —, a criatura humana nele, pelo fato de estar unida ao Filho divino, retornou à vida. O que ressurgiu em Cristo foi o homem, não apenas o Deus. Eis o resumo de tudo. Pela primeira vez, vimos um homem real. Um soldadinho de chumbo — chumbo de verdade, da mesma forma que todo o resto — despertou completa e esplendidamente para a vida.

Cristianismo puro e simples, livro 4, cap. 5

Deus tanto amou o mundo...

5 DE DEZEMBRO

Chegamos ao ponto em que a minha ilustração sobre o soldadinho de chumbo se torna limitada. No caso de soldadinhos de chumbo ou de estátuas de verdade, se uma despertasse para a vida, certamente não faria diferença para os soldadinhos de chumbo ou para as estátuas, pois eles estão separados uns dos outros. Mas os seres humanos não estãoseparados. Até parece que eles estão, porque você os vê andando por aí sozinhos. Acontece que somos feitos de tal forma que só podemos ver o momento presente. Se você pudesse enxergar o passado, certamente ele pareceria diferente. Pois houve um tempo em que todo homem era parte de sua mãe e (antes disso ainda) também de seu pai, e também um tempo em que ele era parte de seus avós. Se você pudesse ver a humanidade ao longo do tempo, assim como Deus a vê, não se pareceria com pontinhos isolados, espalhados por aí, mas sim como uma coisa única em franco crescimento — como uma árvore bastante complexa. Cada indivíduo apareceria conectado ao outro. E não é só isso: os indivíduos não estão realmente separados de Deus mais do que estão uns dos outros. Todos os homens, todas as mulheres e todas as crianças do mundo sentem e respiram neste momento porque Deus, por assim dizer, os "mantém em funcionamento".

Consequentemente, quando Cristo se tornou homem, não é realmente como se você pudesse se tornar um soldadinho de chumbo específico. É como se algo que sempre afetou toda a humanidade passasse a afetá-la de uma nova maneira. A partir desse ponto, o efeito se espalha por todo o gênero humano, e isso faz uma diferença tanto para pessoas que viveram antes de Cristo quanto para aquelas que viveram depois dele. E faz uma grande diferença até para pessoas que nunca ouviram falar dele. É como pingar em um copo de água uma gota de uma substância que dê um novo gosto ou uma nova cor a todo o seu conteúdo.

Cristianismo puro e simples, livro 4, cap. 5

Cada um deve aceitar ou rejeitar a salvação

6 DE DEZEMBRO

Qual é, então, a diferença que ele fez para afetar toda a humanidade? É a seguinte: que o negócio de se tornar filho de Deus, de ser transformado de uma coisa criada em uma gerada, de passar de uma vida biológica temporária para a vida "espiritual" eterna, isso foi realizado em nosso favor. A princípio, a humanidade já está "salva", e nós, indivíduos, temos de nos apropriar dessa salvação. Contudo, o trabalho realmente pesado — a porção que não poderíamos ter realizado por nós mesmos — foi feito para nós. Não tivemos de tentar escalar a vida espiritual por nosso próprio esforço; ela já desceu até a humanidade. Se ao menos nos abrirmos para o único homem em quem isso esteve inteiramente presente e que, embora seja Deus, também é um homem real, ele fará isso em nós e por nós. Lembre-se do que eu disse sobre o "bom contágio". Alguém da nossa própria espécie possui essa nova vida, então, se nos aproximarmos dele, ele vai nos contagiar.

É claro que você poderá expressar isso das mais diversas maneiras que puder imaginar. Poderá dizer que Cristo morreu por seus pecados, ou, então, que o Pai nos perdoou porque Cristo fez por nós o que deveríamos ter feito. Poderá dizer ainda que fomos lavados pelo sangue do Cordeiro ou que Cristo derrotou a morte. Tudo isso é verdade. Se quaisquer dessas afirmações não o convencerem, deixe-as de lado e vá em frente com a fórmula que convencer. E seja qual for a que você vá escolher, não brigue com os outros só porque usam uma fórmula diferente da sua.

Cristianismo puro e simples, livro 4, cap. 5

Não ditemos a Deus uma "fórmula" para a conversão

7 DE DEZEMBRO

Todo aquele que aceita o ensinamento de Paulo deve crer na "santificação". Porém, devo ser muito cuidadoso ao descrever tais operações do Espírito Santo como "experiências" se, com experiências, quero dizer coisas necessariamente vivenciadas por introspecção. E devo ser muito mais cuidadoso ainda ao considerar uma série de tais experiências como uma norma indispensável (ou um conteúdo programático!) para todos os cristãos. Creio que as maneiras pelas quais Deus nos salva são infinitamente variadas e admitem graus diversos de consciência no indivíduo. Qualquer coisa que o faça dizer: "Agora a Fase II deve acontecer em breve, certo?" eu considero negativa e propensa a conduzir alguns à presunção e outros ao desespero. Devemos deixar que Deus cuide da ferida e parar de espiar por baixo do curativo.

The Collected Letters of C. S. Lewis, Volume II
[Coletânea de cartas de C. S. Lewis, volume II]
(4 de fevereiro de 1949)

Nem totalitários, nem individualistas

8 DE DEZEMBRO

O cristianismo pensa nos indivíduos humanos não como meros integrantes de um grupo ou itens de uma lista, mas como órgãos integrantes de um corpo — diferentes uns dos outros e cada um contribuindo com o que nenhum outro poderia contribuir. Sempre que você se pegar desejando transformar seus filhos, ou alunos, ou até mesmo seus vizinhos em pessoas exatamente como você, lembre-se de que Deus provavelmente nunca desejou que eles fossem assim. Você e eles são órgãos diferentes, designados para fazer coisas diferentes. Por outro lado, quando você é tentado a não ligar para as dificuldades de uma pessoa, porque ela não é "problema seu", lembre-se de que, embora ela seja diferente de você, ela faz parte do mesmo organismo que você. Se você se esquecer de que ela pertence ao mesmo organismo que você, vai se tornar um Individualista. Se você esquecer que ela é um órgão diferente de você, se quiser suprimir diferenças e tornar as pessoas todas iguais, vai se tornar um Totalitário. Mas um cristão não deve ser nem Totalitário nem Individualista.

Confesso que sinto um forte desejo de lhe dizer — e suponho que você sinta o mesmo desejo de me contar — qual desses dois erros é o pior. Essa é a armadilha do diabo. Ele sempre manda erros para o mundo em pares — pares de opostos — e sempre nos incentiva a passar um bom tempo quebrando a cabeça para decidir qual é o pior. E o real motivo disso fica evidente: ele confia no seu desprezo por um erro para atraí-lo gradativamente ao erro oposto. Mas não vamos nos deixar enganar. Temos de manter nossos olhos focados no objetivo e passar bem no meio dos dois erros, esse é o nosso único interesse relacionado a esses dois erros.

Cristianismo puro e simples, livro 4, cap. 6

Vestindo-se de Cristo

9 DE DEZEMBRO

Se você teve interesse suficiente para ter lido até aqui, provavelmente também terá interesse suficiente para fazer uma pausa para suas orações e, entre as suas preces, certamente haverá o Pai nosso. As duas primeiras palavras são *Pai nosso*. Você vê agora o que essas palavras significam? Elas significam que você está, francamente, assumindo o papel de um filho de Deus. Para ser mais direto, você está se *vestindo de Cristo*. E, se quiser colocá-lo em outras palavras, você está fazendo de conta. Porque, é claro que no momento em que você se conscientiza do que as palavras significam, se dá conta de que não é filho de Deus. Você não é um ser como o Filho de Deus, cuja vontade e cujo interesse estão em harmonia com os do Pai; você é um emaranhado de medos egocêntricos, de esperanças, de ganâncias, de invejas e de presunção fadado à morte. Sendo assim, de certa forma esse vestir-se de Cristo é um tremendo atrevimento, o mais estranho, entretanto, é que ele nos mandou fazer isso. [...]

Há dois tipos de faz de conta. Há o tipo ruim, em que o fingimento está substituindo a coisa real — por exemplo, quando uma pessoa faz de conta que vai ajudá-lo em vez de fazê-lo de verdade. Mas também há um tipo bom, em que o simulado leva à coisa real. Quando você não está se sentido particularmente amigável, mas sabe que o deve ser, a melhor coisa que pode fazer, muitas vezes, é assumir modos gentis e se comportar como se fosse uma pessoa mais legal do que realmente é. Muitas vezes, a única forma de desenvolver realmente uma qualidade é começar a se comportar como se você já a tivesse.

Cristianismo puro e simples, livro 4, cap. 7

Do fingimento à realidade

10 DE DEZEMBRO

Agora, no momento em que você se dá conta do "Olhe eu aqui, me vestindo de Cristo", é bem provável que, naquele mesmo instante, enxergue alguma maneira de tornar aquele faz de conta em menos fingimento e mais realidade. Várias coisas vão passar pela sua cabeça que não estariam lá se você fosse um filho de Deus de verdade. Bem, então pare de ficar pensando nessas coisas. Ou você poderá se dar conta de que, em vez de fazer suas orações, deveria estar lá embaixo escrevendo uma carta ou ajudando sua esposa a lavar a louça. Bem, então faça isso.

Você percebe o que está acontecendo? Cristo em pessoa, o Filho de Deus, que é um ser humano (igualzinho a você) e Deus (igualzinho ao Pai), está realmente ao seu lado e já está começando, naquela mesma hora, a tornar o seu faz de conta uma realidade. Essa não é uma simples forma simbólica de dizer que sua consciência está lhe dizendo o que fazer. Se você simplesmente lhe fizer uma pergunta, obterá um resultado; se você lembrar que está se vestindo de Cristo, o resultado obtido será diferente. Sua consciência pode não considerar muitas coisas "erradas" (especialmente coisas que se passam na sua cabeça), mas você verá imediatamente que não pode continuar fazendo-as se busca seriamente ser como Cristo. Pois você já não estará pensando simplesmente sobre o certo e o errado, mas sim tentando contrair o bom contágio de uma Pessoa. Isso se parece mais com a pintura de um quadro do que com a obediência a regras, e o curioso é que, enquanto, por um lado, isso é mais difícil do que obedecer às regras, por outro é bem mais fácil.

O verdadeiro Filho de Deus está do nosso lado e está começando a nos tornar no que ele mesmo é. Ele está começando, por assim dizer, a "injetar" seu tipo de vida e pensamento, sua *Zoé*, em você.

Cristianismo puro e simples, livro 4, cap. 7

Instrumentos da graça divina
11 DE DEZEMBRO

Você poderia dizer: "Nunca tive a sensação de ser ajudado por um Cristo invisível, mas já recebi muita ajuda de outros seres humanos". Isso é bem parecido com a mulher, durante a Primeira Guerra, que disse não se importar se houvesse um racionamento de pão, pois isso não atingiria a casa dela, visto que costumavam comer torradas. Ora, se não houver pão, não haverá torradas. Sem a ajuda de Cristo, não haveria a ajuda de outros seres humanos. Ele trabalha em nós por todos os meios, não apenas por intermédio do que acreditamos ser nossa "vida religiosa". Ele trabalha por meio da natureza, por meio dos nossos próprios corpos, por meio de livros, às vezes, por meio de experiências que parecem (naquela hora) *anti*cristãs. Quando um jovem que esteve frequentando a igreja de forma rotineira se dá conta honestamente de que não crê mais no cristianismo e para de frequentar as reuniões — desde que ele o faça de forma honesta e não para irritar os seus pais —, o espírito de Cristo provavelmente estará mais perto dele do que estava antes. Mas, acima de tudo, ele trabalha em nós por intermédio da colaboração de uns com os outros.

Os seres humanos são espelhos ou "portadores" de Cristo para os outros. Às vezes, são portadores inconscientes. Esse "bom contágio" pode ser transmitido por aqueles que não o receberam — pessoas que não eram cristãs me ajudaram a chegar ao cristianismo —, mas normalmente são aqueles que o conhecem que conduzem os outros até ele. É por esse motivo que a Igreja, o corpo completo de cristãos que o exibem uns aos outros, é tão importante.

Cristianismo puro e simples, livro 4, cap. 7

Casa construída sobre a areia
12 DE DEZEMBRO

Não esqueça: em um primeiro momento, é natural para um bebê mamar o leite de sua mãe sem de fato conhecê-la; também é igualmente natural para nós reconhecermos a pessoa que nos ajuda sem enxergar Cristo por trás dela. Mas não devemos seguir na condição de bebês. Temos de passar a reconhecer o nosso Doador real. Seria loucura não o fazer porque, se não o fizermos, estaremos confiando em seres humanos, e isso vai nos levar para omau caminho. Por melhores que eles possam ser, estão fadados a cometer erros; e todos eles vão morrer. Temos de ser gratos a todas as pessoas que já nos ajudaram, temos de honrá-las e amá-las, mas nunca, jamais devemos depositar toda a nossa fé em qualquer ser humano, nem que ele seja o melhor e o mais sábio do mundo. Há muitas coisas legais que se pode fazer com a areia, mas não tente construir uma casa sobre ela.

Cristianismo puro e simples, livro 4, cap. 7

O homem eterno

13 DE DEZEMBRO

A partir daí, começamos a entender do que o Novo Testamento está falando. Ele fala sobre cristãos que são "nascidos de novo", orientando-os a "revestirem-se de Cristo"; fala de Cristo "sendo formado em nós" e de como passamos a "ter a mesma mente de Cristo".

É bom você tirar logo da sua cabeça a ideia de que essas são apenas formas simbólicas de dizer que os cristãos devem ler e aplicar o que Cristo disse à própria vida — como uma pessoa que lê Platão ou Marx e tenta pôr em prática o que eles escreveram. O Novo Testamento significa muito mais do que isso. Ele está querendo dizer que uma pessoa real, o Cristo presente aqui e agora, naquele mesmo quarto em que você está fazendo suas orações, está fazendo algo por você. Não se trata de um bom homem que morreu dois mil anos atrás. Trata-se de um homem vivo, tão ser humano quanto você e eu, e, ao mesmo tempo, tão divino quanto era quando criou o mundo, vindo realmente e interferindo no seu eu interior; matando o velho eu natural e substituindo-o pelo tipo de personalidade que ele tem. No início, apenas por instantes, mas, depois, por períodos mais longos. Por fim, se tudo correr bem, ele o transforma permanentemente em algo diferente; em um novo pequeno Cristo, um ser que, à sua própria maneira reduzida, tem o mesmo tipo de vida que emana de Deus; partilhando de seu poder, de sua alegria, de seu conhecimento e de sua eternidade.

Cristianismo puro e simples, livro 4, cap. 7

São João da Cruz

14 DE DEZEMBRO

Com relação ao nível superior — os penhascos em que os místicos desaparecem de minha vista —, as geleiras e as *aiguilles*, tenho apenas duas coisas a dizer. Uma é que não acho que todos somos chamados a essa ascensão. "Se fosse assim, Ele nos teria dito".

A segunda é esta. A seguinte posição está ganhando terreno e é extremamente plausível. Místicos (diz-se), a partir das mais diversas premissas religiosas, encontram todos as mesmas coisas. [...] Tenho dúvidas sobre as premissas. Será que Plotino, Lady Juliana e São João da Cruz realmente encontraram "as mesmas coisas"? [...]

Não considero a experiência mística como uma ilusão. Penso que ela mostra que há um caminho a sair, antes da morte, daquilo que pode ser chamado de "este mundo" — sair de cena. Sair disso; mas para onde? É como perguntar a um inglês: "Para onde leva o mar?" Ele responderá: "Para todos os lugares da Terra, incluindo a sepultura de marinheiros, exceto para a Inglaterra". A legalidade, a segurança e a utilidade da viagem mística não dependem, em absoluto, de ela ser mística — isto é, de ser uma partida —, mas dos motivos, da habilidade e da constância do viajante e da graça de Deus. A verdadeira religião dá valor a seu próprio misticismo; o misticismo não valida a religião em que ocorre.

Eu não ficaria perturbado se fosse demonstrado que um misticismo diabólico, ou drogas, produz experiências indistinguíveis (por introspecção) daquelas que os grandes místicos cristãos tiveram. As partidas são todas iguais; é a terra a que chegam que coroa a viagem. O santo, por ser santo, prova que seu misticismo (se ele for um místico; nem todos os santos o são) o conduziu corretamente; o fato de ter praticado misticismo nunca poderia provar sua santidade.

Cartas a Malcolm, cap. 12

Dons naturais não bastam
15 DE DEZEMBRO

Se você é uma pessoa "boa" — se a virtude lhe cai bem —, tome cuidado! Muito se espera daqueles para quem muito é dado. Se você toma como seus próprios méritos o que na verdade são dons que Deus lhe deu por sua natureza e se contenta em simplesmente ser bondoso, continua no estado de rebeldia: tudo o que esses dons lhe proporcionarão é a mais terrível queda, a mais complicada corrupção, o mais desastroso mau exemplo. O diabo já foi um arcanjo; os dons naturais dele estavam tão acima dos seus quanto os seus estão acima dos de um chimpanzé.

Mas, se você é uma pobre criatura — contaminada por uma criação miserável num lar cheio de invejas vulgares e brigas sem sentido — vítima, contrariamente à sua vontade, de alguma perversão sexual repugnante — corroído, dia após dia, por um complexo de inferioridade que o faz ser grosseiro com seus melhores amigos —, não se desespere. Ele sabe de tudo. Você é um dos pobres que Deus abençoou. Ele sabe que lata velha você está tentando dirigir. Não desista. Dê o seu melhor. Um dia (quem sabe em outro mundo, mas quem sabe muito antes disso) ele vai jogar tudo isso no ferro-velho e lhe dar um novo carro. E então, quem sabe você consiga surpreender a todos — pelo menos a si mesmo, pois terá aprendido a dirigir em uma escola dura. (Alguns dos últimos serão os primeiros e alguns dos primeiros serão os últimos).

Cristianismo puro e simples, livro 4, cap. 10

Pessoas boas ou homens novos

16 DE DEZEMBRO

Ser "bondoso" — ter uma personalidade bem estruturada, íntegra — é uma coisa excelente. Devemos tentar, por todos os meios médicos, educacionais, econômicos e políticos que estão ao nosso alcance, produzir um mundo em que o máximo de pessoas cresçam e se tornem pessoas "bondosas", da mesma forma que devemos tentar produzir um mundo em que todos tenham o suficiente para comer. Mas não devemos supor que, mesmo se tivermos sucesso em fazer com que todos sejam bondosos, teremos salvado essas almas. Um mundo de pessoas boas, satisfeitas com sua própria bondade, que não olham para além disso e dão as costas para Deus estaria tão desesperadamente precisando de salvação quanto um mundo miserável — e poderia até ser um mundo mais difícil de salvar.

Dezembro

Pois a mera melhoria não é redenção, embora a redenção sempre melhore as pessoas, mesmo aqui e agora; e irá, no final, aprimorá-las até um nível que não podemos sequer imaginar. Deus se tornou homem para transformar as criaturas em filhos, ou seja, não simplesmente para produzir homens melhores, mas sim uma nova espécie de ser humano. Não é o mesmo que ensinar um cavalo a saltar cada vez melhor, mas sim como transformar o cavalo em uma criatura alada. É claro que, uma vez que ele tenha ganhado asas, vai voar por cima das cercas que ele nunca antes poderia ter saltado e, assim, derrotar o cavalo natural em seu próprio jogo. Mas pode haver um período em que ele não poderá fazer isso, que é quando as asas tiverem apenas começado a crescer; nesse estágio, as protuberâncias nos seus ombros — ninguém poderia dizer, de olhar para elas, que elas se tornariam asas — poderiam até lhe dar uma aparência desagradável.

Cristianismo puro e simples, livro 4, cap. 10

A Presença na qual você sempre esteve

17 DE DEZEMBRO

Se o que você quer é um argumento contra o cristianismo (e eu me lembro bem de com quanta avidez buscava tais argumentos na época em que comecei a temer que ele fosse verdadeiro), poderá facilmente achar algum cristão tolo e medíocre, e gritar: "Então, é esse o novo homem de que tanto se gabam! Para mim, a espécie antiga era melhor". Mas, uma vez que você tenha começado a ver, com base em outros motivos, que o cristianismo é verossímil, saberá no seu coração que isso não passará de uma tentativa sua de fugir do assunto.

O assunto do Céu

O que é que você pensa que sabe a respeito das almas das outras pessoas — suas tentações, suas oportunidades e suas lutas? Você conhece apenas uma única alma em toda a criação: é a única cujo destino está depositado em suas mãos. Se houver um Deus, você está, por assim dizer, sozinho diante dele. Você não pode dispensá-lo com especulações sobre seu próximo ou memórias do que leu nos livros. Que diferença fará toda essa tagarelice e esse mi mi mi (você seria realmente capaz de se lembrar de tudo isso?) quando a neblina anestésica que chamamos de "natureza" ou "mundo real" se dissipar e a Presença na qual você sempre esteve se tornar palpável, imediata e inevitável?

Cristianismo puro e simples, livro 4, cap. 10

Homens novos em Cristo

18 DE DEZEMBRO

A coisa aconteceu: o novo passo foi dado e está sendo dado. Os novos seres humanos já estão esboçados aqui e ali e dispersos por toda a Terra. Alguns [...] nem sequer são reconhecíveis, mas outros já o são. Deparamos com eles volta e meia. Suas próprias vozes e suas faces são diferentes das nossas — são mais fortes, mais calmas, mais felizes, mais radiantes. Eles partem de onde a maioria de nós para, e são, como eu disse, reconhecíveis, mas você tem de saber pelo que procurar. Eles não serão muito semelhantes à ideia de "pessoas religiosas" que você formou a partir de sua leitura genérica e não chamam a atenção para si. Você tende a pensar que está sendo gentil com eles quando são eles que o estão sendo com você. Eles o amam mais do que os outros seres humanos o fazem, mas necessitam menos de você. (Temos de superar o desejo de nos sentirmos requisitados — para algumas pessoas que se acham "boazinhas", especialmente mulheres, essa é a tentação mais difícil de resistir.) Normalmente vai parecer que eles têm tempo de sobra, e você vai se perguntar de onde esse tempo vem. Quando tiver reconhecido o primeiro desses novos seres humanos, vai reconhecer o próximo com muito mais facilidade. E suspeito fortemente (mas como é que vou saber com certeza?) que eles reconhecem uns aos outros de forma imediata e infalível, apesar de toda e qualquer barreira de cor, gênero, classe, idade ou mesmo de credos. Dessa forma, ter sido santificado é mais parecido com entrar numa sociedade secreta. No mínimo, deve ser uma grande *diversão*.

Cristianismo puro e simples, livro 4, cap. 11

A fonte de todas as personalidades

19 DE DEZEMBRO

Quanto mais abrirmos mão de "nós mesmos" e deixamos Cristo assumir o controle, mais verdadeiramente nos tornamos nós mesmos. Há tanto dele que milhões e milhões de "pequenos Cristos", todos diferentes entre si, seguirão não sendo suficientes para expressá-lo completamente. Foi ele que os fez a todos. Ele inventou — como um autor inventa personagens num romance — todos os humanos diferentes que você e eu fomos criados para ser. Nesse sentido, nosso eu verdadeiro está esperando completamente nele. Não adianta tentar ser eu mesmo sem ele. Quanto mais eu resisto a ele e tento viver independentemente dele, mais me deixo dominar pela minha própria hereditariedade, pela criação, pelo ambiente e pelos desejos naturais. Na verdade, o que eu chamei tão orgulhosamente de "eu mesmo" torna-se meramente o ponto de encontro para sequências de eventos aos quais dei início e que não consigo interromper. O que eu chamo de "meus desejos" se tornam meramente os desejos gerados pelo meu organismo físico ou por coisas que são injetadas em mim pelos pensamentos de outras pessoas ou mesmo sugeridas a mim por demônios. [...] A maior parte daquilo que eu chamo de "eu" pode ser explicada de outra forma com muita facilidade. É só quando me volto para Cristo, só quando abro mão de mim mesmo para entregar-me à sua Pessoa que começo a ter uma personalidade realmente minha. [...] Não há personalidades reais em nenhum outro lugar. Enquanto você não tiver se entregado a ele, não será um "eu" verdadeiro. A igualdade é mais frequente entre os seres humanos mais "naturais", não entre os que se entregaram a Cristo. Quão monotonamente iguais têm sido todos os grandes tiranos e conquistadores; quão gloriosamente diferentes todos os santos.

Cristianismo puro e simples, livro 4, cap. 11

Não guarde nada para si

20 DE DEZEMBRO

É preciso que haja uma entrega real do seu eu. Você deve jogá-lo fora, por assim dizer, "às cegas". Cristo de fato vai lhe dar uma personalidade real, mas você precisa ir ao encontro dele para isso. Enquanto estiver preocupado com sua própria personalidade, você jamais caminhará na direção dele. O primeiríssimo passo é tentar esquecer tudo sobre o seu próprio eu, pois seu eu verdadeiro, novo (que é o de Cristo e também o seu, e seu precisamente porque dele) não emergirá enquanto você estiver procurando por ele. Ele emergirá quando você estiver procurando por Cristo. Isso não lhe parece familiar? O mesmo princípio vale, como você deve saber, para as questões do dia a dia. Mesmo na vida social, você nunca passará uma boa impressão às outras pessoas enquanto estiver preocupado com o tipo de impressão que passará a elas. Ou então, na literatura e na arte, nenhuma pessoa que se preocupa com a originalidade jamais será original, ao passo que, se você simplesmente tentar falar a verdade (sem ligar a mínima para quantas vezes ela tenha sido dita anteriormente), irá, em noventa por cento dos casos, se tornar original sem nunca ter notado. Esse princípio está impregnado em toda a vida. Abra mão do seu eu e vai encontrá-lo de verdade. Ponha sua vida a perder e acabará por salvá-la. Submeta-se à morte, morte diária de suas ambições e de seus principais desejos, e também a morte de todo o seu corpo no final; submeta-se com cada fibra do seu ser, e acabará por encontrar a vida eterna. Não guarde nada para si. Nada de que você não tenha aberto mão de verdade será realmente seu. Nada em você que não tenha morrido será ressuscitado dos mortos. Se você buscar a si mesmo, só o que vai encontrar, no fim das contas, é o ódio, a solidão, o desespero, a ira, a ruína e a decadência. Mas, se você buscar a Cristo, acabará por encontrá-lo e, junto com ele, todas as demais coisas.

Cristianismo puro e simples, livro 4, cap. 11

A vinda do Senhor

21 DE DEZEMBRO

Assim como, no aspecto factual, uma longa preparação culmina na encarnação de Deus como homem, assim também, no aspecto documentário, a verdade primeiro aparece em forma *mítica* e então, por meio de um longo processo de condensação ou enfoque, finalmente encarna como história. Isso envolve a crença de que o mito é [...] um vislumbre real, porém desfocado, da verdade divina percebido pela imaginação humana. Os hebreus, como outros povos, tinham uma mitologia; e, assim como eram o povo escolhido, sua mitologia também era a mitologia escolhida — a mitologia escolhida por Deus para ser o veículo das verdades sagradas mais antigas, o primeiro passo do processo que termina no Novo Testamento, onde a verdade se torna completamente histórica.

Miracles [Milagres], cap. 15

A encarnação transcende o mito

22 DE DEZEMBRO

Assim como o mito transcende o pensamento, a encarnação transcende o mito. O cerne do cristianismo é um mito que também é fato. O velho mito do deus que morre, *sem deixar de ser mito*, desce do Céu da lenda e da imaginação para a Terra da história. Ele *acontece* — em uma data específica, em um lugar específico, seguido por consequências históricas definíveis. Passamos de um Balder ou um Osíris, que morrem ninguém sabe onde nem quando, para uma Pessoa histórica crucificada (está tudo em ordem) *sob Pôncio Pilatos*. [...]

Aqueles que não sabem que este grande mito se tornou Fato quando a virgem concebeu são, realmente, dignos de pena. No entanto, os cristãos também precisam ser lembrados [...] que aquilo que se tornou Fato foi um Mito, e que ele leva em si todas as propriedades de um mito para o mundo do Fato. Deus é mais do que um deus, não menos; Cristo é mais do que Balder, não menos. Não devemos ter vergonha do brilho mítico que irradia de nossa teologia. Não devemos ficar nervosos com "paralelos" e "cristos pagãos": eles *devem* existir — seria um entrave se não existissem.

"Mito que se tornou realidade", *Deus no banco dos réus*

"Cristos" pagãos e o próprio Cristo
23 DE DEZEMBRO

Enquanto a Teologia diz que uma iluminação especial foi concedida aos cristãos e (anteriormente) aos judeus, também diz que existe uma iluminação divina concedida a todas as pessoas. A luz Divina, é-nos dito, "ilumina todos os homens". Deveríamos, portanto, esperar encontrar na imaginação de grandes mestres pagãos e fazedores de mitos algum lampejo daquele tema que acreditamos ser o próprio enredo de toda história cósmica — o tema da encarnação, morte e renascimento. E as diferenças entre os cristos pagãos (Balder, Osíris etc.) e o próprio Cristo é exatamente o que esperaríamos encontrar. As histórias pagãs são todas a respeito de alguém morrendo e voltando à vida, seja num acontecimento anual, ou em lugar e data desconhecidos. A história cristã fala de uma personagem histórica, cuja execução pode ser datada com boa precisão, sob a autoridade de um magistrado romano mencionado por nome, e a sociedade que ele fundou continua, até os dias de hoje, num relacionamento permanente com ele. Não se trata aqui da diferença entre falsidade e verdade, mas da diferença entre um evento real e, por outro lado, de sonhos contemplados ou premonições do mesmo evento. É como ver algo entrando gradativamente em foco; primeiro, está suspenso nas nuvens do mito e ritual, vasto e vago, depois ele condensa, materializa-se e, num sentido, torna-se pequeno, como um evento histórico na Palestina.

"Teologia é poesia?", *O peso da glória*

Mito que se tornou realidade

24 DE DEZEMBRO

O significado essencial de tudo o que existe desceu do "Céu" do mito para a "Terra" da história. Ao fazer isso, ele parcialmente se esvaziou de sua glória, como Cristo esvaziou a si mesmo de sua glória para se tornar Homem. [...] É por isso que o Novo Testamento é [...] menos poético do que o Antigo Testamento. Será que você nunca sentiu no culto, que se a primeira leitura tem o efeito de causar em nós admiração, a segunda é de menor impacto em comparação — quase, se é que se pode dizer assim, que enfadonha? Mas assim é que deve ser. Essa é a humilhação do mito que se torna fato, do Deus que se torna Homem; aquilo que é, em todo lugar e sempre, sem imagem e inefável, apenas podendo ser vislumbrado em sonho e símbolo, tornando-se pequeno, sólido, no ato da poesia do ritual — do tamanho de um homem que pode pegar no sono num barco a remos no lago da Galileia.

"Teologia é poesia?", *O peso da glória*

Dia de Natal

25 DE DEZEMBRO

No panteísmo, Deus é tudo. Mas o ponto central da criação certamente é que Ele não estava satisfeito em ser tudo. Ele pretende ser "tudo *em todos*".

Dezembro

É preciso ter cuidado para não apresentar isso de uma maneira que ofusque a distinção entre a criação de um homem e a Encarnação de Deus. É possível, como mero exemplo, apresentá-la assim? Na criação, Deus faz — inventa — uma pessoa e a "publica" — injeta — no reino da Natureza. Na Encarnação, Deus, o Filho, toma o corpo e a alma humanos de Jesus e, por meio disso, toma todo o ambiente da Natureza, toda a situação da criatura, em Seu próprio ser. De modo que Ele "desceu dos Céus" quase pode ser transposto para "o Céu trouxe a Terra para si", e localidade, limitação, sono, suor, pés doloridos, cansaço, frustração, dor, dúvida e morte são, antes de haver todos os mundos, conhecidos interiormente por Deus. A luz pura caminha na Terra; as trevas, recebidas no coração da Deidade, foram ali engolidas. Onde, exceto na luz incriada, a escuridão pode ser afogada?

Cartas a Malcolm, cap. 13

Jesus — Deus encarnado

26 DE DEZEMBRO

Deus poderia, se quisesse, ter encarnado como um homem com nervos de ferro, o tipo estoico do qual nenhum suspiro escapa. Por causa de sua grande humildade, ele escolheu encarnar como um homem sensível, que chorou junto à sepultura de Lázaro e suou sangue no Getsêmani. Caso contrário, teríamos perdido a grande lição de que é somente por sua *vontade* que um homem é bom ou mau e que os *sentimentos* não têm, em si mesmos, qualquer importância. Nós também teríamos perdido a importantíssima ajuda de saber que ele enfrentou tudo o que o mais fraco de nós enfrenta, que ele experimentou não só a força de nossa natureza, como todas as suas fraquezas, exceto o pecado. Se ele tivesse encarnado como um homem de imensa coragem natural, isso teria sido, para muitos de nós, quase a mesma coisa que se não tivesse encarnado.

Letters of C. S. Lewis [Cartas de C. S. Lewis] (17 de julho de 1953)

São João, apóstolo
27 DE DEZEMBRO

O fato de Deus ser capaz de produzir o bem complexo a partir do mal simples não justifica — embora, por misericórdia, possa salvar — os que praticam o mal simples. E essa distinção é fundamental. As transgressões acontecem, mas ai daqueles por intermédio dos quais elas acontecem; os pecados, *de fato*, fazem abundar a graça, mas não devemos fazer disso uma justificativa para continuar pecando. A crucificação em si é tanto o melhor quanto o pior evento histórico de todos, mas o papel de Judas é permanentemente mau. Podemos aplicar isso primeiro ao problema do sofrimento alheio. O homem misericordioso procura o bem do próximo, assim como a "vontade de Deus" procura, colaborando conscientemente com o "bem simples". O homem cruel oprime o próximo, assim como o mal simples oprime. Mas, ao praticar esse mal, ele é usado por Deus, sem seu próprio conhecimento ou permissão, para produzir o bem complexo — de modo que o primeiro homem serve a Deus como filho, e o segundo, como instrumento. Você realizará o propósito de Deus independentemente de como agir — a diferença, porém, é se servirá como Judas ou como João.

The Problem of Pain [O problema do sofrimento], cap. 7

Dezembro

A assinatura secreta de cada alma

28 DE DEZEMBRO

Em certos momentos, eu acho que não desejamos o Céu; mas, com mais frequência, eu me pergunto se, lá no fundo, alguma vez, nós já desejamos qualquer outra coisa. [...] Porventura todas as amizades duradouras não nascem sempre no instante em que finalmente encontramos outro ser humano com um indício (embora fraco e incerto mesmo nos melhores casos) daquilo que nascemos desejando e que, por baixo do fluxo de outros desejos e em todos os silêncios momentâneos entre as paixões mais intensas, dia após dia, ano após ano, desde a infância até a velhice, nós buscamos com todos os nossos sentidos? Nós nunca o *tivemos*. Tudo aquilo que já possuiu profundamente nossa alma não passou de insinuações disso — vislumbres torturantes, promessas que nunca chegaram a ser cumpridas, ecos que desvaneceram assim que chegaram aos ouvidos. Se esse algo realmente se manifestasse — se, algum dia, chegasse a nós um eco que não desvanecesse, mas que se transformasse em som —, nós saberíamos. Sem sombra de dúvida, diríamos: "Está aqui finalmente aquilo para que fui feito." Não podemos contar aos outros o que é. Trata-se da assinatura secreta de cada alma, do desejo incomunicável e insaciável, daquilo que desejávamos antes mesmo de conhecer nossa esposa, antes de fazer nossas amizades ou antes de escolher nossa carreira, daquilo que continuaremos desejando no leito de morte, quando a mente não mais conhecer esposa, nem amigo, nem trabalho. Enquanto somos, ela é. Se a perdemos, perdemos tudo.

The Problem of Pain [O problema do sofrimento], cap. 10

A casa com muitas mansões

29 DE DEZEMBRO

Esteja certo de que as complexidades de sua individualidade não são um mistério para ele; e que, um dia, também não o serão para você. O molde em que uma chave é feita seria um objeto estranho se nunca tivéssemos visto uma chave antes; e a própria chave também seria um objeto esquisito se nunca tivéssemos visto uma fechadura. Sua alma tem um formato curioso; ela é uma cavidade feita para receber uma protuberância específica dos contornos infinitos da substância divina ou, então, uma chave para abrir uma das portas na casa com muitas moradas. Afinal, não é a humanidade, no sentido abstrato, que deve ser salva, mas você — você, o leitor individual, João da Silva ou Maria Oliveira. Bendita e afortunada criatura, são os seus olhos que o contemplarão, não outros olhos. Tudo o que você é, salvo os pecados, tem como destino — se permitir que Deus siga seu bom caminho — a completa satisfação. O espectro de Brocken "olhava para cada homem como se fosse seu primeiro amor" porque era uma fraude. Deus, porém, olhará para cada alma como se fosse seu primeiro amor porque ele é seu primeiro amor. Seu lugar no Céu parecerá ter sido feito para você, especialmente para você, porque você foi feito para ele — feito para ele ponto a ponto, como uma luva é feita para uma mão.

The Problem of Pain [O problema do sofrimento], cap. 10

Dezembro

Pai, Remidor e Consolador sempre presente

30 DE DEZEMBRO

A maçã dourada da "autossuficiência", lançada entre os falsos deuses, tornou-se um pomo de discórdia porque eles se digladiaram por ela. Eles não conheciam a primeira regra do jogo sagrado, segundo a qual cada jogador deve, a todo custo, passar a bola imediatamente adiante após tocá-la. Ser pego com ela nas mãos é um erro; retê-la, é morte. No entanto, quando ela voa de jogador em jogador, veloz demais para ser acompanhada pela vista, quando o próprio grande Mestre conduz o jogo, dando-se eternamente às criaturas na geração do Verbo e retornando a si mesmo pelo sacrifício deste, então a dança eterna realmente "acalenta o Céu com a harmonia". Todas as dores e todos os prazeres que conhecemos na Terra são iniciações aos movimentos dessa dança; mas a dança em si é absolutamente incomparável aos sofrimentos do tempo presente. Conforme nos aproximamos de seu ritmo incriado, a dor e o prazer quase desaparecem de vista. Existe alegria na dança, mas ela não existe por causa da alegria. Ela nem sequer existe por causa do bem ou do amor. É o próprio Amor e o próprio Bem e, portanto, feliz. Ela não existe para nós, mas nós para ela. [...] O que nossa Terra é para todas as estrelas, sem dúvida, nós, homens, e nossas preocupações são para toda a criação; o que todas as estrelas são para o próprio espaço, todas as criaturas, todos os tronos, as potestades e os deuses criados mais poderosos são para o abismo do Ser autoexistente, que é para nós Pai e Remidor e Consolador sempre presente, mas de quem nenhum homem ou anjo pode dizer nem imaginar o que é em si e para si mesmo ou qual é a obra que ele "fez desde o começo até ao fim". Afinal, todas essas são coisas derivadas e insubstanciais. Sua visão lhes falha, e elas protegem os olhos da luz intolerável da realidade absoluta, a qual era, é e será; a qual nunca poderia ter sido diferente, a qual não tem oposto.

The Problem of Pain [O problema do sofrimento], cap. 10

Adeus às Terras Sombrias

31 DE DEZEMBRO

Então, Aslam voltou-se para eles e disse: "[...] vocês estão mortos, como se costuma dizer nas Terras Sombrias. Terminou o período letivo; começaram as férias! O sonho acabou; chegou a manhã [...]."

Para nós, este é o fim de todas as histórias, e podemos dizer, com certeza absoluta, que todos viveram felizes para sempre. Mas, para eles, este era apenas o começo da verdadeira história. Toda a vida deles neste mundo e todas as suas aventuras em Nárnia haviam sido apenas a capa e a folha de rosto. Agora, finalmente, eles estavam iniciando o primeiro capítulo da Grande História que ninguém na Terra jamais havia lido: a história que continua eternamente e na qual cada capítulo é melhor do que o anterior.

The Last Battle [A última batalha], cap. 16

Datas móveis de *jejum* e *celebração*

O assunto do Céu

Quarta-feira de Cinzas

O que não pode ser admitido — que deve existir somente como um inimigo não derrotado, mas resistido diariamente — é a ideia de existir alguma coisa que seja "nossa", alguma área em que nós devamos "abandonar a escola", em que Deus não tem o que reivindicar. [...] Não creio que qualquer esforço da minha vontade possa acabar de uma vez por todas com o desejo por obrigações limitadas, essa ressalva fatal. Somente Deus pode, e tenho fé e esperança de que ele o fará. É claro que não quero dizer com isso que posso, portanto, como se costuma dizer, "sentar confortavelmente". Aquilo que Deus faz por nós, ele faz em nós. O processo de fazê-lo me parece (e não falsamente) ser como os exercícios repetidos, todos os dias ou todas as horas, por minha própria vontade, em renunciar a essa atitude, especialmente cada manhã, pois cresce sobre mim como se fosse uma nova cobertura cada noite. Fracassos serão perdoados; é a concordância que é fatal, a presença permitida, regularizada, de uma área em nós mesmos que ainda exigimos para nós. Deste lado da morte, talvez nunca consigamos expulsar o invasor para fora de nosso território, mas devemos estar com a *Resistance*, não com o governo Vichy, e isso, até onde posso ver, deve ser reiniciado a cada manhã. Nossa oração matinal deveria ser aquela da *Imitação*: *Da hodie perfecte incipere*: "Conceda-me hoje ter um começo sem falhas, pois ainda não fiz nada".

"Ato falho", *O peso da glória*

Quinta-feira Santa

Não sei e não consigo imaginar o que os discípulos entenderam que Nosso Senhor quis dizer quando, tendo Seu corpo ainda íntegro e Seu sangue não derramado, Ele lhes entregou o pão e o vinho, dizendo que *eles* eram Seu corpo e sangue. [...] Considero "substância" (no sentido dado por Aristóteles), quando despida dos próprios acidentes e dotada dos acidentes de alguma outra substância, um objeto que não consigo imaginar. Meu esforço para fazê-lo produz um mero pensamento de criança pequena — uma imagem de algo como uma massa de modelar muito rarefeita. Por outro lado, não me dou melhor com aquelas pessoas que me dizem que os elementos são mero pão e mero vinho, usados simbolicamente para me lembrar da morte de Cristo. Eles são, no nível natural, um símbolo bastante estranho *disso*. [...] não consigo ver por que *esse* memorial em particular — uma centena de outras coisas podem, psicologicamente, lembrar-me da morte de Cristo, da mesma maneira, ou talvez mais — deve ser tão singularmente importante quanto toda a cristandade (e meu próprio coração) declara sem hesitação. [...] No entanto, não vejo dificuldade em crer que o véu entre os mundos, em nenhum outro lugar (para mim) tão obscuro para o intelecto, não seja em nenhum outro lugar tão fino e permeável à operação divina. Aqui, uma mão vinda do país oculto toca, não apenas minha alma, mas meu corpo. Aqui o pedante, o cavalheiro, o moderno em mim não tem privilégio sobre o selvagem ou a criança. Aqui está um grande remédio e uma forte magia. [...] A ordem, afinal de contas, era: "Tomem, comam", não "Tomem, entendam".

Cartas a Malcolm, cap. 19

O assunto do Céu

Sexta-feira Santa

Deus, que de nada necessita, traz amorosamente à existência criaturas completamente supérfluas com a finalidade de amá-las e aperfeiçoá-las. Ele cria o Universo, já antevendo — ou deveria dizer "vendo"? Não existem tempos verbais em Deus — a barulhenta nuvem de moscas ao redor da cruz, as costas esmigalhadas comprimidas contra a estaca disforme, os pregos fincados nos nervos das mãos, o sufocamento incipiente que se repete à medida que o corpo se inclina, a tortura repetida das costas e braços à medida que, momento após momento, tenta se erguer para conseguir respirar. Se eu puder me atrever a apresentar a imagem biológica, Deus é um "hospedeiro" que deliberadamente cria seus próprios parasitas; faz de nós aqueles que poderão explorar e "tirar vantagem" dele. Nisso está o amor. Esse é o paradigma do Amor de Deus, o inventor de todos os amores.

Os quatro amores, cap. 6

Sábado de Aleluia

De um lado, a morte é o triunfo de Satanás, o castigo da Queda e o último inimigo. Cristo derramou lágrimas na sepultura de Lázaro e suou sangue no Getsêmani. A Vida das vidas que estava nele odiou essa obscenidade penal não menos do que nós, mas muito mais. Por outro lado, somente quem perde sua vida pode salvá-la. Somos batizados na *morte* de Cristo, e ela é o remédio para a Queda. A morte é, na realidade, aquilo que alguns homens modernos chamam de "ambivalente". Ela é a grande arma de Satanás e também a grande arma de Deus;

ela é santa e profana; ela é nossa suprema desgraça e nossa única esperança; é aquilo que Cristo veio para conquistar e o meio pelo qual ele o conquistou.

Miracles [Milagres], cap. 14

Páscoa

Não me refiro apenas às primeiras horas ou às primeiras semanas após a ressurreição. Refiro-me a todo esse grande padrão de descer, descer um pouco mais e, então, ascender. Aquilo que costumeiramente chamamos de ressurreição é apenas, por assim dizer, o ponto em que o sentido do padrão muda. Pense no que é essa descida: o ato de descer, não apenas à humanidade, mas àqueles nove meses que precedem o nascimento humano — nos quais dizem que todos nós recapitulamos formas estranhas, pré-humanas, subumanas de vida — e, mais ainda, ao estado de cadáver, algo que, se o movimento ascendente não tivesse acontecido, teria perdido completamente a forma orgânica e se tornado inorgânico, como todos os cadáveres. Alguns imaginam alguém descendo para dragar o fundo do mar. Outros imaginam um homem forte tentando levantar um peso muito grande e complicado. Ele se abaixa e se põe debaixo desse peso, desparecendo ali; em seguida, endireita as costas e se levanta com o fardo pendendo sobre os ombros. Outros, ainda, imaginam um mergulhador que, após despir-se de todas as peças de roupa que traz sobre si, paira por um instante no ar e, em seguida, mergulha nas águas verdes, mornas e iluminadas pelo Sol em direção às correntes congelantes e completamente escuras das profundezas, onde há lama e lodo. Então, retornando à superfície com os pulmões quase estourando, ele passa novamente pelas águas cálidas e esverdeadas rumo à luz do sol, onde emerge tendo em mãos o objeto gotejante que foi buscar. Esse objeto é a natureza humana; mas, associada a ela, toda a natureza, o novo universo.

"O grande milagre", *Deus no banco dos réus*

Ascensão do Senhor

O que realmente nos preocupa é a convicção de que, independentemente do que digamos, os escritores do Novo Testamento queriam dizer algo muito diferente. Estamos certos de que eles julgavam ter visto seu Mestre partindo em uma jornada rumo a um "céu" literal, onde Deus se encontrava assentado em um trono e onde havia outro trono à espera dele. Eu creio que, em certo sentido, foi justamente isso o que eles pensaram. E creio que, por essa razão, o que quer que tenham realmente visto [...] seria certamente lembrado por eles como um movimento vertical. O que não devemos afirmar é que eles "confundiram" a ideia de um "céu" literal, de salas de trono celestiais e imagens do tipo com o céu "espiritual" da união com Deus e do supremo poder e bem-aventurança. [...] *Céu* pode significar: (1) A vida divina incondicionada além de todos os mundos. (2) Participação bendita nessa vida por um espírito criado. (3) Toda a natureza ou o sistema de condições em que os espíritos humanos remidos, enquanto ainda permanecem humanos, podem gozar dessa participação de forma plena e eterna. Este é o céu que Cristo vai "preparar" para nós. (4) O céu físico, o firmamento, o espaço em que a Terra se move. O que nos capacita a diferenciar esses sentidos e manter uma clara distinção entre eles não é uma pureza espiritual específica, mas o fato de sermos herdeiros de séculos de análise lógica; não o fato de sermos filhos de Abraão, mas de sermos filhos de Aristóteles. Não devemos supor que os escritores do Novo Testamento confundiram o quarto ou terceiro sentido de céu com o segundo ou primeiro. Você não pode trocar uma moeda de meio soberano por uma de seis pence até que conheça o sistema inglês de moedas — isto é, até que conheça a diferença entre elas. Na concepção de céu deles, todos esses significados estavam latentes, prontos para vir à tona em uma análise posterior. Eles nunca tiveram em mente apenas o céu azul ou um céu "espiritual". Quando olhavam para o céu azul, nunca duvidavam de que ali [...] era o lar de Deus. Mas, por outro lado, quando pensavam em alguém subindo para esse céu, nunca duvidavam que ele estivesse "subindo" naquilo que chamaríamos de um sentido "espiritual". [...] É bem possível ao homem que acredita que o "céu" está no firmamento ter, em seu coração, um conceito muito mais verdadeiro e espiritual do que muitos lógicos modernos capazes de desmascarar essa falácia com uma simples canetada. Afinal, aquele que faz a vontade do Pai conhecerá a doutrina. Os esplendores materiais irrelevantes na ideia que tal homem tem da visão de Deus não causam danos, pois não estão ali por si mesmos.

Miracles [Milagres], cap. 16

Pentecostes

Essa terceira Pessoa é chamada, em linguagem técnica, de Espírito Santo ou "espírito" de Deus. Não fique preocupado ou surpreso se você o achar muito mais vago e mais fantasmagórico para a sua cabeça do que os outros dois. Penso que haja uma razão para que isso seja assim. Na vida cristã, não costumamos olhar *para* ele. Ele está sempre agindo por meio de você. Se você pensa no Pai como algo que está "lá fora", à sua frente, e no Filho como alguém que está ao seu lado, ajudando-o a orar, tentando torná-lo também um filho, então terá de pensar na terceira Pessoa como algo que está dentro de você ou na sua retaguarda. Talvez algumas pessoas achem mais fácil fazer o caminho inverso, começando pela terceira Pessoa. Deus é amor, e esse amor trabalha por intermédio dos homens — especialmente por meio de toda a comunidade de cristãos. Mas esse espírito de amor é, desde toda a eternidade, um amor que se dá entre o Pai e o Filho.

Mas e daí? Qual é a importância desse fato? Ora, interessa mais do que qualquer outra coisa no mundo. A dança, ou drama, ou arranjo dessa vida tripessoal deve se passar dentro de cada um de nós; ou (dito de outro modo) cada um de nós tem de entrar nesse arranjo, assumindo o seu lugar na dança. Não há outro caminho que conduza à felicidade para a qual fomos feitos. Como você bem sabe, tanto as coisas boas quanto as ruins são contraídas por uma espécie de contágio. Se você quiser se aquecer, tem de ficar perto do fogo; se quiser se molhar, tem de entrar na água. Se alegria, poder, paz e vida eterna são seus objetivos, tem de se aproximar ou até adentrar naquilo que os possui. [...] Eles são uma grande fonte de energia e beleza que jorra a partir do centro da realidade. Se você estiver perto dela, os jatos vão molhá-lo; mas, se não estiver, permanecerá seco. Uma vez unida a Deus, como uma pessoa poderia não viver para sempre? Do mesmo modo, uma vez separada de Deus, o que essa pessoa poderia fazer senão definhar e morrer?

Cristianismo puro e simples, livro 4, cap. 4

Santíssima Trindade

Um mundo unidimensional seria uma linha reta. Em um mundo bidimensional, você ainda tem linhas retas, mas muitas linhas perfazem uma figura. Em um mundo tridimensional, você ainda obterá figuras, mas muitas figuras perfazem um só corpo sólido. Em outras palavras, à medida que você avança para níveis mais complexos, não deixará para trás as coisas que encontrou nos níveis mais simples; na verdade, ainda as terá, embora combinadas de novas maneiras — as quais você não poderia imaginar se conhecesse apenas os níveis mais simples.

Ora, o registro que o cristianismo faz de Deus envolve precisamente o mesmo princípio. O nível humano é bem simples e bastante vazio, e nele uma pessoa é um ser, e quaisquer duas pessoas são dois seres separados — da mesma forma que, em duas dimensões (digamos, sobre um pedaço de papel plano), um quadrado é uma figura e quaisquer dois quadrados são duas figuras separadas. No nível divino, você ainda encontra personalidades, mas lá em cima você as encontra combinadas de novas maneiras que nós, que não vivemos nesse nível, não conseguimos imaginar. Na dimensão de Deus, por assim dizer, você encontra um Ser que são três Pessoas, enquanto permanece sendo um Ser, da mesma forma que o cubo são seis quadrados sendo um único cubo. É claro que não conseguimos conceber completamente um ser como esse, da mesma forma que, se fôssemos feitos de tal modo que só percebêssemos duas dimensões no espaço, nunca poderíamos imaginar um cubo propriamente dito. Mas podemos ter uma vaga noção disso. E, quando nós o fazemos, então estaremos, pela primeira vez na vida, tendo uma ideia positiva, por mais vaga que ela seja, de algo suprapessoal — algo que é mais do que uma pessoa. [...] O que importa é ser verdadeiramente atraído para a vida tripessoal, e isso pode começar em qualquer momento — hoje à noite, se você quiser.

Eis o que quero dizer: um cristão comum se ajoelha para fazer as suas preces e, com isso, estará tentando entrar em contato com Deus. Mas, sendo ele um cristão, saberá que é Deus quem está capacitando-o a orar: o Deus, por assim dizer, que está dentro dele. Mas ele sabe também que todo o seu conhecimento real de Deus vem por meio de Cristo, o homem que era Deus — que tem Cristo ao seu lado, ajudando-o a orar, orando por ele. Você consegue ver o que está acontecendo? Deus é o Ser para o qual ele está orando — o objetivo que ele está tentando alcançar. Deus também é o algo dentro dele que o está fazendo seguir em frente — o poder motivador. Deus também é a estrada ou ponte que ele terá de percorrer para alcançar o objetivo. Assim, toda a vida tríplice do Ser tripessoal está realmente se dando nesse pequeno quarto comum onde uma pessoa comum está fazendo suas orações.

Cristianismo puro e simples, livro 4, cap. 2

Corpus Christi

    Sim, tu estás sempre por toda a parte. Mas eu,
    Caçando nessas florestas imensuráveis
    Nunca consegui capturar o nobre Cervo.

    O cheiro era desconcertante demais para minha matilha;
    Por vezes, estava em lugar nenhum; depois, em todos
    os lugares.
    E outros cheiros também lhe pareciam quase idênticos.

Datas móveis de jejum e celebração

Portanto, volto as costas para o inalcançável
Estrelas e horizontes e todos os sons musicais,
A poesia em si, e a escada em espiral do pensamento.

Ao deixar as florestas onde tu és perseguido em vão
— muitas vezes, um simples brilho branco —, eu me volto
para o lugar designado onde és tu quem persegue.

Não na natureza, nem mesmo no homem, mas em um
Homem Específico — com uma tamareira, tão alta,
tão pesada — falando aramaico, com um ofício;

Não em todo alimento, não em todo pão e vinho
(Não no sentido em que minha pequenez exige)
Mas neste vinho, neste pão […] nenhuma beleza que
poderíamos desejar.

"No Beauty We Could Desire"
[Nenhuma beleza que poderíamos desejar],
Poems [Poemas]

O assunto do *Céu*

Outros livros de C. S. Lewis pela Thomas Nelson Brasil

A abolição do homem
A última noite do mundo
Cartas a Malcolm
Cartas de um diabo a seu aprendiz
Cristianismo puro e simples
Deus no banco dos réus
O peso da glória
Os quatro amores
Reflexões cristãs
Sobre histórias
Um experimento em crítica literária

Trilogia Cósmica

Além do planeta silencioso
Perelandra
Aquela fortaleza medonha

Este livro foi impresso em 2024, pela Ipsis,
para a Thomas Nelson Brasil. A fonte usada
no miolo é Adobe Caslon Pro corpo 11,5.
O papel do miolo é pólen bold 70 g/m².